Texte im Dialog

D1719857

Berliner Beiträge zur Literatur- und Kulturgeschichte

Herausgegeben von
Irmela von der Lühe und Gail K. Hart

Band 3

PETER LANG

Frankfurt am Main·Berlin·Bern·Bruxelles·New York·Oxford·Wien

Natalie Lorenz

Texte im Dialog

Die frühen Theaterstücke
von Marieluise Fleißer
und Veza Canetti

PETER LANG
Internationaler Verlag der Wissenschaften

Bibliografische Information der Deutschen Nationalbibliothek
Die Deutsche Nationalbibliothek verzeichnet diese Publikation
in der Deutschen Nationalbibliografie; detaillierte bibliografische
Daten sind im Internet über <http://www.d-nb.de> abrufbar.

Zugl.: Berlin, Freie Univ., Diss., 2006

Gedruckt auf alterungsbeständigem,
säurefreiem Papier.

D 188
ISSN 1862-815X
ISBN 978-3-631-56754-8

© Peter Lang GmbH
Internationaler Verlag der Wissenschaften
Frankfurt am Main 2008
Alle Rechte vorbehalten.

Das Werk einschließlich aller seiner Teile ist urheberrechtlich
geschützt. Jede Verwertung außerhalb der engen Grenzen des
Urheberrechtsgesetzes ist ohne Zustimmung des Verlages
unzulässig und strafbar. Das gilt insbesondere für
Vervielfältigungen, Übersetzungen, Mikroverfilmungen und die
Einspeicherung und Verarbeitung in elektronischen Systemen.

Printed in Germany 1 2 3 4 5   7

www.peterlang.de

Inhaltsverzeichnis

1 Einführung

Marieluise Fleißer kommentierte ihr Schreiben 1966 im Programmheft der berliner Schaubühne am Halleschen Ufer mit den Worten:

> Es mußten Bayern werden, anderswo lebte ich nicht. Man kann nicht ein Seil in die Luft werfen und sich daran emporziehn, das ist bare Künstelei, ich lehne das ab.[1]

Im Zentrum der vorliegenden Arbeit stehen die Theaterstücke *Fegefeuer in Ingolstadt* (Fassung von 1926) und *Pioniere in Ingolstadt* (Fassung 1926/1928) von Marieluise Fleißer sowie *Der Oger. Ein Stück* und *Der Tiger. Ein Lustspiel im Alten Wien* (beide vor 1934 geschrieben) von Veza Canetti. Drei der Stücke tragen die Angabe des Schauplatzes bereits im Titel und das vierte, *Der Oger*, gibt Wien als Ort der Handlung in der Regieanweisung an. Fleißer und Canetti beziehen sich demnach beide auf ihr direktes Lebensumfeld, sie werfen kein „Seil in die Luft".

Immer wieder auf den Zusammenhang zwischen Werk und Leben befragt, lieferte Fleißer eine Fülle von Äußerungen, die eine biografische Lesart ihrer Stücke wenn nicht herausforderten, so doch zumindest begünstigten. Veza Canettis Werk erging es, ganz ohne ihr Zutun, ähnlich. Als sie Anfang der 1990er Jahre als Autorin wiederentdeckt wurde, schien ihre Biografie und ihre Rolle als Ehefrau des Nobelpreisträgers Elias Canetti zunächst interessanter zu sein als ihr Werk. Die vorliegende Arbeit geht einer anderen Spur nach, die ebenfalls, aber unter anderen Vorzeichen, davon ausgeht, dass ein Seil nicht in die Luft geworfen werden kann: Sie untersucht die intertextuellen Bezüge der Stücke im Hinblick darauf, wie beide Autorinnen das Eigene an Bestehendes anbinden und den eigenen Text in einen Dialog mit den Texten anderer Dichter eintreten lassen.

Die Stücke von Fleißer und Canetti bergen eine Fülle von intertextuellen Verweisen, die von Anspielungen über Zitate bis hin zur strukturellen Anlehnung an ein anderes Werk reichen. Die Stücke arbeiten demnach im Ganzen, trotz aller Unterschiede im Einzelnen, mit einer doppelten Verweistechnik: Sie zeigen Frauenfiguren, die an auf die zeitgenössische Wirklichkeit verweisenden Orten um Selbstverwirklichung ringen, und rufen intertextuell einen literarischen Rahmen auf, positionieren sich innerhalb dessen und spielen mit Rezipientenerfahrungen und -erwartungen, die bestätigt, verunsichert und enttäuscht werden. Die Stücke reagieren auf Bekanntes und auf häufig Unhinterfragtes, indem sie mit anderen literarischen Texten umgehen, diese widerspiegeln und kritisieren. Eine affirmative Dimension liegt dabei in der Wertschätzung ande-

---

1 Marieluise Fleißer: Ein Mißverständnis. (Im Programmheft zur Aufführung der Schaubühne am Halleschen Ufer Berlin, Februar 1966). In: Dies.: Gesammelte Werke. Bd.1: Dramen. Hg. von Günther Rühle. Frankfurt am Main 1994, S. 453-454, hier S. 453.

rer Texte und in dem Bestreben, im eigenen Text konstruktiv mit ihnen umzugehen. Dagegen steht jedoch eine deutliche Rebellion, die sich nicht gegen die Vorläufertexte selbst richtet, sondern gegen Machthierarchien und Ordnungsprinzipien, die diese abbilden und die sich vorrangig in den dargestellten Geschlechterverhältnissen zeigen. Damit kritisieren die Stücke von Fleißer und Canetti eine vermeintlich unumstößliche, womöglich biologisch gerechtfertigte Rollenverteilung von „männlich" und „weiblich" und setzen ein anderes Handeln dagegen (*Der Oger* und *Der Tiger*) oder provozieren eine Freiheit im Denken, die Raum für Veränderung schaffen könnte (*Fegefeuer in Ingolstadt* und *Pioniere in Ingolstadt*).

Wenn die vorliegende Arbeit Textverweise der frühen Theaterstücke von Fleißer und Canetti untersucht und diese Befunde zum Ausgangspunkt der Analyse wählt, so bewegt sie sich zwangsläufig auf dem heterogenen Gebiet der Intertextualität. Als Minimalkonsens dieser breiten Theoriedebatte gilt, dass Intertextualität die Eigenschaft von Texten bezeichnet, sich auf andere Texte zu beziehen.[2] Die Schwierigkeit, die sich aus dieser Definition ergibt, liegt darin, dass es vom jeweiligen Textbegriff abhängt, was als intertexueller Bezug zu klassifizieren ist und welche Funktionen ihm zugesprochen werden können. In den poststrukturalistischen Intertextualitätstheorien ist Intertextualität kein exklusives Merkmal der Literatur, sondern erscheint universell als die Summe aller Realität konstituierenden Zeichensysteme. Strukturalistisch-hermeneutische Intertextualitätstheorien hingegen definieren einen Text als geschlossene Einheit und gehen von den Konzepten Autor, Werk und Rezipient aus. Intertextualität wird als der intendierte und markierte Bezug eines literarischen Textes auf einen anderen Text (Prätext) oder eine Textgruppe (Gattung) verstanden und dient explizit der innerliterarischen Bedeutungskonstruktion.[3]

Sowohl das poststrukturalistische als auch das strukturalistisch-hermeneutische Modell bergen Schwierigkeiten. Bei Ersterem ist es unmöglich, sinnvoll von einem Prätext oder einem Posttext zu sprechen, da sich alles aufeinander bezieht und eine historische Abfolge damit hinfällig ist. Der Autor und seine Intention treten zu Gunsten eines *texte generale* zurück, der im Wechselspiel der Texte immer neue Sinnzusammenhänge freigibt. Im strukturalistisch-hermeneutischen Modell hingegen wird dem Text eine feste Autorintention zugesprochen, die sich innerhalb einer historischen Entwicklung lokalisiert. Folglich

---

2 Vgl. Richard Aczel: Intertextualität und Intertextualitätstheorien. In: Metzler-Lexikon Literatur- und Kulturtheorie. Hg. von Ansgar Nünning. Stuttgart und Weimar 2001, S. 287-289.

3 Eine Darstellung der Theoriedebatte um die Intertextualität in ihrer Ausdifferenzierung in das poststrukturalistische und das strukturalistisch-hermeneutische Modell liefern u.a.: Manfred Pfister: Konzepte der Intertextualität. In: Intertextualität: Formen, Funktionen, anglistische Fallstudien. Hg. von Ulrich Broich und Manfred Pfister. Tübingen 1985, S. 1-30; Susanne Holthuis: Intertextualität. Aspekte einer rezeptionsorientierten Konzeption. Tübingen 1993 und Heinrich Franz Plett: Intertextualities. In: Intertextuality. Hg. von dems. Berlin und New York 1991, S. 3-29.

können für einen Text nur solche Bezüge von Belang sein, die sich biografisch im Umfeld des Autors fixieren lassen oder die sich zumindest im Bereich des zeitlich Möglichen bewegen. Philologisch wird der intertextuelle Bezug somit handhabbar und interpretierbar, er wird dadurch aber im Vergleich zur poststrukturalistischen Perspektive erheblich eingeschränkt.

Trotz dieser Schwierigkeiten bieten sowohl die poststrukturalistische als auch die strukturalistisch-hermeneutische Intertextualitätstheorie erhebliches Erkenntnispotenzial bei der Erschließung von Texten. Manfred Pfister versucht daher, in seinem Theorieansatz beide zu verbinden, „weil die beiden Modelle einander nicht ausschließen, vielmehr die Phänomene, die das engere Modell erfassen will, prägnante Aktualisierungen jener globalen Intertextualität sind, auf die das weitere Modell abzielt".[4] Pfisters Vermittlungsmodell stuft Intertextualität nach dem Grad ihrer Intensität ab und verwendet dafür das Bild von konzentrischen Kreisen, deren Mittelpunkt die höchstmögliche Verdichtung der Intertextualität, der äußerste Kreis hingegen die geringste markiert.[5] Die Skalierung bietet den Vorteil, dass sich die Textanalyse im Gebiet des strukturalistisch-hermeneutischen Modells verankern kann, ohne die poststrukturalistische Betrachtungsweise negieren zu müssen.

Eine Exemplifikation dieses theoretischen Modells birgt Umberto Ecos Aufsatz *Borges und meine Angst vor dem Einfluß*.[6] Aus Sicht des Autors schildert Eco dort den Umgang mit intertextuellen Bezügen und unterscheidet zwischen drei Gruppen von Referenzen in seinem Roman *Der Name der Rose*. Zum einen existieren intendierte intertextuelle Bezüge seines Textes auf verschiedene Prätexte, derer er sich beim Schreiben bewusst war. Des Weiteren wurde er von Interpreten auf Bezüge aufmerksam gemacht, die nicht intendiert waren, die sich aber biografisch bestätigen ließen, da ihm der entsprechende Text tatsächlich bekannt war. Drittens sah er sich mit schlüssigen Interpretationen konfrontiert, die Bezüge zu Prätexten sahen, die er nicht gelesen hatte. In diesem dritten Fall sieht Eco einen „Zeitgeist"[7] verantwortlich, der nicht lokalisierbar sei und doch wahrnehmbar Verbindungen zwischen Texten herstelle. Das Resümee, das aus Ecos Argumentation gezogen werden kann, ist zum einen, dass eine schlüssige Interpretation nicht notwendigerweise mit der bewussten Autorintention übereinstimmen muss. Zum anderen aber – und hier entscheidender – zeigt Eco indirekt die Tragfähigkeit einer Verbindung der beiden Modelle der Intertextualität.

Die vorliegende Arbeit bewegt sich vor dem Horizont der von Pfister dargelegten qualitativen Skalierung der Intertextualität und legt den Schwerpunkt der Analyse auf Referenzen, die nach dieser Einteilung als intensive

---

4 Manfred Pfister: Konzepte der Intertextualität, S. 25.
5 Ebd., S. 25-30.
6 Umberto Eco: Borges und meine Angst vor dem Einfluß. In: Die Bücher und das Paradies. Über Literatur. München und Wien 2003, S. 127-145.
7 Ebd., S. 129.

intertextuelle Bezüge klassifiziert werden. Da diese nach Pfister engeren Kreise der Intertextualität auf Seiten der strukturalistisch-hermeneutischen Intertextualität liegen, kann mit den Begriffen Autorin, Rezipienten und Werk argumentiert werden.

Um der Wirkung der intertextuellen Bezüge nachgehen zu können, müssen diese zunächst als solche identifiziert werden. Dieser Nachweis erfordert in den einzelnen Kapiteln der Arbeit längere Passagen, die detailliert Übereinstimmungen zwischen Post- und Prätext belegen. In dem, was im Einzelnen als intertextueller Verweis bezeichnet werden kann, folgt die vorliegende Arbeit Gérard Genettes Theorie zur Transtextualität, wobei nur zwei der fünf von Genette festgelegten Kategorien zur Anwendung kommen können.[8] In den frühen Stücken von Canetti und Fleißer finden sich Verweise, die Genette der Kategorie der einfachen *Intertextualität*, d.h. den zitativen und anspielenden Bezügen zwischen Texten, zurechnet. *Der Oger* und *Fegefeuer in Ingolstadt* weisen darüber hinaus Züge einer *Transposition* auf. Diese ist eine Spielart der *Hypertextualität* und charakterisiert die Überlagerung von Texten ohne ausgewiesenen Bezug in der Art, dass der Posttext in hohem Maße vom Prätext abhängig ist. Ziel dieser Arbeit kann nicht sein, exakt definierte Kategorien auf Texte zu projizieren oder umgekehrt. Die intertextuellen Verweise werden viel eher als Kommunikationsangebot zwischen Text und Rezipient verstanden, der Letzterem ermöglicht, den Text einzuordnen, ohne ihn festzuschreiben, ihn in einer Traditionslinie zu sehen und gleichzeitig Weiterentwicklungen zu konstatieren, sich der eigenen literarischen Sozialisation bewusst zu werden und sie durch den Text verunsichert zu sehen, Darstellungsmuster als solche wahrzunehmen und Alternativen eröffnet zu bekommen.

Mit der Untersuchung der intertextuellen Bezüge in den Stücken greift diese Arbeit einen Aspekt auf, der in der Fleißerforschung und in den wenigen Beiträgen zu Canetti bislang noch keine tragende Rolle gespielt hat. Die Fleißerforschung beschäftigte sich lange mit der durch Selbstaussagen der Autorin vermeintlich legitimierten Verschränkung ihres Lebens mit ihrem Schreiben.[9] Die Vita der 1901 in Ingolstadt geborenen Schriftstellerin wurde dabei als tragische Folie genutzt: Als junge Schriftstellerin von Feuchtwanger protegiert und von Brecht als Frau und Künstlerin ausgenutzt, sei sie anschließend vom nationalkonservativen Dichter Draws-Tychsen unterdrückt und später als Ehefrau an der Seite des unkünstlerischen Jugendfreundes in Ingolstadt unter den

---

8 Gérard Genette: Palimpseste. Die Literatur auf zweiter Stufe. Frankfurt am Main 1993.

9 Siehe Sissi Tax: marieluise fleißer. schreiben, überleben. ein biographischer versuch. Berlin 1984; Jutta Sauer: „Etwas zwischen Männern und Frauen". Die Sehnsucht der Marieluise Fleißer. Köln 1991; Günther Lutz: Marieluise Fleißer: Verdichtetes Leben. O.O. 1989; Moray McGowan: Marieluise Fleißer. München 1987; Ina Brueckel: Ich ahnte den Sprengstoff nicht. Leben und Schreiben der Marieluise Fleißer. Freiburg 1996 und Sabine Göttel: Natürlich sind es Bruchstücke: Zum Verhältnis von Biographie und literarischer Produktion bei Marieluise Fleißer. St. Ingbert 1997.

Nationalsozialisten mit einem Schreibverbot belegt worden. Ihr Werk wurde als theorieferne Reaktion auf diese, wie man heute weiß, teilweise erfundene Biografie interpretiert[10] und mit einem Prosatext Fleißers belegt, der unter dem Titel *Meine Biographie* in die Gesammelten Werke aufgenommen wurde.[11] Problematisierte bereits Elke Brüns in ihrem kritischen Forschungsbericht die Einengung der Texte Fleißers auf den biografischen Blickwinkel,[12] so plädierte Hiltrud Häntzschel in *Diese Frau ist ein Besitz*[13] dafür, die autobiografischen Texte Fleißers auf ihren Selbstinszenierungscharakter hin zu befragen. Anita Runge wies in ihrem instruktiven Aufsatz *>Leben<->Werk<-Profession*[14] nach, dass es sich bei *Meine Biographie* um eine fingierte Lebensbeschreibung handelt, die sich zeittypischer Vorstellungen vom Verhältnis von Leben und Werk bedient, um sie gleichzeitig zu unterlaufen – bietet Fleißer doch „eine durchweg selektive Präsentation von Lebensereignissen, bei der das Verschweigen eine nicht zu unterschätzende Rolle spielt".[15]

Auch andere Forschungsbeiträge revidierten das Bild der lange gültigen Fleißerbiografie: Die Autorin unterlag keinem Schreibverbot von Seiten der Reichsschrifttumskammer,[16] Brechts Einfluss auf den Beginn ihrer Karriere kommt weniger Gewicht zu als angenommen, da ein Briefwechsel mit Herbert Ihering belegt, dass sie sich selbst um die Publikation ihrer Texte bemühte.[17] Der oft beschriebene Theaterskandal von 1929 um die von Brecht inszenierte

---

10 Beispielhaft für diese Interpretation steht das Vorwort von Günther Rühle zu den Gesammelten Werken. Günther Rühle: Vorwort. In: Marieluise Fleißer: Gesammelte Werke. Bd. 1: Dramen. Hg. von Günther Rühle. Frankfurt am Main 1972, S. 7-60.

11 Marieluise Fleißer: Meine Biographie. In: Dies.: Gesammelte Werke. Bd. 4: Aus dem Nachlaß. Hg. von Günther Rühle in Zusammenarbeit mit Eva Pfister. Frankfurt am Main 1989, S. 523-546.

12 Elke Brüns: Keine Bürgerin der Spiegelstadt? In: Geschriebenes Leben. Autobiographik von Frauen. Hg. von Michaela Holdenried. Berlin 1995, S. 324-338.

13 Hiltrud Häntzschel: „Diese Frau ist ein Besitz." Marieluise Fleißer aus Ingolstadt zum 100. Geburtstag. Marbacher Magazin 96/2001.

14 Anita Runge: >Leben<->Werk<-Profession. Zum Umgang mit biographischen Dokumenten bei Schriftstellerinnen. In: Querelles. Jahrbuch für Frauenforschung 2001. Bd. 6: Biographisches Erzählen. Hg. von Irmela von der Lühe und Anita Runge. Stuttgart und Weimar 2001, S. 70-84.

15 Ebd., S. 79. Siehe zu diesem Thema auch: Anita Runge: Marieluise Fleißer: *Biographie* – Konstruktionen an der Schnittstelle zwischen „Leben" und „Werk". In: Die biographische Illusion im 20. Jahrhundert. (Auto-) Biographien unter Legitimierungszwang. Hg. von Izabela Sellmer. Frankfurt am Main u.a. 2003, S. 179-196.

16 Vgl. Hiltrud Häntzschel: „Diese Frau ist ein Besitz", S. 86; dies.: Marieluise Fleißers Lebenserzählung. Dokumente und Fiktionen. In: Schriftenreihe der Marieluise-Fleißer-Gesellschaft e.V., H. 4, Ingolstadt 2002, S. 5-23, hier S. 18 und dies.: Marieluise Fleißer. Eine Biographie. Frankfurt am Main und Leipzig 2007, S. 292-295.

17 Anita Runge: Marieluise Fleißer auf dem „Ersten Deutschen Schriftstellerkongreß" in Berlin (4. bis 8. Okt. 1947): Brief an Herbert Ihering vom 15. Oktober 1947. In: Querelles. Jahrbuch für Frauenforschung 2001. Bd. 6: Biographisches Erzählen, S. 161-165, hier S. 161.

Aufführung von *Pioniere in Ingolstadt* ist neuesten Forschungsergebnissen zufolge teilweise Fiktion.[18] Weitere Ergebnisse der Forschung lassen zudem den Schluss zu, dass Fleißers künstlerische Arbeit wohl kaum abgeschieden von der zeitgenössischen Literatur stattfinden konnte. Sie war vom Wintersemester 1920/21 bis zum Beginn des Sommersemesters 1924 an der Ludwig-Maximilians-Universität München für den Studiengang Dramaturgie eingeschrieben und besuchte Veranstaltungen zur Literatur-, Theater- und Kunstgeschichte. In ihrem Nachlass finden sich eindeutige Hinweise auf die Ernsthaftigkeit ihres Studiums, das jedoch ohne Abschluss blieb.[19]

Mit dem Seminar des Theaterwissenschaftlers Artur Kutscher besuchte sie wahrscheinlich neue Theaterinszenierungen,[20] sie sah Brechts *Trommeln in der Nacht* und *Im Dickicht*, begleitete den Entstehungsprozess von *Leben Eduards II.* und las den *Baal* sowie Theaterstücke von Strindberg und Bronnen.[21] Im Zuge der Arbeit an ihrem Historiendrama *Karl Stuart* beschäftigte sie sich mit den Königsdramen von William Shakespeare, mit Eva Scotts *Die Stuarts,* mit Hilaire Bellocs *Oliver Cromwell* und exzerpierte, dies belegt der Nachlass, Gustav Freitags *Theorie des Dramas*.[22] Sie bezog sich in ihrem Werk offensiv auf Friedrich Hölderlin, Heinrich von Kleist und Jean Genet.[23] Die intertextuellen Bezüge von Fleißers Werk wurden vor diesem Hintergrund vereinzelt konstatiert,[24] eine umfassende Analyse und inhaltliche Auswertung erfolgten bislang jedoch noch nicht.

---

18 Hiltrud Häntzschel: Marieluise Fleißers Lebenserzählung, S. 5-23. Eine Rekonstruktion der Ereignisse um die Aufführung von *Pioniere in Ingolstadt* 1929 leistet Hiltrud Häntzschel in: Marieluise Fleißer. Eine Biographie, S. 170-198.

19 Vgl. Birte Werner: Marieluise Fleißers erstes Studienjahr an der Ludwig-Maximilians-Universität in München. In: Querelles. Jahrbuch für Frauenforschung 2001. Bd. 6: Biographisches Erzählen. Hg. von Irmela von der Lühe und Anita Runge. Stuttgart und Weimar 2001, S. 153-160.

20 Fleißer wird in Kutschers Erinnerungen nicht namentlich genannt. Er schildert jedoch Exkursionen mit Studenten, was belegt, dass der Besuch von neuen Stücken und Inszenierungen integraler Bestandteil seines Unterrichts war. Vgl. Artur Kutscher: Der Theaterprofessor. Ein Leben für die Wissenschaft vom Theater. München 1960.

21 Moray McGowan: Marieluise Fleißer, S. 23.

22 Ebd., S. 120.

23 Siehe Marieluise Fleißer: Hölderlin in einer Berliner Kneipe. In: Dies.: Gesammelte Werke. Bd. 3: Erzählungen. Hg. von Günther Rühle. Frankfurt am Main 1972, S. 82-85; Marieluise Fleißer: Schlagschatten Kleist. In: Dies.: Gesammelte Werke. Bd. 3: Erzählungen. Hg. von Günther Rühle. Frankfurt am Main 1972, S. 95-116; Marieluise Fleißer: Findelkind und Rebell. Über Jean Genet. In: Dies.: Gesammelte Werke. Bd. 2: Erzählende Prosa. Hg. von Günther Rühle. Frankfurt am Main 1972, S. 324-336.

24 Annette Bühler-Dietrich: Auf dem Weg zum Theater: Else Lasker-Schüler, Marieluise Fleißer, Nelly Sachs, Gerlind Reinshagen, Elfriede Jelinek. Würzburg 2003; Genia Schulz: Fußwaschung und Weihwedel. Fleißers sprachlicher Körper. In: Reflexive Naivität: Zum Werk Marieluise Fleißers. Hg. von Maria E. Müller und Ulrike Vedder. Berlin 2000, S. 78-89.

Fegefeuer in Ingolstadt in der für diese Arbeit relevanten Fassung von 1926 wurde von der Forschung weniger beachtet als die Umarbeitung des Stücks von 1970/71, die auch in die Werkausgabe der Autorin aufgenommen wurde. Mit der frühen Fassung beschäftigen sich nur wenige Forschungsbeiträge.[25] Die späte Fassung von *Fegefeuer in Ingolstadt* wurde bevorzugt unter den Aspekten Literatur der Weimarer Republik und Sozialkritik,[26] Sprache[27] sowie Gattungszugehörigkeit zum *Volksstück* diskutiert.[28] Auf diese Beiträge wird in der vorliegenden Arbeit nur dann zurückgegriffen werden können, wenn es um Aspekte geht, die für beide Stückfassungen zutreffen. Die Forschung soll daher hier nicht im Einzelnen referiert, sondern im Analyseteil an einzelnen Punkten hinzugezogen werden.

Die Beschäftigung mit *Pioniere in Ingolstadt* in der Urfassung von 1926/28 ist nahezu ein Forschungsdesiderat. Nur zwei Aufsätze von Michael

---

25 Elke Brüns: aussenstehend, ungelenk, kopfüber weiblich: psychosexuelle Autorpositionen bei Marlen Haushofer, Marieluise Fleißer und Ingeborg Bachmann. Stuttgart u.a. 1998; Angelika Führich: Aufbrüche des Weiblichen im Drama der Weimarer Republik. Brecht – Fleißer – Horváth – Gmeyner. Heidelberg 1992; Ursula Roumois-Hasler: Dramatischer Dialog und Alltagsdialog im wissenschaftlichen Vergleich. Die Struktur der dialogischen Rede bei den Dramatikerinnen Marieluise Fleißer („Fegefeuer in Ingolstadt") und Else Lasker-Schüler („Die Wupper"). Frankfurt am Main 1982; Anne Waterstraat: Ein System und keine Gnade: Zum Zusammenwirken von Gottesbild, Sündenverständnis und Geschlechterverhältnis in ausgewählten Texten Marieluise Fleißers. Frankfurt am Main u.a. 2000; Anne Fleig: Marieluise Fleißer. Fegefeuer in Ingolstadt (1926). In: Meisterwerke. Deutschsprachige Autorinnen im 20. Jahrhundert. Hg. von Claudia Benthien und Inge Stephan. Köln u.a. 2005, S. 110-132.
26 Peter Beicken: Weiblicher Pionier. Marieluise Fleißer – oder zur Situation schreibender Frauen in der Weimarer Zeit. In: Die Horen 132, H. 4, 1983, S. 45-61; Angelika Döpper-Henrich: Entfremdung in den dramatischen Schriften Marieluise Fleißers. Frankfurt am Main 1996; Ralph Ley: Beyond 1984. Provocation and Prognosis in Marieluise Fleißer's Play *Purgatory in Ingolstadt*. In: Modern Drama, Vol. XXXI, Nr. 1, 1988, S. 340-351.
27 Donna L. Hoffmeister: The Theater of Confinement: Language and Survival in the Milieu Plays of Marieluise Fleißer and Franz Xaver Kroetz. Columbia 1983; Ursula Roumois-Hasler: Dramatischer Dialog und Alltagsdialog im wissenschaftlichen Vergleich; Theo Buck: Dem Kleinbürger aufs Maul geschaut. Zur gestischen Sprache der Marieluise Fleißer. In: Text+Kritik 64: Marieluise Fleißer, 1979, S. 35-53; Silvia Henke: Fehl am Platz. Studien zu einem kleinen Drama im Werk von Alfred Jarry, Else Lasker-Schüler, Marieluise Fleißer und Djuna Barnes. Würzburg 1997.
28 Hellmuth Karasek: Die Erneuerung des Volksstücks. Auf den Spuren Marieluise Fleißers und Ödön von Horváths. In: Positionen des Dramas. Analysen und Theorien zur deutschen Gegenwartsliteratur. Hg. von Heinz Ludwig Arnold und Theo Buck. München 1977, S. 137-169; Calvin N. Jones: Negation and Utopia: The German Volksstück from Raimund to Kroetz. New York u.a. 1993; Gérard Thieriot: Marieluise Fleißer (1901-1974) et le theatre populaire critique en Allemagne. Bern u.a. 1999; Gerd Müller: Das Volksstück von Raimund bis Kroetz. Die Gattung in Einzelanalysen. München 1979; Thomas Schmitz: Das Volksstück. Stuttgart 1990; Hugo Aust, Peter Haida und Jürgen Hein: Volksstück. Vom Hanswurstspiel zum sozialen Dama der Gegenwart. München 1989.

Töteberg *Abhängigkeit und Förderung. Marieluise Fleißers Beziehungen zu Bertolt Brecht* und *Die Urfassung von Marieluise Fleißers ‚Pioniere in Ingolstadt'* widmen sich ihr wie auch die Arbeit von Jeong-Jun Lee mit dem Titel *Tradition und Konfrontation*,[29] in der kurz auf die Urfassung eingegangen wird.

Die Rezeption der Werke von Veza Canetti ist aufgrund der verzögerten Publikation ungleich geringer als die des Fleißerschen Œvres. Die 1897 in Wien geborene Autorin veröffentlichte zunächst zwischen 1932 und 1937 mit großem Erfolg Kurzgeschichten in verschiedenen Organen der linken Presse, vorrangig in der Wiener Arbeiter-Zeitung.[30] Ihr Text *Ein Kind rollt Gold* erhielt 1933 den zweiten Preis im Preisausschreiben der Arbeiter-Zeitung für die beste Kurzgeschichte, nachdem ein Jahr zuvor ihre Erzählung *Geduld bringt Rosen* in der von Wieland Herzfelde besorgten Anthologie *Dreissig neue Erzähler des neuen Deutschland. Junge deutsche Prosa* aufgenommen worden war. Dem Prosaband wurde vom Herausgeber als Motto eine Aussage des amerikanischen Autors Upton Sinclair vorangestellt: „Die Ideale der revolutionären Arbeiterschaft sind mit denen des wirklich schöpferischen Künstlers identisch."[31] Ihre Kurzgeschichte wurde demnach der sozialistischen Avantgarde zugerechnet.

In den dreißiger Jahren veröffentlichte Veza Canetti ausschließlich unter den Pseudonymen Veza Magd, Veronika Knecht, Martha Murner, Martina Murner und Martin Murner.[32] Die Pseudonyme werden in den vorliegenden Forschungsbeiträgen als sprechende Namen interpretiert, die Ausdruck eines dichterischen „Selbstverständnis[es]"[33] seien. Eva M. Meidl geht hierbei von der etymologischen Bedeutung der Pseudonyme aus, stellt deren Verbindung zur Geste des Dienens fest und wertet dies nicht im Sinne einer Unterwerfung,

---

29 Michael Töteberg: Abhängigkeit und Förderung. Marieluise Fleißers Beziehungen zu Bertolt Brecht. In: Text+Kritik 64: Marieluise Fleißer, 1979, S. 74-87, hier S. 76-77; ders.: Die Urfassung von Marieluise Fleißers ‚Pioniere in Ingolstadt'. In: Maske und Kothurn 23, 1977, S. 119-121 und Jeong-Jun Lee: Tradition und Konfrontation. Die Zusammenarbeit von Marieluise Fleißer und Bertolt Brecht. München 1992, S. 93ff.

30 Eine Auflistung der Erstveröffentlichungen der in den dreißiger Jahren in Tageszeitungen publizierten Kurzgeschichten von Veza Canetti findet sich in: Angelika Schedel: Bibliographie zu Veza Canetti. In: Text+Kritik 156: Veza Canetti, 2002, S. 105-106.

31 Dreissig neue Erzähler des neuen Deutschland. Junge deutsche Prosa. Hg. und mit einer Einleitung von Wieland Herzfelde. Berlin 1932. Veza Canettis Kurzgeschichte *Geduld bringt Rosen* ist abgedruckt auf den Seiten 70-91.

32 Die Pseudonyme der jeweiligen Veröffentlichung sind aufgeführt in: Angelika Schedel: Bibliographie zu Veza Canetti. Abschnitt B: Unter Pseudonym erfolgte Veröffentlichungen zu Lebzeiten. In: Text+Kritik 156: Veza Canetti, 2002, S. 105-106.

33 Gaby Frank: Veza Canetti. In: Leider hab ich's Fliegen ganz verlernt. Portraits von Künstlerinnen und Schriftstellerinnen der Neuen Sachlichkeit. Hg. von Britta Jürgs. Berlin 2000, S. 262-279, hier S. 263; Helmut Göbel: Nachwort. In: Veza Canetti: Die Gelbe Straße. München und Wien 1990, S. 169-181, hier S. 179; Bettina Bannasch: Zittern als eine Bewegung des Widerstands. Veza Canettis frühe Erzählungen „Geduld bringt Rosen" und der Roman „Die Gelbe Staße". In: Text+Kritik 156: Veza Canetti, 2002, S. 30-47.

sondern des Widerstands.[34] Elfriede Engelmayer versteht den Namen Murner als „Würdigung und Solidaritätsadresse"[35] an den von den Nationalsozialisten verfolgten Carl von Ossietzky, der unter dem Pseudonym Thomas Murner schrieb, und Angelika Schedel sieht einen Bezug auf Thomas Murner gegeben.[36] Marianne Kröger interpretiert das Pseudonym „Magd" als Entsprechung zu Elias Canettis Konzept des Dichters als Knecht,[37] was mit Elias Canettis eigener Erklärung des Pseudonyms seiner Frau übereinstimmt:

> Eine Dienerin, die es aus Liebe für die war, denen sie diente, stellte sie so hoch, daß sie für ihre Schriften als Pseudonym Veza Magd wählte.[38]

Veza Canetti selbst begründete die Verwendung von Pseudonymen mit dem zunehmenden Antisemitismus in den dreißiger Jahren, wenn sie rückblickend 1950 an Rudolf Hartung schreibt:

> Ich selbst bin Sozialistin und schrieb in Wien für die >Arbeiter-Zeitung< unter drei Pseudonymen, weil der sehr liebe Dr. König, der wieder eingesetzt ist, mir bärbeißig klarmachte, >bei dem latenten Antisemitismus kann man von einer Jüdin nicht so viele Geschichten und Romane bringen, und Ihre sind leider die besten<.[39]

Nach ihrer Flucht zusammen mit ihrem Ehemann nach England 1938 bis zu ihrem Tod 1963 in London erfolgten keine Publikationen ihrer Werke mehr.[40]

---

34 Eva M. Meidl: Veza Canettis Sozialkritik in der revolutionären Nachkriegszeit. Sozialkritische, feministische und postkoloniale Aspekte in ihrem Werk. Frankfurt am Main 1998, S. 35.

35 Elfriede Engelmayer: „Denn der Mensch schreitet aufrecht, die erhabenen Zeichen der Seele ins Gesicht gebrannt." Zu Veza Canettis Die Gelbe Staße. In: Mit der Ziehharmonika 11, 2, September 1994, S. 28.

36 Angelika Schedel: Sozialismus und Psychoanalyse. Quellen von Veza Canettis literarischen Utopien. Würzburg 2002, S. 11.

37 Marianne Kröger: Themenaffinitäten zwischen Veza und Elias Canetti in den 30er Jahren und im Exil – eine Spurensuche in den Romanen Die Schildkröten von Veza Canetti und Die Blendung von Elias Canetti. In: Das literarische Paar. Intertextualität der Geschlechterdiskurse. Hg. von Gislinde Seybert. Bielefeld 2003, S. 279-308.

38 Elias Canetti: Vorwort. In: Veza Canetti: Die Gelbe Straße. München und Wien 1990, S. 5-9, hier S. 6.

39 Veza Canetti. Lebenschronik. In: Veza Canetti: Die Schildkröten. München und Wien 1999, S. 281-288, hier S. 284f.

40 Eine Darstellung der Londoner Exilzeit Veza Canettis liefert der Anhang: Versuch einer biographischen Rekonstruktion. In: Angelika Schedel: Sozialismus und Psychoanalyse, S. 127-202 und dies.: „Bitte das über seine Frau nicht auslassen". Briefe an Erich Fried, eine „gefälschte" Autorschaft und Frauen im Hintergrund – ein Beitrag zu Veza Canettis Jahren im Londoner Exil. In: Text+Kritik 156: Veza Canetti, 2002, S. 82-94. Biografisches zu Veza Canetti findet sich ebenso bei Sven Hanuschek: Elias Canetti. Biographie. München und Wien 2005 und Helmut Göbel: Elias Canetti. Reinbek bei Hamburg 2005.

Einzig als Übersetzerin trat sie noch an die Öffentlichkeit.[41] Erst Jahre später wurde ihr Werk vom Göttinger Literaturwissenschaftler Helmut Göbel wiederentdeckt.[42] Es erschien 1990 der mittlerweile in dreizehn Sprachen übersetzte Roman *Die Gelbe Straße*, den die Autorin vor 1934 aus fünf ihrer Kurzgeschichten zusammengefügt hatte, 1991 ihr Theaterstück *Der Oger*, eine szenische Bearbeitung des gleichnamigen Kapitels aus dem Roman *Die Gelbe Straße*, 1992 der Kurzgeschichtenband *Geduld bringt Rosen* und 1999 der Roman *Die Schildkröten*. 2001 schloss die Nachlassedition *Der Fund*, der Prosatexte und die Theaterstücke *Der Tiger* und *Der Palankin* enthält, die postume Herausgabe ihrer Werke ab.

Die Auseinandersetzung mit den Theaterstücken Canettis von Seiten der germanistischen Forschung umfasst nur wenige Titel. Zum Lustspiel *Der Tiger* sind bislang keine Einzeluntersuchungen veröffentlicht. Zu *Der Oger* liegt Eva M. Meidls Monographie *Veza Canettis Sozialkritik in der revolutionären Nachkriegszeit* vor,[43] die das Stück auf das Thema Postkolonialismus hin untersucht und sich vorrangig mit der Frage beschäftigt, wie sich Canettis Bekenntnis zum Sozialismus in ihrem Schreiben niederschlägt.

Auch Dagmar C. G. Lorenz widmet sich dem politischen Anliegen der Autorin in ihren Aufsätzen *The Issue of Male Violence in Dramatic Works of Two Austrian Republics*[44] und *Women's Concerns – Women's Popular Drama?*[45] Ihr Verdienst ist es, Canetti relativ rasch nach ihrer Wiederentdeckung im Kontext anderer Schriftstellerinnen diskutiert und eine Verwandtschaft zwischen den Theaterstücken von Canetti und Fleißer bemerkt zu haben – ein Befund, an den die vorliegende Arbeit anknüpfen kann.[46]

---

41 Ihre Übersetzung des Romans *The Power and the Glory* von Graham Green erschien 1947 bei Heinemann & Zsolnay in Berlin unter dem Titel: *Die Kraft und die Herrlichkeit.* Aus dem Englischen von Veza Magd und Bernhard Zebrowski.

42 Helmut Göbel: Zur Wiederentdeckung Veza Canettis als Schriftstellerin. Einige persönliche Anmerkungen. In: Text+Kritik 156: Veza Canetti, München 2002, S. 3-10.

43 Eva M. Meidl: Veza Canettis Sozialkritik in der revolutionären Nachkriegszeit.

44 Dagmar C. G. Lorenz: The Issue of Male Violence in Dramatic Works of Two Austrian Republics: Veza Canetti and Felix Mitterer. In: Postwar Austrian Theater. Text and Performance. Edited and with an Introduction by Linda C. Demeritt and Margarete Lamb-Faffelberger. Riverside 2002, S. 213-235.

45 Dagmar C. G. Lorenz: Women's Concerns – Women's Popular Drama? Veza Canetti and Marieluise Fleißer. In: Modern Austrian Literature 26, H. 3/4, 1993, S. 115-128.

46 Eine Verbindung zwischen den Werken Canettis und Fleißers sieht auch Angelika Schedel. Sie vermutet, dass das gegensätzliche Frauenpaar Frieda und Lina in Veza Canettis Roman *Die Gelbe Straße* den ungleichen Schwestern Frieda und Linchen aus Fleißers Roman *Frieda Geier. Roman vom Rauchen, Sporteln, Lieben und Verkaufen* geschuldet ist, der zwei Jahre vor dem Entstehen von *Die Gelbe Straße*, 1931, veröffentlicht wurde. Angelika Schedel: Sozialismus und Psychoanalyse, S. 103.

Hannelore Scholz stellt in ihrem Aufsatz „*Von der sozialen 'Ordnung' zerbrochener Existenzen"*[47] Überlegungen zum Verhältnis von Canettis Literaturkonzept und dem Austromarxismus an. Angelika Schedels Dissertation *Sozialismus und Psychoanalyse. Quellen von Veza Canettis literarischen Utopien*[48] arbeitet hier weiter und versteht sich als Grundlagen- und Quellenforschung, die Canettis Werk im Kontext zeitgenössischer geistesgeschichtlicher Strömungen verortet. In einem Kapitel zu *Der Oger* beleuchtet sie eingehend das Verhältnis des Theaterstücks zu Wilhelm Reichs 1932 erschienener Analyse *Die Massenpsychologie des Faschismus*. In Fußnoten verweist Schedel mitunter auf die Intertextualität, wählt diesen Werkaspekt jedoch nicht zu ihrem Untersuchungsgegenstand.

Der Band *Veza Canetti* der Zeitschrift *Text+Kritik*[49] beschäftigt sich mit den Prosaarbeiten sowie den Lebensumständen der Autorin und der kürzlich erschienene Sammelband *Veza Canetti* vereinigt sechs Aufsätze zum Prosawerk, Kritiken und eine ausführliche Vita[50] und entfernt sich damit vom rein Biografischen.[51] Ein Aufsatz zu Veza Canetti im von Claudia Benthien und Inge Stephan herausgegebenen Sammelband *Meisterwerke*,[52] Julian Preece *The Rediscovered Writings of Veza Canetti. Out of the Shadows of a Husband*[53] und der Briefwechsel *Veza und Elias Canetti. Briefe an Georges*[54] belegen ein wachsendes Interesse an der Schriftstellerin Veza Canetti. In den folgenden Einzelanalysen der Theaterstücke in chronologischer Reihenfolge steht der Umgang mit den Prätexten im Mittelpunkt. Berücksichtigt wird dabei, dass drei

---

47 Hannelore Scholz: „Von der sozialen 'Ordnung' zerbrochener Existenzen": Veza Calderon-Canettis Literaturkonzept und der Austromarxismus. In: „Der weibliche multikulturelle Blick". Ergebnisse eines Symposiums. Hg. von Hannelore Scholz und Brita Baume. Berlin 1994, S. 52-71.

48 Angelika Schedel: Sozialismus und Psychoanalyse.

49 Text+Kritik 156: Veza Canetti. München 2002.

50 Veza Canetti. Hg. von Ingrid Spörk und Alexandra Strohmaier. Graz und Wien 2005.

51 Zu biografischen Fragestellungen siehe: Anna Mitgutsch: Veza Canetti. In: Literatur und Kritik 34, H. 335/336, 1999, S. 99-109; Gerald Stieg: Kain und Eva. Eine Replik auf Anna Mitgutsch. In: Literatur und Kritik 34, H. 339/340, 1999, S. 36-40; Elfriede Czurda: Veza Canetti - Zwischen Dichtung und Wahrheit. In: Manuskripte 32, H. 117, 1992, S. 114-120; Marianne Kröger: Themenaffinitäten zwischen Veza und Elias Canetti, S. 279-284; Gaby Frank: Veza Canetti. In: Leider hab ich's Fliegen ganz verlernt, S. 278-279; Eva Meidl: Die gelbe [sic!] Straße, Parallelstraße zur „Ehrlichstraße"? – Außenseiter in Veza Canettis Roman *Die gelbe* [sic!] *Straße* und Elias Canettis Roman *Die Blendung*. In: Modern Austrian Literature 28, Nr. 2, 1995, S. 31-51.

52 Alexander Košenina: Veza Canetti. Die Gelbe Straße (1932-1933/1990). In: Meisterwerke. Deutschsprachige Autorinnen im 20. Jahrhundert. Hg. von Claudia Benthien und Inge Stephan. Köln, Weimar, Wien 2005, S. 52-71.

53 Julian Preece: The Rediscovered Writings of Veza Canetti. Out of the Shadows of a Husband. Rochester, New York 2007.

54 Veza und Elias Canetti. Briefe an Georges. Hg. von Karen Lauer und Kristian Wachinger. München und Wien 2006.

der vier Stücke – *Der Oger, Der Tiger* und *Fegefeuer in Ingolstadt* – Dramatisierungen eines jeweiligen Prosatextes sind. Die Interpretation nimmt diese Prosa zur Ausgangsbasis, da sich so nachvollziehen lässt, welchen Veränderungen die bereits bestehende Handlung durch Überschreiten der Gattungsgrenze unterworfen und in welchen intertextuellen Kontext sie von den Autorinnen bewusst gesetzt wurde. Ziel der Analysen ist es, die intertextuellen Dialoge der einzelnen Theaterstücke zunächst explizit herauszuarbeiten und dann in ihrer je individuellen Aussagekraft zu diskutieren.

2 Marieluise Fleißer: *Fegefeuer in Ingolstadt*

Fegefeuer in Ingolstadt wurde 1924 von der Studentin Marieluise Fleißer geschrieben und zwei Jahre später auf Empfehlung Feuchtwangers und Brechts an der *Jungen Bühne* in Berlin uraufgeführt. Nur das 1926 im Arcadia Verlag veröffentlichte Bühnenmanuskript ist erhalten geblieben – die Urfassung von 1924 gilt als verloren. 1971 überarbeitete Fleißer das Stück für eine Aufführung am Theater Wuppertal und veranlasste die Aufnahme dieser Fassung in ihre *Gesammelten Werke*.

Das Bühnenmanuskript von 1926 wurde 1972 von Günther Rühle in *Text und Theater* wieder veröffentlicht und gilt in der Forschung als das „Vor-Brecht-Stück".[55] Die folgende Analyse schließt hier an und beschäftigt sich ebenfalls mit der frühen Fassung. Der erhaltene Text wurde von Brecht für die Aufführung der *Jungen Bühne* gekürzt, wobei die herausgestrichenen Stellen nicht erhalten geblieben sind. Fleißer erinnerte sich nur noch partiell an den Ursprungstext und berichtete, Brecht habe „verschiedene lyrische Stellen"[56] aus ihrem Text entfernt.

Die Einteilung der Auftritte sowie die Regieanweisungen der Bühnentextfassung stammen nicht von Fleißer. Sie selbst unterteilte das Theaterstück lediglich in vier Akte, deren räumliche Zuordnung zwischen Privatem und Öffentlichem wechselt. Der erste Akt spielt im Wohnzimmer der Familie Berotter. Der zweite Akt verlässt den privaten Innenraum und ereignet sich auf der Dult, einem Jahrmarkt. Der dritte Akt findet auf der Altane, einem Balkon, statt. Die Handlung kehrt damit zum privaten Raum des ersten Aktes zurück, ist jedoch öffentlicher als das intime Wohnzimmer zu Beginn des Stücks. Der vierte Akt spielt auf dem Exerzierplatz, der als öffentlicher Raum mit dem Jahrmarkt des zweiten Aktes korrespondiert. Versteht sich ein Jahrmarkt als Bereich, in dem man sich frei bewegt, ist der Exerzierplatz ein reglementierter Ort, auf dem Bewegungen nach festen Regeln erprobt werden. Das Stück zeichnet demnach alleine durch die Orte eine Hinwendung vom privaten in den reglementierten öffentlichen Raum nach.

Im Zentrum der Handlung steht eine Gruppe Jugendlicher, die mit den sich auflösenden sozialen und religiösen Ordnungsregeln der Gesellschaft ringen, sich abzugrenzen versuchen und doch von den internalisierten Verhaltensregeln immer wieder eingeholt werden. Die in den Sommerferien nach Ingolstadt zurückgekehrte Schülerin Olga, die ungewollt von Pepe, einem früheren Klassenkameraden und jetzigem Lateinnachhilfelehrer, schwanger wurde, sieht

---

55 Elke Brüns: außenstehend, ungelenk, kopfüber weiblich, S. 101. Ähnlich argumentieren auch Ursula Roumois-Hasler: Dramatischer Dialog und Alltagsdialog im wissenschaftlichen Vergleich, S. 33 und Ralph Ley: Beyond 1984, S. 340-341.
56 Brief an Günther Rühle. Abgedruckt im Kommentar zu *Fegefeuer in Ingolstadt*. In: Zeit und Theater. Hg. von Günther Rühle. Bd. 2: Von der Republik zur Diktatur. 1925-1933. Berlin 1972, S. 777-780, hier S. 779.

sich den Anfeindungen ihres sozialen Umfelds ausgesetzt. Ihre Schwester Clementine liebt den Außenseiter Roelle, der wiederum Olga nachstellt, da er sich durch sie, die aufgrund ihrer Schwangerschaft ebenfalls nicht akzeptiert wird, einen Weg aus der sozialen Isolation verspricht. Die Zuneigung Olgas versucht sich Roelle zum einen zu erpressen, indem er ihr droht, die Schwangerschaft und einen misslungenen Abtreibungsversuch öffentlich preiszugeben, von denen er durch einen abgefangenen Brief Olgas an Pepe erfahren hat. Zum anderen unternimmt er den Versuch, sich die Zuneigung zu erkaufen, indem er von seiner Mutter gestohlenes Geld anbietet, damit Olga das Kind abgeschieden auf dem Land zur Welt bringen könne. Pepe, neu verliebt in die Schülerin Hermine Seitz, hat wiederum Roelle in der Hand, da er bei dessen Beichte erlauschte, dass Roelle einen Hund misshandelt hatte, der mit Stecknadeln in den Augen vor Olgas Fenster gesehen worden war. In der sich zuspitzenden Situation wechselseitiger Erpressung inszeniert sich Roelle als religiöser Visionär, wird jedoch in einer öffentlichen Veranstaltung als Scharlatan überführt und von der wütenden Menge gesteinigt. Ständig beobachtet wird er von den Gestalten Protasius und Gervasius, die im Auftrag des mysteriösen Doktor Hähnle mehrfach unvermittelt auftauchen.

Am Ende erliegt Olga dem wachsenden Druck des gesellschaftlichen Umfelds. Nachdem sie ihrem verwitweten, fallsüchtigen Vater ihre Schwangerschaft gebeichtet hat, geht sie in „die Schütt", eine bei Ingolstadt gelegene Donauniederung, um sich im Fluss das Leben zu nehmen. Sie wird von Roelle gerettet, dem es damit gleichzeitig gelingt, seine Wasserscheu zu überwinden. Roelle wird dennoch weiterhin von Olga abgewiesen. Verzweifelt bittet er sie, ihn mit einem Messer zu töten, was ihm „Erlösung" bringen würde – doch Olga verweigert dies.

Fegefeuer in Ingolstadt setzt durch seine Komplexität und Vielschichtigkeit in Figurenrede und Ablauf auf die Fähigkeit und Bereitschaft des Zuschauers, sich aus dem Dargebotenen eine kohärente Handlung selbst zu erschließen. Bereits Moriz Seeler, der Regisseur der Uraufführung des Stückes, sah sich mit diesem Umstand konfrontiert. In einem Brief vom 31. März 1926 bat er Fleißer, ihm zu schreiben, ob sein Verständnis des Handlungsablaufes „richtig"[57] sei:

3 Fragen: Von wem ist das Kind, das Olga unter dem Herzen trägt? Von Roelle oder von Pepe? 2. Was ist das für eine Versammlung, in der Roelle auftritt und spricht? (2. Akt) 3. Pepe will (im 1. Akt) den Roelle zwingen, etwas zu beichten und auf sich zu nehmen; worum handelt es sich da? Auf alle diese Fragen haben wır natürlich auch ganz bestimmte Antworten; wir möchten aber wissen, ob diese Antworten richtig sind, und deshalb wäre ich Ihnen ganz außerordentlich dankbar, wenn Sie einen möglichst klaren und eindeutigen Bescheid darauf gäben. Noch viel dankbarer allerdings wären wir Ihnen, wenn Sie und das würde mir am besten weiterhelfen, mir eine einfache Fabel

---

57 Brief von Moriz Seeler an Marieluise Fleißer vom 31. März 1926. Zitiert nach: Materialien, S. 28-29, hier S. 29.

der ganzen 4 Akte schicken würden, wenn Sie genau aufschreiben, was im Hause Berotter, auf der Dult, auf der Altane und auf dem Exerzierplatz vorgeht; das wäre das allerbeste![58]

Da Fleißer selbst kein Manuskript mehr vorlag, wandte sie sich an Feuchtwanger und bat ihn, die Fragen des Regisseurs zu beantworten. Feuchtwanger schrieb zurück:

Ja, Manuskript habe ich auch keines mehr. Und von wem Olga das Kind hat, bez. in welcher Versammlung Rölle spricht, weiß ich auch nicht mehr. Es ist übrigens, glaube ich, auch wirklich ziemlich gleichgültig. Wesentlich ist, daß hier alle Leute, die das Stück kennen lernen, daran glauben.[59]

Bemerkenswert ist, dass weder der Regisseur noch die Autorin noch ihr Förderer den genauen Handlungsablauf nachzeichnen können oder wollen. Feuchtwangers Einschätzung scheint daher zutreffend zu sein. Wichtig ist das Thema, das in all seiner Unerbittlichkeit glaubhaft gemacht werden soll: die Situation eines unfreiwillig schwanger gewordenen Mädchens, die Nöte eines Außenseiters sowie die Reaktionen der diese beiden Figuren umgebenden Gesellschaft. Alfred Kerr schrieb hierzu in seiner Kritik der Uraufführung:

Schärfe des Umrisses ist keine Forderung. Man weiß nicht immer, worum sich's handelt; – doch! man weiß allgemein, worum sich's handelt. Einzelheiten entziehen sich, mit Fug, der Feststellung. Die Atmosphäre kommt...ich hätte fast gesagt: meisterlich heraus.[60]

Doch nicht alle zeitgenössischen Kritiken pflichteten dieser Einschätzung bei. Es überwogen die Stimmen, die das Stück für verworren, unklar und dramaturgisch nicht tragfähig hielten. Paul Fechter vermerkte:

Von Gestaltung, innerer wie äußerer, ist weder am Einzelnen, noch am Ganzen mehr als Ansatz.[61]

Kurt Pinthus beklagte:

Doch was sie [Fleißer] gibt, ist Analyse eines Zustands, grandios schauerliche Analyse dumpfen Kleinstadtelends, in überrealistischer Art – aber kein Drama. Ihre Schilderung kommt nicht vorwärts, arbeitet unermüdlich, aber ermü-

---

58 Brief von Moriz Seeler an Marieluise Fleißer vom 31. März 1926. Zitiert nach: Materialien, S. 28-29.
59 Brief von Lion Feuchtwanger an Marieluise Fleißer vom 8. April 1926. Brief im Nachlass: Fleißer-Archiv Ingolstadt, Signatur III, 1926, 2 N.N,1.
60 Alfred Kerr: Marieluise Fleißer: Fegefeuer in Ingolstadt. In: Berliner Tageblatt, 26. April 1926. Zitiert nach: Materialien, S. 36-39, hier S. 36.
61 Paul Fechter: Marieluise Fleißer: Fegefeuer in Ingolstadt. In: Deutsche Allgemeine Zeitung, 27. April 1926. Zitiert nach: Materialien, S. 42-45, hier S. 44.

dend in einem tremolierenden Forte. Zweifellos wird Marieluise Fleißer eine ausgezeichnete Novellistin.[62]

Auch Monty Jacobs griff die dramaturgische Struktur des Stückes an:

> Nach dem grausamen Gesetz der Bühne muß es fallen, weil es stillsteht, von Roelles Eintritt an stillsteht. Gewiß, auch die Technik der Bühne verändert sich von Generation zu Generation. Aber dieses Gesetz bleibt. Stillstand ist der Tod. [...] Ein ungekonntes Stück.[63]

Dieser kurze Querschnitt durch die zeitgenössischen Kritiken zur Uraufführung zeigt, dass Fleißer die Begabung zu einer „ausgezeichnete[n] Novellistin" zugebilligt wurde, nicht aber zu einer überzeugenden Bühnenautorin. Dies kann darauf zurückgeführt werden, dass zeitgenössisch für das Theaterstück weiterhin eine Dramaturgie erwartet wurde, die eine Entwicklung und eine lineare Handlung präsentiert.[64] Der Ausgangspunkt von *Fegefeuer in Ingolstadt* hingegen liegt in Fleißers erster veröffentlichter Kurzgeschichte *Meine Zwillingsschwester Olga*. Diese Herkunft aus der Prosa bleibt im Stück transparent und zeigt sich in einer Distanz zu dramatischen Konventionen wie dem Demonstrieren, dem eindeutigen Sprechen, der Lösung des dramatischen Konflikts oder der charakterisierenden Regieanweisungen.

2.1 Von der Kurzgeschichte *Meine Zwillingsschwester Olga* zu *Fegefeuer in Ingolstadt*

Die Kurzgeschichte *Meine Zwillingsschwester Olga* erschien 1923 in der Zeitschrift *Das Tagebuch*.[65] Der Herausgeber der Zeitschrift, Stefan Grossmann, versah den Text mit einer Bemerkung, die wie ein Motto zwischen Titel und Prosa eingefügt ist:

> Auf diese Erzählung einer hier zum ersten Mal gedruckten Dichterin sei ausdrücklich hingewiesen. Hier ist im Erzählen ein Versuch gewagt, der an naive Kinderzeichnungen, aber auch an die gestörte Naivität eines George Groß [sic!] erinnert.

---

62 Kurt Pinthus: Fegefeuer in Ingolstadt. In: 8 Uhr Abendblatt, Berlin, 26. April 1926. Zitiert nach: Materialien S. 45-47, hier S. 46.

63 Monty Jacobs: Marieluise Fleißers Fegefeuer in Ingolstadt. In: Vossische Zeitung, Berlin, 26. April 1926. Zitiert nach: Materialien, S. 47-50, hier S. 49.

64 Vgl. Dietrich Kreidt: Gesellschaftskritik auf dem Theater. In: Literatur der Weimarer Republik. 1918-1933. Hg. von Bernhard Weyergraf. München und Wien 1995, S. 232-265, hier S. 259.

65 Marieluise Fleißer: Meine Zwillingsschwester Olga. In: Das Tagebuch, Nr. 4. Hg. von Stefan Grossmann. Berlin 1923, S. 300-304.

Mit dem Hinweis auf eine gestörte Naivität, die nicht reine Kinderzeichnung sein kann, da sie von der Erbarmungslosigkeit des menschlichen Miteinanders weiß und davon berichten muss, charakterisierte Grossmann den Schreibgestus dieses Erstlingswerkes zutreffend und lenkte gleichzeitig die Rezipientenperspektive, denn Fleißers Text wurde durch den Vergleich mit dem avantgardistischen Maler George Grosz selbst der Avantgarde zugerechnet.

Meine Zwillingsschwester Olga ist ein hochartifizielles Sprachkunstwerk, in dem Erzählerinnenstimme, Kommentar, wörtliche Rede und innerer Monolog keine eindeutige Trennung erfahren. Scheinbar direkt beschreibend, in kurzen Hauptsätzen und mit nur wenigen Adjektiven, erzählt eine sich auf die Perspektive eines Mädchens beschränkende Erzählinstanz in Gestalt von Olgas Zwillingsschwester eine Geschichte über das Erwachsenwerden und die Qualen der Pubertät. „Es fing damit an", beginnt sie, so dass Erzählbeginn und Handlungsbeginn in eins fallen und dem Leser suggeriert wird, dass es sich um eine geschlossene Episode handelt. Erst rückblickend wird deutlich, dass die erste Szene der Geschichte der Beginn des verhängnisvollen Machtkampfes zwischen Olga und dem älteren Jungen Willy Sandner ist, der mit Sandners Tod und dem zweier Mädchen enden wird:

> Es fing damit an, daß er eine kleine Tonpfeife aus der Tasche zog und sie anrauchte. Die Kinder standen um ihn herum und waren neidisch. Er hieß Willy Sandner. Ich habe noch neunundzwanzig, sagte er und sah zu Olga hinüber. Olga schaute in die schwarze Öffnung der Garnisonskirche. Weißt du mir einen andern, sagte er, der so schnell dreißig weiße Pfeifen hat? Wie unheimlich leer die Kirche immer war, ganz protestantisch. Olga zog die Schultern zusammen. Protestanten kommen nicht in den Himmel, sagte sie laut.[66]

Das erzählende Ich, die Zwillingsschwester, ist eindeutig weiblich, wobei mitunter die Außensicht der Erzählinstanz und die Innensicht der Hauptfigur verschwimmen: Der Satz „Wie unheimlich leer die Kirche immer war, ganz protestantisch." kann weder Olga noch ihrer Zwillingsschwester eindeutig zugeschrieben werden. Die Erzählinstanz zeigt sich somit bereits in den einleitenden Sätzen als eine Vermittlerin zwischen allwissender Berichterstatterin und personengebundener, begrenzter Sichtweise. Johannes Süßmann deutet dieses Verschwimmen der Perspektive als ein Eintauchen der Erzählerin in das rückblickend beschriebene Geschehen, das dann notwendigerweise von der auktorialen zur personalen Erzählhaltung wechseln muss.[67] Das Gewirr aus pubertärem sexuellen Begehren und normativen Geschlechterrollen findet seine angemessene Darstellung in dieser unauflöslichen Verzahnung von Innen und Außen und verweigert sich damit zwangsläufig einer strukturierten Aneinanderreihung der

---

66 Marieluise Fleißer: Meine Zwillingsschwester Olga, S. 300.
67 Johannes Süßmann: „Wie Kinderzeichnungen"?: Zum literarischen Verfahren in Marieluise Fleißers erster Erzählung. In: Avantgarde: Revue international et interdisciplinaire des arts et littératures du Xxe siècle 4, 1990, S. 59-69, hier S. 63.

Begebenheiten, die dem diffusen Zwischenstadium der Figuren zwischen Kindheit und Erwachsenenalter entgegen stünde.

Die gleich zu Beginn der Kurzgeschichte eingeführten Bilder der weißen Tonpfeifen (Sandner) und der Garnisonskirche (Olga) können als „Geschlechtsmotive" gelesen werden, die ein „männlich provozierendes und ein weiblich ausweichendes, sich verweigerndes Handlungsprinzip"[68] etablieren und die Positionen des folgenden Konflikts bereits im Eingangsbild klar herausstellen. Olga verweigert der von Sandner durch die Tonpfeifen zur Schau gestellten Männlichkeit den Blick und erteilt damit der ihr von der Gesellschaft angetragenen Geschlechterrolle eine Absage. Für Sandner bedeutet Olgas Verhalten eine Kränkung und eine tiefe Verunsicherung:

> Er griff in die Tasche, stellte den Kiefer vor, indem er sich bückte. Träumerisch klopfte er die weißen Pfeiflein an seinem Absatz entzwei. Die Kinder waren gelähmt. Ich höre noch wie heute den Wind in den Kastanien klatschen. Von der Schranne her wehte das Dunkel wie feiner Staub.[69]

Für Sandner endet dieser Verlust seines männlichen Status', versinnbildlicht durch die Zerstörung der Tonpfeifen, zunächst in brutaler sexueller Gewalt gegenüber den Mädchen seiner Gruppe und anschließend im Selbstmord. Sein Tod ist zum einen Kapitulation, zum anderen Racheakt an Olga, hält er doch sterbend einen ihrer Haarbüschel in der Hand.[70] Olga hingegen gewinnt durch ihre Verweigerung gegenüber Sandner. Als dieser in einem Anfall gekränkter Eitelkeit in ihr Haar schneidet, bewertet sie dies nicht nur als Angriff, sondern auch als Befreiung, womit die Bildsprache abgeschnittener Haare als Zeichen einer Vergewaltigung eine Umwertung erfährt:

> Er stürzte sich auf sie mit einer Schere und schnitt sie ins Haar, wobei er schluchzte. Olga drückte ihm die Augen halb ein. Er mußte sich übergeben. Sie legte die Schere wieder auf den Sims, wo sie zuerst war, lief zum Friseur und ließ sich die Haare stutzen. Mama war außer sich, weil Olga nicht fragte, bevor sie sich die Haare abschneiden ließ. Pelja sagte, mein schöner Knabe und Olga war nachdenklich. [...] Er [Sandner] hat doch etwas von einem Menschen, sagte Olga. Das mit der Schere hatte ihr gefallen.[71]

In dieser kurzen Szene lassen sich verschiedene Reaktionen auf Olgas Verhalten beobachten, das den gesellschaftlichen Erwartungen an Frauen zuwiderläuft. Sandner „schluchzt", während er ihr ins Haar schneidet, und drückt damit die Ambivalenz seiner Handlung aus. Zum einen versucht er, Olga durch die

---

68 Johannes Süßmann: „Wie Kinderzeichnungen"?, S. 64. Siehe auch Carmel Finnan: Eine Untersuchung des Schreibverfahrens Marie-luise Fleißers anhand ihrer Prosatexte. Frankfurt am Main u.a. 2003, S. 61-62.
69 Marieluise Fleißer: Meine Zwillingsschwester Olga, S. 300.
70 Ebd., S. 304.
71 Ebd., S. 303-304.

Machtgebärde zu dominieren und seine in Frage gestellte männliche Position zu rehabilitieren. Zum anderen nimmt er Olga durch den Schnitt in ihr langes Haar ein Merkmal der als weiblich definierten Erscheinung. Da Sandner jedoch gerade auf den konventionellen Geschlechterbildern beharrt, wird die Verweigerung Olgas diesen gegenüber – durch die kurzen Haare und die damit einhergehende äußerliche Annäherung des Mädchens an einen „Knaben" – durch Sandner selbst vollendet. Pelja hingegen, der Nebenbuhler Sandners, mit dem Olga bereits ein sexuelles Verhältnis eingegangen ist, scheint die Veränderung Olgas unproblematisch zu finden, sogar Lust daraus zu ziehen. Pelja verkörpert damit eine gegenüber Sandner zunächst modern anmutende Auffassung der Geschlechterrollen, die nicht auf Zuschreibungen, sondern auf deren spielerischer Infragestellung beruht. Olgas Mutter hingegen liefert eine weitere Facette der Reaktion. Sie „war außer sich" angesichts der zur Schau gestellten Selbstbestimmtheit der Tochter.

Für Olga wird Sandner durch den Vorfall zum ersten Mal menschlich, denn „[d]as mit der Schere hatte ihr gefallen". Was genau ihr daran gefallen hat, wird nicht ausgeführt und ermöglicht damit unterschiedliche Deutungen. Zum einen erscheint es plausibel, dass Olga Sandners Wutausbruch als Sieg wertet. Indem sie Sandner nicht mehr als Bedrohung sieht, kann sie Mitleid mit dem offensichtlich Unterlegenen empfinden, der ihr nun als Mensch erscheinen kann: „Er hat doch etwas von einem Menschen, sagte Olga." Die Betonung des Menschlichen könnte als Hinweis darauf gelesen werden, dass Sandner ihr bislang nur als Triebwesen begegnete, mehr Tier als Mensch. Am Ende der Geschichte verliert Sandner diese Menschlichkeit wieder durch seine aggressive Sexualität. Als Olga Zeugin der Vergewaltigung von Erna durch Sandner wird, „setzte [Sandner] sich steif auf und blickte her wie ein Tier".[72]

Sexualität erscheint in *Meine Zwillingsschwester Olga* immer an Machtstrukturen gebunden, die auf Seiten des Mannes Dominanz, auf Seiten der Frau den Opferstatus anordnen: Das Mädchen Erna stirbt nach der Vergewaltigung durch Sandner. Sie „lag mit verdrehten Augen, in deren Äpfeln der Himmel schwamm wie in Milch. Sie starb dann an Lungenentzündung",[73] und „die Große mit den gelben Haaren" geht „ins Wasser".[74] Nur einmal wird Sandner für sein Vergehen bestraft[75] – vom Vater des Mädchens Margret, der die Unschuld der Tochter schützt und damit an die Patriarchen der Literatur des 19. Jahrhunderts erinnert.[76]

Olga bildet auf den ersten Blick eine Ausnahme innerhalb dieses auf die Polarität gestützten Musters der Sexualität:

72 Marieluise Fleißer: Meine Zwillingsschwester Olga, S. 304.
73 Ebd., S. 304.
74 Ebd., S. 303.
75 Ebd.
76 Vgl. Ina Brueckel: Ich ahnte den Sprengstoff nicht, S. 172.

Auf einmal sagte Olga ganz hoch, wie man es gar nicht gewohnt ist: Pelja, ich will dich beißen. Seine Augen gingen weit auf. Ich spürte mein Nachthemd in kleinen Falten vorn am Bauch. Pelja drehte sich um und zog sich in sich zusammen. Und Olga saß da auf dem Brett. Es war furchtbar peinlich.[77]

Olga ergreift hier die Initiative. Der Wunsch, Pelja zu beißen, spielt intertextuell auf den von Heinrich von Kleist dramatisierten Machtkampf zwischen Penthesilea und Achilles an, in dem Küsse und Bisse, Zärtlichkeit und Gewalt verschmelzen.[78] Anders als in *Penthesilea* sind es hier jedoch die Worte eines achtjährigen Kindes,[79] das in der inzestuösen Beziehung mit der Zwillingsschwester die Verwandtschaft von Bissen und Küssen zum ersten Mal erfahren hat – sie „flüsterte [...] in meinen [der Zwillingsschwester] Biß, der ihre Schulter küßte"[80] – und dies nun in der Annäherung an Pelja erneut erprobt. Pelja geht auf Olgas Provokation ein und verhält sich, „als sei Olga richtig erwachsen".[81]

Olga ist jedoch nicht erwachsen, dies legt der Text unmissverständlich fest, so dass Peljas Handeln als sexueller Übergriff verstanden werden muss. Die Verbindung zwischen Pelja und Olga ist demnach kein Gegenentwurf zum aggressiven Verhalten Sandners, sondern stellt eine weitere Facette der Machtausübung dar. Dass es sich bei Peljas Verhalten um einen Tabubruch handelt, verdeutlicht der Text, indem die erzählende Zwillingsschwester die Begebenheit „furchtbar peinlich" findet. Die Scham resultiert daraus, dass die Zwillingsschwester Olgas Verhalten als falsch empfindet, sich jedoch auch gleichzeitig schuldig fühlt, da sie das gleiche Spiel der Küsse und Bisse zuvor selbst mit der Schwester praktizierte – und dies im vollen Bewusstsein der verbotenen Grenzüberschreitung: „der Herr Pfarrer kann auch nicht machen, daß es nicht Sünde ist".[82] Der Inzest zwischen den Zwillingsschwestern wird von Olga in den Traum verschoben[83] und somit von der Realität und den dort herrschenden Verhaltensregeln separiert. Der Tabubruch des sexuellen Kontaktes zwischen Pelja und dem Kind Olga erfährt hingegen keine Verschiebung, sondern wird von der Schwester in all ihrer „Peinlichkeit" wahrgenommen, denn Olga wird damit zum Opfer und gibt ihre provokante Rolle der Verweigerung auf.

---

77 Marieluise Fleißer: Meine Zwillingsschwester Olga, S. 302-303.
78 PENTHESILEA: „Nicht? Küßt ich nicht? Zerrissen wirklich? [...]
      –So war es ein Versehen. Küsse, Bisse,
      Das reimt sich, und wer recht von Herzen liebt,
      Kann schon das eine für das andre greifen." (Vers 2978-2983)
    Heinrich von Kleist: Penthesilea. In: Ders.: Sämtliche Werke und Briefe. Bd. 1: Dramen. Hg. von Helmut Sembdner. München 1987, S. 321-428, hier S. 425.
79 „Ihre Reife war verfrüht eingetreten. Sie war erst acht Jahre." Marieluise Fleißer: Meine Zwillingsschwester Olga, S. 300.
80 Ebd., S. 301.
81 Ebd., S. 303.
82 Ebd., S. 302.
83 Ebd.

Finnan stellt insgesamt drei Verhaltensweisen von Frauen in der Kurzgeschichte *Meine Zwillingsschwester Olga* fest: „Die Frau als leidendes Opfer (Margret), das Verleugnen des Weiblichen, um die herrschenden Machtstrukturen anzugreifen (Olga), und schließlich die Randposition des Weiblichen (die Ich-Erzählerin)."[84] Dieser Beobachtung sind zwei Aspekte hinzuzufügen. Zum einen kann die Rolle der Ich-Erzählerin nur bedingt als „Randposition des Weiblichen" bezeichnet werden. Sie erscheint als Dreh- und Angelpunkt, folgt doch der Leser ihrem „weiblichen" Blickwinkel auf das Geschehen. Es lässt sich gerade die gegenteilige These aufstellen: Die Ich-Erzählerin, nicht Olga, ist die Figur in der Kurzgeschichte, die sich dem weiblichen Rollenideal am konsequentesten verweigert. Im Inzest mit der Schwester, und demnach mit der Figur, die mitunter wie ihr zweites Ich scheint, lebt sie eine Sexualität, die sich von den die anderen Beziehungen beherrschenden Machtstrukturen abgrenzt. Zum anderen vernachlässigt die These von Finnan, dass es sich bei den von ihr als Frauen bezeichneten Figuren um sehr junge Mädchen handelt. Sie stehen als Kinder für bestimmte Frauentypen, ohne diese jedoch schon zu sein. Der Effekt, der damit erzielt wird, ist, dass sich weibliche und männliche Rollen deutlicher zeigen lassen, da sie von Kindern vorgeführt werden.

Über das Einhalten des Verhaltenskodex' wachen in der Kurzgeschichte die Eltern: der Patriarch, der mit Gewalt die Ehre seiner Tochter Margret verteidigt, und die schwache Mutter der Zwillingsschwestern, die im Sinne der Tradition auf das ‚weibliche' Erscheinungsbild und Verhalten der Töchter achtet. Die Figuren stehen zum einen unter der Beobachtung der Eltern, beobachten sich zum anderen selbst und werden in ihrem Verhalten von der Erzählinstanz und in Folge vom Leser beobachtet. Diese dreifache Überwachung äußert sich in der Figurenrede ebenso wie in den Beschreibungen der Zwillingsschwester, indem den Blicken und den Augen große Präsenz verliehen wird. Insgesamt zeigt *Meine Zwillingsschwester Olga* in klaustrophobischen Bildern eine Kindergruppe, die an den übernommenen geschlechtsspezifischen Erwachsenenrollen zerbricht. Der Junge, Sandner, begeht am Ende Selbstmord, Margret erliegt körperlich, das andere Mädchen seelisch der männlichen Gewalt, und Olga endet trotz ihres zur Schau gestellten Protestes in einer Missbrauchsituation mit dem weit älteren Pelja. Ein Jahr nach der Veröffentlichung der Kurzgeschichte arbeitete Fleißer den Text zum Theaterstück um:

> Die frühe Geschichte war geschrieben [...] der Schüler [Sandner] lang vergessen, da brach er abermals durch und war der zweite Keim. [...] Sein Fernweh ging einen neuen Weg, und wieder mußte er springen über eine Kluft.[85]

---

84 Carmel Finnan: Eine Untersuchung des Schreibverfahrens Marieluise Fleißers anhand ihrer Prosatexte, S. 65.
85 Marieluise Fleißer: Ich ahnte den Sprengstoff nicht. In: Dies.: Gesammelte Werke. Bd. 4: Aus dem Nachlaß. Hg. von Günther Rühle in Zusammenarbeit mit Eva Pfister. Frankfurt am Main 1989, S. 491-503, hier S. 495.

Diese Kluft besteht nicht nur in der Veränderung Sandners, dem „Volksschüler in der Geschichte", zum „Mittelschüler"[86] Roelle des Stücks. Die Kluft markiert auch die Gattungsgrenze, welche die Geschichte um Olga überwinden muss, um zum Theaterstück zu werden. Fleißer übernimmt dabei den Grundkonflikt, spitzt ihn jedoch hinsichtlich der Frauenfigur zu und vereinigt Olga und „die Große mit den gelben Haaren" zu einer Person. Olga bleibt weiterhin mit den weiblichen Rollenzuweisungen im Konflikt und wird durch eine illegitime Schwangerschaft einmal mehr zur Zielscheibe gesellschaftlicher Kritik. Ihre Verweigerung gegenüber dem weiblichen Stereotyp wird von anderen Figuren bemerkt und kommentiert: „Von der Seite schaut sie wie ein Mann aus." (FI 129) Die kurzen Haare, die in der Kurzgeschichte zum äußeren Signal einer inneren Differenz wurden, werden im Stück in ihrer Bedeutung generalisiert, denn Olga erscheint wie ein Mann, passt damit in umfassenderem Sinne nicht zum weiblichen Erscheinungsbild.

Neben dem Konflikt der Hauptfigur wird auch die sie umgebende Problematik verschärft. Die Zwillingsschwester, die Olga in der Kurzgeschichte zur Seite stand, wird im Stück zur jüngeren Schwester und erbitterten Nebenbuhlerin. Die Elterngeneration, die in der Kurzgeschichte die traditionellen Werte vertrat, erscheint im Stück schwach und ohne Einfluss, dem Verhalten der Gesellschaft als normgebende anonyme Gruppe wird jedoch größeres Gewicht verliehen: Die Bürger zeigen auf die schwangere Olga mit Fingern (FI 125), werfen ihr Fenster ein (FI 135) und bedrängen sie auf der Straße (FI 145 f.). Die konkrete Auseinandersetzung mit den Eltern in der Kurzgeschichte wird damit zur nicht mehr personengebundenen Befehlsgewalt der Majorität, die unerbittlich ein „Rudelgesetz"[87] vertritt, das Außenseiter gnadenlos verfolgt.

Auch das Theaterstück betont die Bedeutung der Augen und des Sehens als Mittel, nonkonformistisches Verhalten aufzuspüren. Da im Stück eine Erzählinstanz fehlt, die den Blick des Lesers lenkt, ist der Rezipient nun auf den eigenen Blickwinkel zurückgeworfen. Ist der Blick auf das Geschehen in der Kurzgeschichte oft verwirrend, da die Perspektive der Erzählerin mitunter als multipersonale erscheint, so wird diese Haltlosigkeit im Stück noch verstärkt. Die Figuren sprechen hier von Dingen, die sie gesehen haben, die für den Zuschauer jedoch verborgen bleiben. Da Fleißer ihrem Theaterstück keine Szenenanweisungen beifügt, ist mitunter nicht zu entscheiden, ob über etwas nur gesprochen wird, oder ob es tatsächlich geschieht. Dies führt beim Rezipienten zu einem Misstrauen gegenüber dem gesprochenen Wort, welches durch das Missverstehen der Figuren untereinander verstärkt wird.

Die Kurzgeschichte zeigt eine Anlage zum Drama, das „Bildchen für Bildchen" einen Ablauf schildert, der nicht auf den Spannungsbogen konzentriert ist, sondern die Figuren in bühnentauglichen Posen abbildet.[88] *Fegefeuer*

---

86 Marieluise Fleißer: Ich ahnte den Sprengstoff nicht, S. 495.
87 Ebd., S. 496.
88 Silvia Henke: Fehl am Platz, S. 133.

in Ingolstadt zeigt seine Herkunft aus der Prosa, in der das Beschreiben in der Figurenrede im Mittelpunkt steht. Diese ist sowohl einer Skepsis der vermeintlich objektiven optischen Wahrnehmung gegenüber verpflichtet, wie auch einem Misstrauen gegenüber dem Wort als Bedeutungsträger und Möglichkeit der Kommunikation.

2.2 Zwischen *Maria Magdalene, Die Exzesse* und den frühen Stücken von Brecht. Eine literarische Positionierung

In der Fleißer-Forschung wurde vereinzelt und übereinstimmend mit den Kritiken der Uraufführung von 1926 auf Ähnlichkeiten zwischen *Fegefeuer in Ingolstadt* und den Stücken anderer Autoren hingewiesen.[89] Diese Bezüge wurden jedoch lange Zeit nicht für die Interpretation des Stückes genutzt, da sie als unbewusst und nicht intendiert angesehen wurden. Erst 2000 bzw. 2003 gehen zwei Arbeiten von einem expliziten intertextuellen Bezug von *Fegefeuer in Ingolstadt* auf Hebbels bürgerliches Trauerspiel *Maria Magdalene* von 1843 aus: Der Aufsatz *Fußwaschung und Weihwedel. Fleißers sprachlicher Körper* von Genia Schulz sowie das Kapitel *Der entsicherte Theaterraum. Marieluise Fleißer: Fegefeuer in Ingolstadt* in der Monographie *Auf dem Weg zum Theater* von Annette Bühler-Dietrich.

Schulz sieht eine ausgeprägte Motivverwandtschaft zwischen den Stücken. Olga aus *Fegefeuer in Ingolstadt* wie auch Klara aus *Maria Magdalene* sind unfreiwillig schwanger. Klara nimmt sich das Leben, indem sie sich in einen Brunnen stürzt, Olga überlebt einen Selbstmordversuch in der Donau nur, da sie von Roelle gerettet wird. Den Schlusssatz des bürgerlichen Trauerspiels, gesprochen vom Vater des toten Mädchens: „Ich verstehe die Welt nicht mehr" sieht Schulz in *Fegefeuer in Ingolstadt* verallgemeinert:

> Eigentlich versteht keiner den anderen, gestorben wird nicht, selbst wenn Mord und Selbstmord kurzfristig ins Auge gefaßt und spielerisch erprobt werden. Der banale Alltag saugt die kleinen Katastrophen auf und läuft unverändert in alten Bahnen weiter. Die verinnerlichte Moral wird – nach außen gestülpt – zur leeren Phrase […]. Das „Schauspiel […]" zeigt, was im *Fegefeuer in Ingolstadt* geschieht, aber nicht unbedingt geschehen muß: Es gibt keine dramatische Notwendigkeit. Das ist vielleicht der eigentliche Unterschied zu Hebbels *Maria Magdalena*.[90]

Bühler-Dietrich sieht das bürgerliche Trauerspiel und insbesondere *Maria Magdalene* bereits in der ersten Szene von *Fegefeuer in Ingolstadt* aufgerufen: Das Brautkleid von Klaras Mutter wird zu „Olgas verzogene[m] Hemd",[91] der Selbstmordversuch Olgas wird vor der Kontrastfolie Klara als „klischeehafte[r]

89 Vgl. exemplarisch Moray McGowan: Marieluise Fleißer, S. 23-37.
90 Genia Schulz: Fußwaschung und Weihwedel, S. 80.
91 Annette Bühler-Dietrich: Auf dem Weg zum Theater, S. 64.

Bühnenabgang der Figur der Selbstmörderin entlarvt" und die Stürze des Vaters Berotter sind „Zeichen dieser Umwertung" des Patriarchen aus dem bürgerlichen Trauerspiel.[92] Bühler-Dietrich weist darauf hin, dass Fleißer in ihrer 1966 geschriebenen Erzählung *Der Venusberg* erste Theaterbesuche beschrieb und unter anderen *Maria Magdalene* als einen „Theatergenuß der Völlerei"[93] apostrophierte:

> Nicht die ruhige Kontemplation bestimmt hier das Verhältnis Bühne – Zuschauer, sondern ein kreatürliches Verschlingen, das hyperbolisch die Einfühlung des bürgerlichen Theaters zur Freßorgie macht. [...] In *Fegefeuer* erfolgt die Reaktion auf dieses Hinunterschlingen: Das vorherrschende Gefühl der Figuren ist Übelkeit. Das Vorbild des bürgerlichen Trauerspiels wird aufgenommen und verschoben.[94]

Die inhaltlich bestechende Interpretation von *Fegefeuer in Ingolstadt*, die Bühler-Dietrich mit dem Bezug auf *Maria Magdalene* liefert, ist in ihrer Rückbindung an Fleißers Biografie problematisch. *Der Venusberg* ist zum einen jener autobiografisch gefärbten Textgruppe zuzurechnen, bei der zwischen Fiktion und Realität nicht zu trennen ist. Zum anderen erscheint es fragwürdig, ob die Motivation Fleißers, sich mit dem bürgerlichen Trauerspiel zu befassen, tatsächlich nur auf das eigene Erleben zurückzuführen ist und ob man der Tragweite ihrer Auseinandersetzung nicht durch die autobiografische Sichtweise an Bedeutung nimmt. Jenseits des biografischen Erklärungsmusters bleibt bei Bühler-Dietrich die Antwort aus, warum sich das in Selbstverständnis und Rezeption avantgardistische Stück auf einen Prätext bezieht, der mehr als achtzig Jahre zurücklag; anders gewendet, warum gerade *Maria Magdalene* ein Potential bot, das für die junge Autorin Fleißer eine Projektionsfläche für ihre Kurzgeschichte darstellte, die mehr wäre als der Umstand, das Motiv des sozialen und moralischen Außenseitertums in der Figur eines unfreiwillig schwanger gewordenen Mädchens erneut – wenn auch verschoben – auf die Bühne zu bringen. Es hätten auch andere prominente Stücke mit dieser Problematik zur Verfügung gestanden, z.B. Gerhart Hauptmanns *Rose Bernd* (1903) oder Frank Wedekinds *Frühlingserwachen. Eine Kindertragödie* (1891). Um dieser Frage nachzugehen, erscheint es sinnvoll, zunächst die Position von *Fegefeuer in Ingolstadt* gegenüber der zeitgenössischen Dramatik in den Blick zu nehmen, um dann in

---

92 Annette Bühler-Dietrich: Auf dem Weg zum Theater, S. 64.
93 Ebd., S. 65. Im Text *Der Venusberg,* auf den sich Bühler-Dietrich bezieht, heißt es: „Ich zuckte nicht mit der Wimper, mein jungfräulicher Magen schluckte alles. Ich pumpte mich voll mit einem Kunstgenuß, auch wo er fragwürdig war, vergleichen konnte ich nicht. Heirate mich, Leonhard! Ich schlang es hinunter. Und wie wankte der böse Bruder herein im letzten Akt, wie starb die Mutter geisterhaft." Marieluise Fleißer: Der Venusberg. In: Dies.: Gesammelte Werke. Bd. 3: Gesammelte Erzählungen. Hg. von Günther Rühle. Frankfurt am Main 1972, S. 251-257, hier S. 255.
94 Annette Bühler-Dietrich: Auf dem Weg zum Theater, S. 65.

einem zweiten Schritt den Rückbezug auf *Maria Magdalene* herzustellen, da die Antwort im Spannungsfeld von Tradition und Avantgarde zu finden ist.

In der Forschung wurde darauf hingewiesen, Fleißer unternehme mit ihrem Stück eine „Parodie auf den Expressionismus".[95] Die Figur der Mutter, Frau Roelle, wurde „als eine satirische Umkehrung" des „expressionistischen Autoritätssymbols des Vaters" interpretiert,[96] der schwache Vater als Gegenbild zur Vaterfigur in der expressionistischen Dichtung, wie sie paradigmatisch in Bronnens *Vatermord* in Erscheinung tritt. Als nicht ganz zutreffend erweisen sich diese Hinweise auf den Expressionismus jedoch, wenn man berücksichtigt, dass es im expressionistischen Drama um eine explizite Auseinandersetzung der zumeist bürgerlichen Söhne mit den Vätern ging. *Fegefeuer in Ingolstadt* zeigt hingegen geschlechterübergreifend einen Konflikt, der sich nicht widerspruchsfrei als Generationenkonflikt beschreiben lässt. Die jungen Menschen im Stück können sich den Regeln der Älteren nicht mehr unterwerfen, können sich jedoch auch nicht von deren Wertmaßstäben distanzieren, da sie diese von Kindheit an internalisiert und damit teilweise zu ihren eigenen gemacht haben. Die Elterngeneration, so sie denn überhaupt vorhanden ist, reagiert entweder mit Schwäche, wie Vater Berotter, oder mit lächerlichen Unterdrückungsstrategien, wie die Mutter Roelles. Beide Elternteile sind somit keine ernstzunehmende, autoritäre Gegnerschaft. Die Jugend kämpft viel eher gegen Moralvorstellungen und Verhaltensregeln im eigenen Denken und Handeln, deren Aufrechterhaltung von der älteren Generation aktiv gar nicht mehr betrieben werden kann. Es scheint darum sinnvoller, *Fegefeuer in Ingolstadt* als Antwort oder Reaktion auf jene Stücke zu lesen, die den Generationenkonflikt in den Hintergrund drängen und die ungehemmte, rücksichtslose Selbstverwirklichung zum Programm erheben: Bronnens *Die Exzesse* und die frühen Stücke Brechts vor 1924, dem Entstehungsjahr von *Fegefeuer in Ingolstadt*.

Mit Brecht und Bronnen sind die beiden Theaterautoren genannt, die die zwanziger Jahre entscheidend prägten und die zeitweise eng zusammenarbeiteten. Fleißer muss demnach zwangsläufig, noch bevor sie Brecht persönlich kennen lernte, als Studentin der Theaterwissenschaft von den Werken der beiden Dichter Kenntnis gehabt haben.[97] In diesem Zusammenhang ist ein Brief von Bedeutung, den der Regisseur der Uraufführung von *Fegefeuer in Ingol-*

---

95 Moray McGowan: Kette und Schuß. Zur Dramatik der Marieluise Fleißer. In: Text+Kritik 64: Marieluise Fleißer, 1979, S. 11-34, hier S. 16-17.

96 Moray McGowan: Marieluise Fleißer, S. 36.

97 „Es wäre ihr jedoch kaum möglich gewesen, an Artur Kutschers Seminaren teilzunehmen, ohne Kenntnis der zeitgenössischen Theaterströmungen zu gewinnen." Moray McGowan: Marieluise Fleißer, S. 35. „Gewiß waren ihr neben Brechts frühen Werken unter anderem auch Wedekinds *Frühlings Erwachen,* Bronnen mit seinem *Vatermord* oder Strindberg bekannt." Dagmar Walach: Marieluise Fleißer: Fegefeuer in Ingolstadt. Großes Menschentheater in der Provinz. In: Interpretationen. Dramen des 20. Jahrhunderts. Bd. 1. Stuttgart 1996, S. 327-344, hier S. 328-329.

stadt, Moriz Seeler, an Fleißer schrieb. Unter dem Datum des 5. April 1926 heißt es:

> Eines interessiert mich und darüber möchte ich gern von Ihnen Auskunft haben: wissen Sie, daß in Arnolt Bronnens *Exzessen* (die auch in der *Jungen Bühne* ihre Uraufführung erlebt haben) ebenfalls eine Person Namens Rölle vorkommt? Dort ist das allerdings nur eine komische Nebenfigur. Wie sind Sie gerade darauf gekommen, den Rölle des *Fegefeuers* Rölle zu nennen? Ist das ein in Süddeutschland häufiger Name? Überhaupt möchte ich gerne wissen, ob Sie Sachen von Bronnen und Brecht kennen und welche? [...] Ich denke mir, daß die *Exzesse* und der *Vatermord* und wohl auch die *Septembernovelle* von Bronnen Ihnen gefallen müssten. Stimmt das?[98]

Fleißers Antwortschreiben auf diesen Brief ist verloren und Rölle ist kein häufiger Name in Süddeutschland. Es bleibt der Hinweis auf die Korrespondenz der Texte, ein Hinweis, dem hier nachgegangen werden soll.

Bronnens Lustspiel *Die Exzesse* wurde 1923 bei Rowohlt veröffentlicht. Fleißer schrieb ihre Kurzgeschichte *Meine Zwillingsschwester Olga* ebenfalls 1923. Ein Jahr später arbeitete sie die Geschichte zum Theaterstück um und gab der männlichen Hauptfigur einen neuen Namen: Roelle.[99] Rein rechnerisch ist es daher möglich, dass Fleißer 1923 Bronnens *Die Exzesse* las, die thematische Ähnlichkeit sowie die eklatanten Unterschiede zwischen *Die Exzesse* und ihrer Kurzgeschichte bemerkte und durch die Umbenennung ihrer Hauptfigur in der Stückfassung den Bezug zu verdeutlichen suchte. Dass Fleißers Stück zwei Jahre später und damit ein Jahr nach Bronnens Stück am selben Ort, der *Jungen Bühne* in Berlin, uraufgeführt wurde, stützt diese Vermutung. Dass der Bezug auf Bronnen von Zeitgenossen bemerkt wurde, belegen der zitierte Brief sowie verschiedene Kritikerstimmen, die Fleißers Stück eine Nähe zu Bronnen bescheinigten. Kurt Pinthus sei hier stellvertretend zitiert: Roelle „spricht nebst den Mitspielenden in der Sprache Arnolt Bronnens".[100]

Die Exzesse zeigt eine in Berlin ansässige Bankzentrale mit Filialen in Bozen und Stralsund, die in Schiebergeschäfte verwickelt ist. Der Schwerpunkt der Handlung liegt jedoch auf einer Gruppe neuer Angestellter, die alle keine „blasse Ahnung vom Bankdienst"[101] haben. Die sechs jungen Leute kommen aus Berlin und werden zwischen der Filiale in Bozen (ein Mann und zwei Frauen) und der Filiale in Stralsund (eine Frau und zwei Männer) aufgeteilt und erleben miteinander „Exzesse" der Liebe. Im Mittelpunkt stehen Hildegard und

---

98 Brief von Moriz Seeler an Marieluise Fleißer vom 5.4.1926. Zitiert nach: Materialien, S. 31-33, hier S. 32-33.

99 Die Schreibweisen Roelle und Rölle scheinen variabel. Vgl. die Briefe von Feuchtwanger und Seeler.

100 Kurt Pinthus: Fegefeuer in Ingolstadt. In: 8 Uhr Abendblatt, Berlin, 26. April 1926. Zitiert nach: Materialien, S. 45-47, hier S. 46.

101 Arnolt Bronnen: Die Exzesse. In: Ders.: Stücke. Mit einem Nachwort von Hans Mayer Kronberg 1977, S. 55-115, hier S. 58.

Lois, die auch die strukturelle Klammer des Stücks bilden: Sie begegnen sich zunächst in der ersten Szene in der Bahnhofshalle in Berlin und verabschieden sich mit einem „Nein", das am Ende des Stücks am gleichen Ort durch ein ekstatisches „Ja" aufgehoben wird. Das Stück gibt sich vitalistisch, antibürgerlich und antikapitalistisch und legt den Schwerpunkt auf die körperliche Anziehungskraft zwischen den jungen Angestellten und die sich im erotischen Spiel offenbarenden Machtstrukturen.

Die Figur Rölle wird im Personenverzeichnis nicht aufgeführt, was der Grund dafür sein könnte, dass dem Hinweis bis heute nicht nachgegangen wurde. Rölle erscheint als Figur mit insgesamt zweiundzwanzig Sprecheinsätzen unter der Überschrift: *XIII. Kündigung. Bureau in Stralsund.* Seine Rolle unter den jungen Angestellten wird in der Szene deutlich zum Ausdruck gebracht. Rölle ist ein Außenseiter, der von den Eskapaden der Anderen ausgeschlossen, jedoch über alles informiert ist. Seine Äußerungen schwanken zwischen der Verteidigung von Hildegard und einem gewalttätigen Begehren. Diese Haltung des Bronnenschen Rölle gegenüber Hildegard erinnert an das des Fleißerschen Roelles gegenüber Olga. In der Tragweite dieser Anordnung bestehen jedoch zwischen den Stücken eklatante Unterschiede. Der Regelverstoß Hildegards in *Die Exzesse* besteht darin, zu einem Geschäftstreffen zu spät zu kommen. Rölle rechtfertigt dies zum einen mit dem Satz „Sie könnte aber auch krank sein",[102] sagt dann aber unerbittlich im Minutentakt ihre Verspätung an. Der zunächst belanglose Regelübertritt des Zu-spät-Kommens entwickelt sich jedoch, nicht unwesentlich vorangetrieben durch Rölles Einwürfe, zu einem Austausch über Hildegards Lebenswandel: „Dieses ganze Weib ist ein Skandal."[103] Hildegard erscheint den Männern als zu selbstbestimmt, als sexuell zu dominant, als eine Provokation. In *Fegefeuer in Ingolstadt* besteht der Regelverstoß Olgas in einer illegitimen Schwangerschaft. Die jungen Männer ihrer Umgebung diskriminieren sie einerseits, sind jedoch andererseits angezogen von der, die „ein Weps gestochen" hat (FI 145). In beiden Stücken – bei Fleißer mit der ganzen Vielschichtigkeit der Konstellationen, bei Bronnen „nach dem billigen Lustspielschema hingeschmiert"[104] – wird für eine Gruppe Männer die sexuelle Selbstbestimmtheit einer Frau zum einen Anlass der Entrüstung, zum anderen Auslöser lüsternen Begehrens. Im Zentrum steht in *Fegefeuer in Ingolstadt* Roelle, im Mittelpunkt der Szene XIII von *Die Exzesse* befindet sich ebenfalls Rölle, beides Figuren, die diese doppelgesichtige Reaktion der Männerfiguren besonders klar zum Ausdruck bringen. Rölle schwärmt in *Die Exzesse*: „Ich möchte dieses Weib auch in meiner Hand haben" und stellt fest: „Sie hat ein Gesicht daß man sie schlagen kann. Ich sage Ihnen dieses Weib ist schlecht und verrucht von

---

102 Arnolt Bronnen: Die Exzesse, S. 101.
103 Ebd., S. 100.
104 Hans Mayer: Nachwort. In: Arnolt Bronnen: Stücke. Kronberg 1977, S. 307-322, hier S. 314.

ihrem schwarzhaarigen Schoß an."[105] In *Fegefeuer in Ingolstadt* äußert Roelle zu Olga: „Ich kann auch einmal eine Macht haben." (FI 114) Er sagt: „Sie [Olga] sind für mich wie die Schlange" (FI 115), und lobt: „Für mich hat Olga ein Gesicht wie der Lieblingsjünger Johannes." (FI 118)

Bemerkenswert ist an den beiden Reaktionen auf eine sexuell selbstbestimmte Frau, dass sich die Männerfiguren in beiden Stücken in ihrem Rollenideal zutiefst verunsichert sehen. In *Fegefeuer in Ingolstadt* führt dies zu einem offenen Schluss. In *Die Exzesse* mündet der Spuk in eine Ehe: Hildegard und Lois geben sich das Jawort, die patriarchalische Ordnung ist wieder hergestellt. Augenfällig ist aber dennoch, mit welcher Radikalität, auch wenn diese durch den Schluss zurückgenommen wird, in *Die Exzesse* das Ungenügen der Männer gezeigt wird, das die Verweigerung der weiblichen Hauptfigur provoziert. Unter der Überschrift *X. Hildegard und der Bock* ist zu lesen:

> HILDEGARD: Ich lieg und verdorre . ich lieg und verwese . Ich kann hingehn. Ich kann mich packen lassen . Aber ich bin zu voll für alle . Ich bin zu gespannt. Vielleicht erwürg ich der der nicht genug ist . Ach du Bock ! !
> [...]
> BUB: Nu sind se ne Ziege worden
> HILDEGARD: Mehe ! Mehe ! Komm her ! Wir feiern grad Verlobung !
> BUB: Awer denn möt Sei singen
> HILDEGARD: Heut singen wir nur . Ich bin kein Mensch mehr .[106]

Sieht man von der „unfreiwilligen Komik"[107] dieser Szene ab, so verbirgt sich dahinter eine doch ernstzunehmende Aussage. Die Kommunikation zwischen den Geschlechtern erscheint derart gestört, und dies sowohl auf erotischer als auch auf sprachlicher Ebene, dass sich die autarke Frau lieber mit einem Ziegenbock als mit einem Mann vereinigt. In *Fegefeuer in Ingolstadt* singt der 1. Ministrant folgendes Lied, ein weiterer Verweis auf *Die Exzesse*:

> Ging Gang
> Der Pfarrer ist krank.
> Der Meßner läut.
> Der Geisbock schreit. Mäh! (FI 125-126)

In *Die Exzesse* reden die Figuren unermüdlich miteinander, ohne dass ihren Worten Taten folgen. Im unendlichen Gewirr von Werbung und Zurückweisung geschehen keine Exzesse im eigentlichen Sinne. Das stetige sexuelle Wollen, das sich in der Sprache zeigt, erfährt keine Realisierung, sondern schlägt in die sprachliche Drohgebärde um. In Bezug auf Hildegard und die um sie werbenden Männerfiguren bedeutet dies, dass sie sich einer Flut von Worten, d.h. Kommunikationsangeboten, gegenüber sieht, die jedoch zum Scheitern ver-

---

105   Arnolt Bronnen: Die Exzesse, S. 101.
106   Ebd., S. 93-94.
107   Vgl. Hans Mayer: Nachwort, S. 314.

urteil sind, da es nicht um den Austausch der Wörter, sondern in letzter Konsequenz um die Inbesitznahme ihres Körpers geht. Hildegard verweigert sich, nicht zuletzt, da sie befürchtet, der Mann könne ihr nicht genug sein. Die Sexualität versagt damit in *Die Exzesse* als Mittel der die Sprache ablösenden Kommunikation und markiert eine Gegenposition zu Brechts *Baal* und *Im Dickicht*. Was in den *Exzessen* stockt, funktioniert bei Baal zunächst in der tödlichen männlichen Inbesitznahme: „Die menschliche Kommunikation ist nur noch möglich auf einer sexuellen Basis, die ganz auf ihre Kreatürlichkeit reduziert ist."[108] Baal überredet die Frauen nicht mit Worten, er bemüht die Instinkte:

> BAAL: Es wird dunkel und du riechst mich. So ist es bei den Tieren. *Steht auf.* Und jetzt gehörst du dem Wind, weiße Wolke! *Rasch zu ihr, reißt die Türe zu, nimmt Sophie Berger in die Arme.*[109]

Die Kommunikation bleibt jedoch auf grausame Weise einseitig und durchzieht als Prinzip der „Auslöschung des Individuums"[110] das ganze Stück:

> BAAL: Wenn du sie beschlafen hast, ist sie vielleicht ein Haufen Fleisch, der kein Gesicht mehr hat.[111]

Noch eindeutiger verhält es sich bei Schlink aus *Im Dickicht*:

> SCHLINK: Die unendliche Einsamkeit des Menschen macht eine Feindschaft zum unerreichbaren Ziel. […]
> Aber auch mit den Tieren ist eine Verständigung unmöglich.
> GARGA: Die Sprache reicht zur Verständigung nicht aus.
> SCHLINK: Ich habe Tiere betrachtet. Sie schienen unschuldig. Die Liebe, Wärme aus Körpernähe, ihre einzige Gnade in der Finsternis. Die Vereinigung der Organe ist die einzige, sie überbrückt nicht in einem Menschenleben die Entzweiung ihrer Sprachen.[112]

---

108 Claus-Ulrich Bielefeld: Das aufgebrauchte Chaos. Brechts frühe Stücke. Berlin 1975, S. 48.

109 Bertolt Brecht: Baal. (1922) In: Ders.: Werke. Große kommentierte Berliner und Frankfurter Ausgabe. Hg. von Werner Hecht, Jan Knopf, Werner Mittenzwei und Klaus-Detlef Müller. Bd. 1: Stücke I. Bearbeitet von Hermann Kähler. Frankfurt am Main 1992, S. 83-137, hier S. 103.

110 Gerhard Scheit: Am Beispiel Brecht und Bronnen: Krise und Kritik des Modernen Dramas. Wien, Köln und Graz 1988, S. 134.

111 Bertolt Brecht: Baal, S. 90.

112 Bertolt Brecht: Im Dickicht. In: Ders.: Werke. Große kommentierte Berliner und Frankfurter Ausgabe. Hg. von Werner Hecht, Jan Knopf, Werner Mittenzwei und Klaus-Detlef Müller. Bd. 1: Stücke I. Bearbeitet von Hermann Kähler. Frankfurt am Main 1992, S. 343-435, hier S. 422f.

Baal und Schlink zeigen beide die Untauglichkeit der menschlichen Sprache und finden eine Scheinlösung in der Sexualität, im wortlosen Dialog des Körperlich-Kreatürlichen, der die schmerzliche Vereinzelung dann doch nicht zu überbrücken vermag.

Bronnens *Die Exzesse* hingegen zeigt ebenfalls die Schwierigkeiten der Kommunikation zwischen den Geschlechtern, nimmt aber die Sehnsucht nach der natürlichen Kommunikation der Körper wörtlich, indem Bilder der Sodomie inszeniert werden. Die Grenze des Menschlichen ist überschritten, die ‚gelingende' Kommunikation besteht aus einem wortlosen „Meh, meh" und die Frau genießt zumindest kurzzeitig die Illusion, „kein Mensch mehr" zu sein. Die Lösung aus diesem radikalisierten Dilemma einer Kommunikationsstörung zwischen den Geschlechtern ist in *Die Exzesse* die romantische Liebe. Die vom Anfang des Stückes an für einander Bestimmten finden sich und sehen einer glücklichen Zukunft entgegen, in der der Mann – unerklärt und plötzlich – den Ansprüchen der Frau zu genügen scheint.

Wird das Problem der Untauglichkeit der Sprache in *Die Exzesse* am Ende fallen gelassen und von einem Happyend überdeckt, so kreist *Fegefeuer in Ingolstadt* unermüdlich um die Möglichkeiten der Sprache. Die Sexualität, bei Brecht Fortsetzung des Dialogs, bei Bronnen Ziel des Dialogs, wird in *Fegefeuer in Ingolstadt* zwar als Wunsch auch durch die Sprache ausgedrückt, übernimmt jedoch an keiner Stelle die Bedeutung einer Kommunikation. Die Sexualität ist zum einen Ausgangspunkt des Konflikts (ein unfreiwillig schwangeres Mädchen), zum anderen treibendes Element der Handlung (die Wünsche Roelles) und verliert am Ende an Bedeutung (Roelle stellt sich selbst zurück).

Wie einschneidend die Kränkung Roelles durch die Zurückweisung durch Olga zunächst jedoch ist, verdeutlicht die Szene, in der Roelle einem Hund Stecknadeln in die Augen sticht und ihn anschließend vor das Fenster von Olga treibt. „Ich habe gedacht" sagt Roelle, „wenn er [der Hund] schreit, das ist wie meine arme Seele, die Olga hat mich verstanden." (FI 118) Roelle objektiviert sich durch diesen Hund[113] und zeigt seine innere Qual in der Perversion. Roelle sagt von sich selbst: „Wenn ich unter Mitmenschen gehe, da lacht ein kranker Hund." (FI 115) Er nutzt die Qualen des Tieres zum einen, um Olga die seinen zu demonstrieren, zum anderen besitzt seine Tat Signalwert: Die Bewohner Ingolstadts sehen das Tier, das vor Olgas Fenster „immer von der einen Seite auf die andere gefallen" ist (FI 109), und wissen, dass bei ihr ‚etwas nicht stimmt'. Im Bild des geblendeten Hundes liegt jedoch auch ein Hilfsangebot begründet. Der Verlust der Sehkraft kann als „Flucht davor, die Konsequenzen der eigenen

---

113 Günther Rühle: Vorwort, S. 10. Die These von der Blendung des Hundes, verstanden als eine Objektivierung Roelles, unterstützt ebenfalls Dorothee Römhild: „Gesichter von Schweinen und Raben". Beobachtungen zum Tiermotiv bei Marieluise Fleißer. In: Reflexive Naivität: Zum Werk Marieluise Fleißers. Hg. von Maria E. Müller und Ulrike Vedder. Berlin 2000, S. 90-105, hier S. 100.

Schuld immerwährend betrachten zu müssen",[114] interpretiert werden. Roelle, der an dem Hund in grausamer Weise die eigene Sehnsucht nach einer Befreiung von der Schuld ausdrückt, konzentriert sich am Ende des Stückes ganz auf die Sinneswahrnehmung des Akustischen. Diese Verschiebung vom Sehen hin zum Hören ist im Bild des geblendeten Hundes bereits vorweggenommen. *Die Exzesse* kommt ganz ohne den Komplex der Schuld aus. Emphatisch wird dort ausgerufen:

> Zerstört die Städte . Anarchos heißt der Gott der in diesen Monaten durch die Felder raste . [...] Es gibt keine Werte . [...] Es gibt nur Eroberung .[115]

Fegefeuer in Ingolstadt hingegen legt den Schwerpunkt auf die Verstrickungen der Figuren, die sich in rigiden Wertvorstellungen und Verhaltensregeln gefangen sehen. Hier nun kann zur eingangs gestellten Frage nach der Bezugnahme von *Fegefeuer in Ingolstadt* auf *Maria Magdalene* zurückgekehrt werden. *Maria Magdalene* steht in besonderem Maße für jenes Ringen mit gesellschaftlichen Geboten, von denen sich die Figuren in *Die Exzesse* befreit zeigen und in denen jene in *Fegefeuer in Ingolstadt* gefangen sind. Indem sich *Fegefeuer in Ingolstadt* in Form einer Transposition, d.h. in ernster Absicht, auf *Maria Magdalene* beruft, übernimmt das Stück eine Gegenposition nicht nur zu *Die Exzesse*, zu *Baal* und *Im Dickicht*, sondern ebenso zu Brechts *Trommeln in der Nacht*. Dieses Stück zeigt *Maria Magdalene* explizit als Ausdruck des Alten, das es zu überwinden gilt. *Trommeln in der Nacht* ist „Bourgeois-Satire",[116] „Umdrehung des bürgerlichen Trauerspiels"[117] und „Angriff auf das deutsche bürgerliche Trauerspiel".[118] Die Liebe zwischen den Protagonisten wird in *Trommeln in der Nacht* lächerlich, die Eltern sorgen sich nicht mehr um die Unschuld der Tochter, sondern nur noch um das Geld. Als die Mutter fürchtet, die illegitim schwangere Tochter könne „ins Wasser" gehen, antwortet der Vater salopp: „Wenn sie das sagt, ist sie eine Gans und ich hab noch keine Gans im Wasser gesehen."[119] Drohte Meister Anton in *Maria Magdalene* noch, im

---

114 Moray McGowan: Marieluise Fleißer, S. 31.

115 Arnolt Bronnen: Die Exzesse, S. 113.

116 Hans Kaufmann: Drama der Revolution und des Individuums. Brechts „Trommeln in der Nacht". In: Brechts Trommeln in der Nacht. Hg. von Wolfgang M. Schwiedrzik. Frankfurt am Main 1990, S. 367-385, hier S. 374.

117 Guy Stern: Brechts Trommeln in der Nacht als literarische Satire. In: Brechts Trommeln in der Nacht. Hg. von Wolfgang M. Schwiedrzik. Frankfurt am Main 1990, S. 386-408, hier S. 389.

118 Klaus Völker: Brecht-Kommentar. Zum dramatischen Werk. München 1983, S. 81.

119 Bertolt Brecht: Trommeln in der Nacht. (Augsburger Fassung) In: Brechts Trommeln in der Nacht. Hg. von Wolfgang M. Schwiedrzik. Frankfurt am Main 1990, S. 9-74, hier S. 13. Diese frühe Fassung des Stückes von 1920/22 ist in der großen kommentierten Berliner und Frankfurter Ausgabe der Werke Brechts nicht abgedruckt.

Falle einer Familienschande „den ganzen Kerl weg" zu rasieren,[120] so schneidet sich der Vater hier beim Rasieren nur, da er, die bürgerliche Tugend der Sparsamkeit übertreibend, ohne Licht den Bart stutzt.[121] Die Schwangerschaft der Tochter führt auch nicht zu einem tragischen Ende, sondern wird nebensächlich, denn der ehemalige Liebhaber nimmt das von einem Anderen schwangere Mädchen trotzdem: „Leckt mich jetzt am Arsch! Ich bin der Liebhaber. Jetzt kommt das Bett, das große, weiße, breite Bett, komm!"[122] Wie in den Stücken *Baal* und *Im Dickicht* tritt auch hier jede gesellschaftliche Konvention zugunsten des Körperlichen in den Hintergrund.

Der Bezug von *Fegefeuer in Ingolstadt* auf *Maria Magdalene* ist damit auch als Auseinandersetzung mit *Trommeln in der Nacht* zu sehen. Deutlich wird diese Bezugnahme durch einen intertextuellen Verweis Roelles auf den Protagonisten „Kragler". Der Name Kragler suggeriert die Zugehörigkeit zum Bürgertum, der Gruppe, die, im Unterschied zu den Arbeitern, weiße Kragen trägt.[123] Roelle hingegen trägt am Anfang die „geschlossenen Krägen!!" über einem „Hals wie ein Wurm" (FI 109); später dann zeigt sich hinter dem Kragen ein „Blähhals" (FI 113): „[K]nöpf deinen Kragen auf, damit dich nichts hindert. Er will nicht offenbaren, was hinter seinem geistlichen Hals für ein Kleinod verborgen ist." (FI 113) Dieser „Blähhals" lässt Roelle, bildlich gesprochen, bald nicht mehr in die bürgerliche Verkleidung hineinpassen. Anders als Kragler, der am Ende von *Trommeln in der Nacht* „ein frisches Hemd an[zieht]",[124] kann Roelle mit dem ‚Blähhals' der bürgerlichen Konvention nicht mehr folgen und versucht, eine gesellschaftliche Veränderung zu bewirken.

Dass sowohl Fleißer als auch Brecht *Maria Magdalene* als Sinnbild bürgerlich-konservativer Gefühlsverstrickungen wählen, verwundert inhaltlich nicht und wird darüber hinaus dadurch plausibel, dass das Stück Mitte der zwanziger Jahre einen festen Platz im Spielplan der Theater hatte. Die von William John Niven unternommene Auswertung der Deutschen Bühnenpläne ergab, dass *Maria Magdalene* von 1918 bis Januar 1933 mit 1.648 Aufführungen den Spitzenplatz unter den ohnehin häufig gespielten Hebbelstücken einnahm. Deutlicher Höhepunkt der Aufführungsdichte waren die Jahre 1923 und 1924, also das Jahr vor und das Jahr der Entstehung von *Fegefeuer in Ingolstadt*.[125]

---

120 Friedrich Hebbel: Maria Magdalene. Ein bürgerliches Trauerspiel in drei Akten. In: Ders. Werke. Bd. 1. Hg. von Gerhard Fricke, Werner Keller und Karl Pörnbacher. München 1963, S. 301-382, hier S. 355.

121 Bertolt Brecht: Trommeln in der Nacht, S. 14.

122 Ebd., S. 73.

123 Vgl. Guy Stern: Brechts Trommeln in der Nacht als literarische Satire, S. 390.

124 Bertolt Brecht: Trommeln in der Nacht, S. 14.

125 *Maria Magdalene* wurde 1923 236 Mal gespielt, 1924 196 Mal und 1925 143 Mal. Die Angaben folgen den tabellarischen Spielplanauswertungen in: William John Niven: The Reception of Friedrich Hebbel in Germany in the Era of National Socialism. Stuttgart 1984, S. 216.

Fleißer und Brecht konnten demnach beide davon ausgehen, dass die intertextuellen Bezüge vom Publikum erkannt und ihre jeweilige Distanznahme transparent werden würde. Es sei „unerlöste katholische Provinz [...] aber doch eben durch Großstadt gebrochen",[126] sagte Fleißer später über *Fegefeuer in Ingolstadt.* Könnte es nicht auch andersherum heißen: Es ist die Auseinandersetzung mit der Berliner Avantgarde, gebrochen durch die beobachteten Zustände in der Provinz? Oder auch: Es ist der Blick auf Bronnens *Exzesse* und Brechts frühe Stücke, gebrochen durch den ernsten, den transpositorischen Bezug auf *Maria Magdalene*?

Fegefeuer in Ingolstadt wird von Fleißer zwischen Avantgarde und bürgerlichem Trauerspiel positioniert und kann als Kommentar zum zeitgenössischen Theater um 1924 gelesen werden: Das Stück reinstalliert die von Brecht und Bronnen suspendierten Verstrickungen der Figuren in die bürgerlichen Verhaltensnormen und diskutiert sie im Bühnengeschehen erneut. Fleißer geht in *Fegefeuer in Ingolstadt* zu einem Prätext zurück, dessen Implikationen in *Trommeln in der Nacht* und in den anderen frühen Stücken Brechts sowie in Bronnens *Die Exzesse* formal und inhaltlich überwunden wurden. In *Die Exzesse*, in *Baal* und in *Im Dickicht* wird mit dem bürgerlichen Wertesystem generell abgerechnet, *Trommeln in der Nacht* schreibt direkt gegen *Maria Magdalene* an, um sich vom Überkommenen abzusetzen. *Fegefeuer in Ingolstadt* greift nun ebenfalls auf das in *Maria Magdalene* dargestellte Problem gesellschaftlicher Restriktionen zurück und nimmt es ernst, ohne affirmativ zu sein. Auch dabei wird das Alte überwunden, jedoch gegenüber der Berliner Avantgarde ein anderer Weg beschritten. *Fegefeuer in Ingolstadt* sucht nach neuen Wahrnehmungsmöglichkeiten und nach einer anderen, wertfreien Sprache. Die Lösung liegt demnach nicht in der radikalen Überwindung, sondern in der dezidierten Auseinandersetzung und sukzessiven Veränderung.

2.3 Das Auge als Machtinstrument

Meister Anton, die Vaterfigur aus dem bürgerlichen Trauerspiel *Maria Magdalene*, dessen fest gefügtes Weltbild die eigene Ehre an das Verhalten seiner Familie und die Keuschheit seiner Tochter knüpft, äußert:

> Ich mache bloß Erfahrungen über sie [die Menschen] und nehme mir ein Beispiel an meinen beiden Augen, die auch nicht denken, sondern nur sehen.[127]

Dieser Ausspruch kann zum bürgerlichen Trauerspiel insgesamt in Beziehung gesetzt werden, denn dort wird häufig vorgeführt, wie sich Tugendhaftigkeit im

---

126 Marieluise Fleißer: Dreimal „Fegefeuer". In: Dies.: Gesammelte Werke. Bd. 4: Aus dem Nachlaß. Hg. von Günther Rühle in Zusammenarbeit mit Eva Pfister. Frankfurt am Main 1989, S. 518-520, hier S. 519.

127 Friedrich Hebbel: Maria Magdalene, S. 341.

Gesicht offenbart.[128] Es sind vornehmlich die Töchter, die durch die Blicke der Väter und der sie stützenden Gesellschaft im Sinne der geltenden Sittlichkeitsvorstellungen beobachtet werden. Der eingangs zitierte Satz geht jedoch darüber hinaus. Meister Anton nimmt sich „ein Beispiel" an den Augen und unterstellt seine gesamte Erfahrung dem Sehen – und zwar jenem Sehen, das a priori von der Unterscheidbarkeit eines richtigen und eines falschen Verhaltens ausgeht. Die visuelle Wahrnehmung kann demnach nicht „bloß Erfahrung" sein, sondern fungiert als Datenlieferant, der eine eindeutige Einordnung in sittenkonformes oder sittenwidriges Verhalten zum Ziel hat. Folgerichtig muss das Denken ausgeklammert werden, bietet es doch nur Grund zur Verwirrung und birgt die Gefahr, das Sittengemälde in Frage zu stellen. Meister Anton spricht explizit aus, was *Maria Magdalene* insgesamt zeigt: Das Denken wird zurückgedrängt zugunsten eines Sehens, das sich selbst nicht mehr zu hinterfragen vermag. In dieser Reduktion auf Sinneseindrücke, die dann zu Handlungsimpulsen werden, liegt ein großer Teil der Tragik des Stücks.

Im Werk Fleißers spielt das Sehen eine wichtige Rolle,[129] die in *Fegefeuer in Ingolstadt* besonders pointiert wird. Liest man Fleißers Stück vor dem Hintergrund von *Maria Magdalene*, so zeigt sich, dass es zunächst in Bezug auf das Sehen direkt an die Vorlage anknüpft, am Ende aber mit der Figur des Roelle eine Gegenposition markiert. Silvia Henke betont, dass das Stück in der Fassung von 1970/71 die Frage thematisiere, „ob Blicke Instrumente des Wissens und des Willens sind oder ob sie dem (Aber)Glauben und dem ‚Bösen' unterstehen. Dabei wird wieder das eine gelehrt – der aufklärerische Blick im Dienst der Erkenntnis –, während das andere eintrifft: der böse Blick und damit das Geheimnis der Augenkraft."[130] In den Blicken der Figuren sieht Henke „Faszination" ausgedrückt, und dies im „alten Wortsinn von behexen und verwünschen".[131] Das Sehen führe „nie zu Erkenntnis, sondern zu Spannung, Angst und Ungewißheit – gemäß der Symptomatik des bösen Blicks".[132]

---

128 „Gib auf all ihre Mienen Acht, wenn sie meinen Brief lesen wird. In der kurzen Entfernung von der Tugend kann sie die Verstellung noch nicht verlernt haben, zu deren Larven nur das eingewurzelte Laster seine Zuflucht nimmt. Du wirst ihre ganze Seele in ihrem Gesicht lesen". Gotthold Ephraim Lessing: Miss Sara Sampson. Ein Trauerspiel in fünf Akten. In: Ders.: Werke. Bd. 2: Trauerspiele, Nathan, Dramatische Fragmente. In Zusammenarbeit mit Karl Eibl, Helmut Göbel, Karl S. Guthke, Gerd Hillen, Albert von Schirnding und Jörg Schönert hg. von Herbert G. Göpfert. München 1971, S. 9-100, hier S. 45.

129 Vgl. Silvia Henke: Augen, Blick und Pose. Fleißers Beitrag zum Geheimnis der „Augenkraft". In: Reflexive Naivität: Zum Werk Marieluise Fleißers. Hg. von Maria E. Müller und Ulrike Vedder. Berlin 2000, S. 106-125. Siehe auch dies.: Fehl am Platz, S. 134ff.

130 Silvia Henke: Augen, Blick und Pose, S. 114-115.

131 Ebd., S. 115.

132 Ebd., S. 116.

Die Urfassung von *Fegefeuer in Ingolstadt* hingegen ist mit der Kategorie des „bösen Blicks" nicht zu fassen. Im Gegensatz zur Fassung von 1970/71, die vor allem Protasius und Gervasius mit dämonischen Zügen ausstattet, ist die frühe Fassung viel eher mit gesellschaftlichen Kontrollmechanismen assoziiert. Die Figuren beobachten sich, um Abweichungen im Verhalten ausfindig zu machen, und gehen dabei von überkommenen Wertenormen aus, die von der Elterngeneration nicht mehr garantiert werden können. Diese Verschiebung, die sich als schmerzhafter Prozess herausstellt, da sie alles Tradierte verwirrt, ohne ihm etwas Neues entgegen zu setzen, führt zu einer tief greifenden Verunsicherung der Geschlechterrollen. Olgas Verweigerung gegenüber dem traditionellen Verhalten einer Bürgerstochter stellt das Zentrum des Stückes dar und wird bereits zu Beginn des ersten Aktes im Wortsinne zur Schau gestellt:

> BEROTTER: Ich habe keines von meinen Kindern vorgezogen.
> OLGA: Mein Gesicht war dir nicht recht, das merkt ein Kind, du hast immer gleich gesagt, ich halte meinen Kopf schief.
> BEROTTER: Deine Mutter hat dir das nicht eingegeben. (FI 108)

Das Gesicht der Tochter wird vom Vater beobachtet, da er glaubt, Fehlverhalten dort unmittelbar ablesen zu können. Das Schiefhalten des Kopfes erscheint in diesem Zusammenhang als Zeichen der Schieflage Olgas, als Zeichen ihrer Andersartigkeit und ihrer Selbstbestimmtheit. Durch den Hinweis auf die Mutter, die ihr diesen schiefen Kopf „nicht eingegeben" habe, wird unterstrichen, dass die Tochter in den Augen des Vaters mit den traditionellen Verhaltensweisen bricht und sich damit vom Tugendideal, das sich in der Mutter verkörperte, entfernt hat.

Kurz darauf bezieht sich Vater Berotter erneut auf den schiefen Kopf und poltert diesmal: „Mach nicht diesen schiefen Hals her. Müssen die sich streiten wegen dir? Ärgere mich nicht mit deinem Gesicht." (FI 110) Die Schieflage Olgas scheint sich demnach auszuweiten. Nicht mehr nur der Kopf als Zentrum der Gedanken verweigert sich der Vertikalen, sondern auch der Hals und damit ihr Körper, der wie zum physischen Beweis ihrer Schieflage ein Kind austrägt. Dass Berotter bereits eine Ahnung von der Schwangerschaft hat und mit der Bemerkung über die schiefe Körperlichkeit seiner Tochter auf diese hinweist, zeigt sich daran, dass kurz danach in der gleichen Szene Olgas „Krankheit" (FI 111), die ihr durch ständige Übelkeit die Arbeit im Haushalt unmöglich macht, offen angesprochen wird.

Olga kann als illegitim Schwangere anders handeln als ihre Vorläuferinnen in den bürgerlichen Trauerspielen, da ihr Vater das Patriarchat nicht mehr verkörpern kann. Peter von Matt bemerkt hinsichtlich der schwachen Vaterfigur in *Fegefeuer in Ingolstadt*, dass der Vater seines alten Regiments verlustig geht, weil ihm die Frau wegstarb, die seine Herrschaft anerkannte und sich leidend als Stütze seiner Regeln verhielt.[133] Da ihm nun keiner zur Seite steht, gerät sein Machtanspruch zur Farce, die den Kindern peinlich ist, ohne dass es sie zu Mitleid anrege oder zur Stärkung seiner Position durch Aufgabe der eigenen Widerstände. Als der einst so übermächtige Vater fallsüchtig vor seinen Kindern auf dem Boden liegt und sich verlassen sieht, spricht er den aussagekräftigen Satz: „Betrachtet mich, wie ich hier liege. Dieser ist es, der mit seiner Anna so hart war. Die Kinder müssen es wissen." (FI 110) Dieser Ausspruch wendet sich an das Publikum, wie der verwendete plurale Imperativ „Betrachtet mich" ausdrückt. Die Kinder, die in der Szene anwesend sind, werden als Zeugen benannt und können daher nicht der Adressat sein. Berotter wendet sich direkt an die Zuschauer und bittet gewissermaßen um die Unterstützung, die ihm im Bühnengeschehen seine Frau nicht mehr geben kann und seine Kinder nicht mehr geben wollen. Nicht wie im bürgerlichen Trauerspiel sonst üblich empfindet der Zuschauer Mitleid mit der Tochter, sondern der von seiner Position und auch im wahren Wortsinn ‚gestürzte' Vater bittet um diese Gefühlsregung. Ob der Zuschauer von Berotter erreicht wird oder eine innere Genugtuung angesichts der so offensichtlichen Verschiebung der Machtverhältnisse verspürt, bleibt offen – im Zielen auf diese Effekte jedoch ist der appellative Charakter von *Fegefeuer in Ingolstadt* zu sehen.

Durch die Zuschaueransprache wird deutlich, dass die Macht des Vaters unmittelbar von der Gesellschaft abhängt, die ihn stützt. Der Zuschauer kann sich nicht mehr auf die Rolle des Beobachters zurückziehen, sondern wird direkt gefragt, ob er sich als Stütze der Strukturen begreift oder nicht. Das Stück zeigt den Patriarchen „gestürzt" und widmet sich den Zuständen, die diesem Fall des Vaters folgen. Dabei steht Roelle im Zentrum der Betrachtung und ist jene Figur, die exzessiv „im Vakuum des gestürzten Vaters sich selber finden will".[134] Zunächst versucht er, die Ordnung wieder herzustellen. Indem er vorgibt, der Vater von Olgas Kind zu sein, könnte er zum einen die von ihm geliebte Olga durch Eheschließung aus der misslichen Lage befreien, zum anderen würde durch ihn als Vater die patriarchale Ordnung fortgesetzt. Der Versuch scheitert jedoch, da Olga auf sein Angebot nicht eingeht.

Mitgedacht werden muss hier, dass Roelle ein Außenseiter ist, der bislang im Patriarchat zu den Verlierern gehörte. Er ist demnach keinesfalls darum bemüht, die sich auflösende Struktur aus innerer Überzeugung heraus zu stärken, sondern darum, sich nun endlich einen persönlichen Vorteil zu verschaffen. Durch diese Konstellation wird überdeutlich, dass die patriarchalen Strukturen bislang jenen Stärke und Macht verleihen, die sich nach den Spielregeln richten. Man mag hier an Leonhard aus *Maria Magdalene,* an Wurm aus *Kabale und Liebe* oder an Marinelli als Handlanger Hettore Gonzagas aus *Emilia Galotti* denken. Sie alle sind Gewinner im Spiel um den eigenen Vorteil, weil

---

133   Peter von Matt: Verkommene Söhne, mißratene Töchter: Familiendesaster in der Literatur. Darmstadt 1995, S. 332.
134   Ebd., S. 333.

sie sich im System zu bewegen wissen. Die weibliche Hauptfigur vermag den Intrigen nur dadurch zu entfliehen und die Gewinner doch noch zu Verlierern werden zu lassen, indem sie den Tod findet.

Roelle scheitert an seinen Allmachtsfantasien, die sich in der verschobenen Hierarchie in *Fegefeuer in Ingolstadt* mit einem fallsüchtigen Patriarchen an der Spitze nicht mehr verwirklichen lassen. Konsequent wendet er sich daraufhin vom Alltäglichen ab und versucht, religiöse Legitimation für eine herausragende Rolle zu erlangen, die er sich für sich selbst erträumt. Ob im Namen Roelle ein Hinweis auf diese verschiedenen Rollen zu sehen ist, derer er sich bedient, um seiner Unscheinbarkeit und Mittelmäßigkeit zu entkommen, bleibt offen. Durch die phonetische Ähnlichkeit von Roelle und Rolle wird eine solche Lesart zumindest nahe gelegt.[135] Auch die Selbstinszenierung Roelles als religiöser Visionär scheitert. Seine angekündigten Engelserscheinungen bleiben aus, er wird von der wütenden Menge gesteinigt (FI 133) und lässt sich „ein Loch in den Kopf schmeißen." (FI 134) Diese Hingabe und der Wille zur Erduldung körperlicher Leiden ist als Jesusinszenierung gelesen worden.[136] Sein religiöser Wahn ist jedoch nicht nur Selbstinszenierung, sondern ebenfalls eine Projektion der anderen auf ihn, um seine Andersartigkeit auf Distanz zu halten:

> ROELLE: Ich sage bloß, du wirst schon sehen.
> 2. MINISTRANT: Sind wir still, Kare, jetzt denkt er sich was dabei, da kommen wir naturgemäß nicht mehr mit. Heißt's naturgemäß?
> 1. MINISTRANT: Da geht uns eben was ab.
> ROELLE: Habt ihr nichts gemerkt in der letzten Zeit? Ihr habt doch menschliche Augen. Laßt euch das einmal erklären.
> 2. MINISTRANT: Au weh, Kare, jetzt werden wir verklärt.
> 1. MINISTRANT: Nachher geben wir unseren Geist in seine Hände, unseren höheren Spiritus, auf den können wir nachher gleich verzichten.
> ROELLE: Hast du schon was von der Macht der Liebe gehört?
> 1. MINISTRANT: Nein.
> ROELLE: Da wird man fein. Da ist einer dann nicht mehr zum Kennen.
> (FI 124)

In diesem kurzen Wortwechsel wird eine Verschiebung vom Sehen zum Denken vorgeführt, was eine Umkehrung der zu Beginn des Kapitels dargestellten Haltung von Meister Anton aus *Maria Magdalene* bedeutet. Roelle beginnt zunächst mit der Floskel „du wirst schon sehen", die im Kontext des Stückes je-

---

135 Vgl. Birte Werner: „Wer Ohren hat zu lesen, der fühle!" Eine Untersuchung zu Marieluise Fleißers „Fegefeuer In Ingolstadt." Unveröffentlichte Magisterarbeit. Universität Göttingen 1999, S. 25. Unterstützt wird das Verständnis von Roelle als Rolle auch zu Beginn des 2. Aktes. Die Ministranten spielen Roelle: „Tun wir bis dahin Roelle spielen. [...] Ich bin der alias Roelle" (FI 123), und Roelle kommentiert das Spiel um seine Person, sich selbst distanzierend: „Das muß der [Roelle] sich gefallen lassen." (FI 123)

136 Ralph Ley: Beyond 1984: Provocation and Prognosis in Marieluise Fleißer's Play Purgatory in Ingolstadt. In: Modern Drama 31, H. 3, 1988, S. 340-351.

doch auf die gängige Praxis verweist, eine Situation allein über die Augen aufzunehmen. Die Ministranten reagieren verunsichert, da sie fürchten, Roelle würde sich etwas denken, an dem sie nicht teilhaben können, und verschieben sein Denken in die Region des nicht mehr Naturgemäßen.

Roelle geht es jedoch nicht um Höheres im eigentlichen Sinne, es geht ihm um die Liebe zu Olga und die Veränderung, die er an sich selbst durch diese Liebe wahrnimmt. Er appelliert an die „menschlichen Augen" der Ministranten, die doch etwas merken sollten. Doch „Merken" ist ein Resultat des Denkens, an dem die Ministranten kein Interesse zeigen. Sie wollen sehen und beobachten, um Roelle dann seiner Andersartigkeit wegen gnadenlos zu quälen. Der Ausspruch des 1. Ministranten „[n]achher geben wir unseren Geist in seine Hände", verweist auf Jesu Worte am Kreuz: „Meinen Geist, Herr, befehle ich in Deine Hände."[137] Über diesen Kontext wird Roelle trotz seiner aktuell unterlegenen Situation gestärkt, und der Rezipient erhält den Hinweis, dass Roelle gegenüber den anderen privilegiert ist.

In der Unterhaltung mit den Ministranten wird deutlich, wie sich Roelle aus einem Missverständnis heraus in die Religiosität flüchtet. Die Ministranten verschieben sein Verhalten ins Unnatürliche und verwenden dabei die Sprache der Bibel. Roelle nimmt diese Zuschreibung an, bietet sie ihm doch die Möglichkeit der Selbsterhöhung, die ihm das patriarchale System nicht mehr verschaffen kann:

> ROELLE: Sie verstehen das nicht, das habe ich schon gesehen. (*Setzt sich.*)
> OLGA: Das ist bei den meisten Menschen, daß sie auf den anderen nicht eingehen mögen.
> ROELLE: Deswegen sind wir doch beisammen.
> OLGA: Sie dürfen sich aber nichts dabei denken. (*Setzt sich, ihn groß anschauend, zu ihm.*)
> ROELLE: Mit Ihrer unausgesetzten Beobachtung werde ich bald verstimmt.
> OLGA: Ich werde noch dreinschauen dürfen aus meinen Augen.
> ROELLE: Sie machen mich aber verstimmt.
> OLGA: Ich schaue mir den Bug an bei Ihrem Gesicht.
> ROELLE: Ich bin ein lebendiger Mensch.
> OLGA: Weil ich sage, daß Sie nicht stimmen.
> ROELLE: In was täte ich nachher nicht stimmen?
> OLGA (*mit irgendwelchem Spaß*): Das ist so bei der Physiognomie. Weil sich da die Instinkte malen, auch wenn sie verborgen sind. Drum sage ich, bei Ihnen gehört erst noch was hinein.
> ROELLE: Das ist mir noch nie so vorgekommen.
> OLGA: Warum regen Sie sich nicht?
> ROELLE: Ich bin immer gleich so plump vor dem scharfen Auge.
> OLGA: Sie müssen sich regen, daß man das, was man noch nicht weiß, aus Ihren Bewegungen entnimmt.
> ROELLE: Wenn ich auf diese Weise angestarrt werde, kann ich überhaupt keinen eigentümlichen Gedanken erfassen.

---

137   Das Lukasevangelium 23,46.

OLGA: Dann weiß ich bald nicht, für was ich mich bei Ihnen hinsetze. (*Steht auf.*)
ROELLE: Wer oder was bin ich für Sie? (*Hält sie.*)
OLGA: Das muß Ihnen gleich sein. (*Reißt sich los und geht.*) (FI 126)

In diesen Äußerungen prallen zwei Muster aufeinander. Olga, die von Blicken ständig verfolgt und durch sie bewertet wird, versucht nun, das Erfahrene an dem Schwächeren auszulassen. Sie versetzt sich selbst in die Rolle des auf Wohlanständigkeit bedachten Bürgers und versucht, Roelle mit den Augen beizukommen, indem sie bemerkt, dass in seiner Physiognomie etwas „nicht stimmt". Roelle stellt ihre Beobachtungen in Frage, indem er genau jenes Unbehagen schildert, das sonst Olga empfindet, wenn ihr das soziale Umfeld als Beobachtungsorgan ihrer Sittlichkeit begegnet und ihr, kondensiert in den Worten des Vaters, eine Schieflage zuschreibt.

Bemerkenswert ist an der zitierten Konversation, dass Olga Roelle bittet, sich nichts dabei zu „denken". Auf der Ebene des Alltagsdialogs bezieht sich diese Äußerung des Mädchens auf das Verhalten des Jungen, der keine sexuellen Annäherungen versuchen sollte, nur weil sie sich in seiner Nähe aufhält.[138] Vor dem Hintergrund der bisherigen Überlegungen zum Antagonismus von Sehen und Denken erhält dieser Ausspruch jedoch eine weitere Bedeutung: Olga bittet Roelle, das Denken zu lassen und ihr im Spiel der Beobachtung die Chance zu geben, die über die Augen der anderen über sie verhängte Demütigung an ihn weiterzugeben. Diese Lesart wird gestützt durch Roelles Ausspruch, dass er unter den Blicken „überhaupt keinen eigentümlichen Gedanken" mehr erfassen könne – eigentümlich im Sinne von individuell, denn das normierende Sehen tritt im Namen einer als Sittlichkeit getarnten Uniformierung von Verhalten an, das das Einmalige und Andere diskreditiert und aus dem sozialen Gefüge aussondert.

Kurz vor Ende des Stücks bittet Roelle Olga: „Stoßen Sie jetzt zu, daß es mir die Augäpfel endgültig nach oben dreht" (FI 147), was für ihn eine Erlösung bedeuten würde. In dieser Bitte liegt der Wunsch, jenes Organ physisch auszuschalten, gegen das Roelle im gesamten Stück ankämpft. Der Kreis schließt sich hier von dem geblendeten Hund zu Beginn des Stückes bis zu Roelle am Ende der Handlung, der den Verlust der Sehkraft erfleht. Doch Olga verweigert sich seinen Bitten. Das Muster, das sich daran ablesen lässt, besteht darin, dass Roelle auf der Suche nach einer Identität Olga bittet, ihm zu helfen, und dass sie diese Hilfe wieder und wieder verweigert. So wie Vater Berotter ohne die Unterstützung seiner Ehefrau nicht mehr der Patriarch sein kann, so ist auch Roelle ohne die Unterstützung Olgas hilflos. Umgekehrt hindert auch Roelle Olga an der Erfüllung des alten Rollenmusters. Als sie sich wie ihre ungewollt schwanger gewordene Vorläuferin Klara ertränken will, rettet er sie und

---

138 Dass Olga sich neben Roelle setzt, was eine körperliche Annäherung zwischen den beiden ausdrückt, ist eine Zugabe zur Aufführung von 1926 und nicht autorisiert.

verhindert damit ihren Freitod. Beide unterbinden damit die Ausübung von aus dem bürgerlichen Trauerspiel bekannten Verhaltensmustern und fordern den Partner zum individuellen Handeln heraus: Olga beschließt am Schluss, nach Hause zu gehen (FI 150) und ihre Schwangerschaft nicht mehr länger zu verbergen. Roelle reagiert auf Olgas Zurückweisung zunächst mit bekanntem Vokabular: „Sie will mir die Ehre abschneiden" (FI 134), doch dann entscheidet auch er sich für etwas Neues, er schließt die Augen und öffnet die Ohren:

> ROELLE: Mamme, das verstehst nicht, da muß ich dabei sein.
> FRAU ROELLE: Dabei sein, bei was?
> ROELLE: Wenn sie der Berotter Olga ihre Ehre zurückgeben.
> FRAU ROELLE: Die tun dich wo hin, da kommst so schnell nicht mehr heraus. Da siehst keine Sonne und kein Mond, und da gibt's keine Luft.
> ROELLE: Und hören muß ich es, daß sie die Ehre hat, für das sind die Ohren da. Schau, Mamme, das ist das erste, zu was ich gut bin. (FI 152)

Roelle bringt damit zumindest für sich das Ende der auf die Augen gestützten Ära bürgerlicher Anständigkeit zum Ausdruck und sucht im Hören eine neue, andere Qualität der Sinneswahrnehmung.

Fegefeuer in Ingolstadt kommt fast ganz ohne Regieanweisungen aus. Dadurch entsteht zunächst eine Diskrepanz zwischen dem Sprechen der Figuren, das sich fortlaufend dem Sehen und den Augen widmet, und dem eigentlich auf der Bühne Sichtbaren, den Aktionen der Figuren, die im Text nicht fixiert sind. Analog zu Roelles Versuchen, sich in ein bestehendes System zu integrieren – in das Patriarchat und in den Katholizismus – scheint er auch dieses Fehlen von Regieanweisungen ausgleichen zu wollen. Mit Sätzen wie „Dies sage ich mit einer stillen Hartnäckigkeit!" (FI 112), „weil das bei mir ostentativ ist" (FI 112) oder „Die Hand kann man so heben. Die Hand kann man auch so heben" (FI 131) kommentiert sich Roelle selbst. Damit zeigt der Text in sich ebenfalls jene Verschiebung vom Sehen zum Hören, die er auf der inhaltlichen Ebene in Roelles Figurenrede zum Ausdruck bringt, und bezieht den Zuschauer unmittelbar mit ein. Der Leser muss sich ganz auf die Kommentare der Figuren einlassen und die Abläufe auf der Bühne selbst imaginieren, da der Text bewusst auf Erklärungen verzichtet. Für den Rezipienten bedeutet dies, dass er sich in keiner Weise darauf verlassen kann, dass das Außen der Figur ihrem Inneren entspricht. Die im bürgerlichen Trauerspiel so entscheidende Annahme des Körpers als Spiegel der Seele verliert hier seine Gültigkeit.

Darüber hinaus zeigt das Stück die Beliebigkeit der Handlungen: „Die Hand kann man so heben. Die Hand kann man auch so heben." (FI 131) Wortwörtlich haben es die Figuren damit in der Hand, ein Erscheinungsbild ihrer selbst zu entwerfen. Im Rückbezug auf die Rollensuche Roelles, die pointiert zeigt, was das Stück insgesamt thematisiert, heißt dies, dass im Großen – Eingliederung in ein gesellschaftliches System – und im Kleinen – Körperhaltung und Art des Sprechens – eine Suche vorgeführt wird, die dadurch notwendig wird, dass der Halt von Außen weggebrochen ist. Auch die Rezipienten befinden sich teilweise im vorgeführten Machtvakuum, denn dem Bühnengeschehen insgesamt kann nicht mehr getraut werden, da entscheidende Handlungselemente nicht mehr sichtbar gemacht werden: Der Selbstmordversuch Olgas und ihre Rettung durch Roelle, Roelles gescheiterte Engelsbeschwörung und die Steinigung durch sein enttäuschtes Publikum werden von den Rezipienten nicht gesehen, sondern nur durch die Figurenrede gehört. Das Bühnengeschehen als Parabel über den Verfall festgefügter gesellschaftlicher Normen und die Schwierigkeiten einer Veränderung findet ein Äquivalent in der Verschiebung der Wahrnehmung vom Optischen hin zum Akustischen. Das Beschriebene wird nicht gezeigt und das Gehörte bleibt auf der Bühne unverbürgt, weil ohne Entsprechung im Bild. Die Entwicklung weg vom pejorativen Sehen des Vaters Berotter hin zum freien Hören Roelles wird damit nicht nur auf der Bühne behauptet, sondern in der Rezipientenerfahrung verankert: Den Augen ist nicht mehr zu trauen – es muss gehört werden.

2.4 Ausbleibende (Er)Lösungen. *Fegefeuer in Ingolstadt* und die Sprachkritik von Fritz Mauthner

In *Fegefeuer in Ingolstadt* sprechen die Figuren eine Sprache, die in besonderem Maße von religiösen Bildern und biblischen Sprachanleihen gefärbt ist. Der Bezug zum Christentum wird bereits im Titel *Fegefeuer in Ingolstadt* deutlich, der jedoch nicht autorisiert ist. Der Regisseur der Uraufführung schrieb an Fleißer:

> Was den Titel anbelangt (der Titel ist ja, zumal bei einem neuen Dichter, so ungeheuer wichtig!), so wollte uns allen auch *Fegefeuer, Seelen im Fegefeuer* etc. nicht so recht gefallen; wir haben eine viel ingeniösere Idee gehabt, die überall ganz enorm gezündet hat und mit der Sie hoffentlich auch einverstanden sind: *Fegefeuer in Ingolstadt* nämlich. Das ist ein Titel, der überall sehr wirkt (Ihering z.B., Dr. Feuchtwanger, Brecht ect. findet ihn ganz ausgezeichnet). In dem Titel ist das Wesentliche und Eigentliche des ganzen Stückes: „Fegefeuer" – das ist die allgemeine, die seelische Landschaft, das Metaphysische, wenn Sie wollen; Ingolstadt – das ist die Realität, die irdische Landschaft, der Boden (ohne daß ein bestimmtes Ingolstadt gemeint sein muß!), und die eigentümliche Mischung dieser beiden Elemente macht ja gerade die Bedeutung Ihres Stückes aus. Wie gesagt – uns allen erscheint dieser Titel ungemein glücklich; ich habe, da ich vor lauter Arbeit absolut nicht dazu kam, Ihnen zu schreiben, das Stück in den Zeitungen schon unter diesem Namen angekündigt, in der festen Hoffnung, daß Sie mir die nachträgliche Autorisation dazu nicht versagen werden.[139]

---

139 Brief von Moriz Seeler an Marieluise Fleißer vom 31.3.1926. Zitiert nach: Materialien, S. 27-29, hier S. 27.

Die Titelgebung leitet sich aus einem Satz ab, den Olga an Roelle richtet: „In meinen Augen ist die einzige Entschuldigung für Sie, daß ich mich auf der gleichen Stufe des Fegefeuers befinde." (FI 148) Der Titel *Fegefeuer in Ingolstadt* weitet Olgas Satz aus und bezieht ganz Ingolstadt mit ein.

Im Fegefeuer haben nach katholischer Lehre die Verstorbenen ihre im Leben begangenen Sünden mit dem Ziel der Läuterung abzubüßen. Fleißers ursprünglicher Titel *Die Fußwaschung* setzt hingegen einen ganz anderen, auf das irdische Verzeihen zielenden Akzent. Er verweist auf das Johannesevangelium, in dem berichtet wird, wie Jesus am Abend vor seinem Tod den Jüngern die Füße wäscht:

> Danach goß er Wasser in ein Becken, hob an, den Jüngern die Füße zu waschen, und trocknete sie mit dem Schurz, damit er umgürtet war. [...] Da er nun die Füße gewaschen hatte, nahm er seine Kleider und setzte sich wieder nieder und sprach abermals zu ihnen: Wisset ihr, was ich euch getan habe? Ihr heißt mich Meister und Herr und saget recht daran, denn ich bin es auch. So nun ich, euer Herr und Meister, euch die Füße gewaschen habe, so sollt ihr auch euch untereinander die Füße waschen. Ein Beispiel habe ich euch gegeben, daß ihr tut, wie ich euch getan habe. Wahrlich, wahrlich, ich sage euch: Der Knecht ist nicht größer denn sein Herr, noch der Apostel größer denn der ihn gesandt hat. So ihr solches wisset, selig seid ihr, so ihr's tut.[140]

Der ständigen Schuld, mit der sich, wie Anne Waterstraat nachgewiesen hat, die Jugendlichen im Stück herumschlagen,[141] wird durch die Assoziation der Fußwaschung ein Ausweg geboten, der die Suspendierung der menschlichen Hierarchien demonstriert, die durch ihre unbarmherzige Ordnung Fehltritte provozieren. Durch den Titel *Die Fußwaschung* beabsichtigte Fleißer womöglich auch, die bestehenden Bezüge des Stückes auf biblische Geschichten zu unterstreichen, denn Olga und Clementine erinnern an die ungleichen Schwestern Maria und Martha im Lukasevangelium:

> Da war ein Weib mit Namen Martha, die nahm ihn auf in ihr Haus. Und sie hatte eine Schwester, die hieß Maria; die setzte sich zu Jesu Füßen und hörte seiner Rede zu. Martha aber machte sich viel zu schaffen, ihm zu dienen. Und sie trat hinzu und sprach: Herr, fragst du nicht danach, daß mich meine Schwester läßt alleine dienen? Sage ihr doch, daß sie es auch angreife! Jesus aber antwortete und sprach zu ihr: [...] Maria hat das gute Teil erwählt; das soll nicht von ihr genommen werden.[142]

Bereits in der ersten Szene von *Fegefeuer in Ingolstadt* streiten sich die Schwestern Olga und Clementine um Olgas Weigerung, im Haushalt zu helfen. Clementine und die biblische Martha beklagen demnach beide, dass die

---

140 Das Johannesevangelium, 13, 5-17.
141 Vgl. Anna Waterstraat: Ein System und keine Gnade, S. 29.
142 Das Lukasevangelium 10, 38-42.

Schwester die traditionelle Frauenrolle nicht übernimmt. Maria erhält Absolution durch Jesus, sie hat „das gute Teil erwählt". Doch wie wird das intertextuell aufgerufene Muster bei Olga gestaltet? Welchen höheren Gesetzen folgt sie, und wer legitimiert ihre Verweigerung?

Roelles Inszenierung als Jesusgestalt ist äußerst ambivalent und bewegt sich zwischen Selbststilisierung und Zuschreibung. Auch wenn Roelle mit seiner Konzentration auf das Ohr, das hören will, wie Olga ihre Ehre wiedererlangt, einen anderen Weg beschreitet, so lässt das Stück den Wirkungsradius seines Handelns offen. Keinesfalls erscheint Roelle als eine Figur, auf die sich Olga, dem Vorbild Marias folgend, berufen könnte. Die Stelle, die Jesus zwischen den Schwestern Martha und Maria einnimmt, bleibt zwischen Olga und Clementine demnach unbesetzt, wird aber am Ende von der Gemeinschaft, von Ingolstadt, eingenommen. Olga geht „nach Hause", und Roelle möchte hören, wie sie wieder aufgenommen wird. Ob dies gelingt, zeigt das Stück nicht.

In *Fegefeuer in Ingolstadt* erscheint Religion vorrangig in ihrer Kontrollfunktion. Olga äußert dies ganz direkt, wenn sie formuliert: „Ich biege meinen kleinen Finger nicht ab, ohne daß ich vom Himmel her beobachtet werde." (FI 134) In Erscheinung tritt der Himmel jedoch in den Sätzen, im Sprechen, in den verwendeten Bibelzitaten. Buck stellt für diese biblisch gefärbte Art des Sprechens fest, dass sie für die Figuren „die erste (und häufig einzige) Ausdrucksform für den Bereich, der die eindimensionale Kommunikation übersteigt",[143] darstellt, wobei Bühler-Dietrich in Bezug auf die Ironisierung dagegen hält, dass ein „kompetentes Verfügen über die Bibelsprache"[144] bei den Jugendlichen konstatiert werden könne.

Die Interpreten scheinen sich nur auf den ersten Blick zu widersprechen. Entscheidend ist nicht, ob sie die Bibelsprache einmal als Ausdrucksmittel, einmal als Mittel der Ironie verwenden, sondern dass die Figuren in den Sprachmustern gefangen sind. Als Roelle fragt: „Auf was für einer Erde bin ich?" antwortet Olga: „Auf der deinigen, wo dein Nächster nichts darf wie verrecken." (FI 142) Die Figuren sprechen hier über eine Problematik, die im Sinne Bucks ganz eindeutig über den Bereich der eindimensionalen Kommunikation hinaus weist, und Olga antwortet ironisierend, im Sinne von Bühler-Dietrich kompetent über die Sprache verfügend. Olga und Roelle bedienen sich jedoch beide an keiner Stelle im Stück einer ‚anderen' Sprache, sie bleiben im Dunstkreis der „Katechismusdiktion".[145] Um dieser „Erde" zu entfliehen, auf der der andere „nichts darf als wie verrecken", sieht Olga zunächst keinen anderen Ausweg als die tatsächliche Flucht ans andere Ende der Welt, nach Amerika, „weil mich da keiner kennt" (FI 150). Wenige Sätze später resümiert sie je-

143 Theo Buck: „Dem Kleinbürger aufs Maul geschaut." In: Text+Kritik 64: Marieluise Fleißer, 1979, S. 35-53, hier S. 51.
144 Annette Bühler-Dietrich: Auf dem Weg zum Theater, S. 82.
145 Ursula Roumois-Hasler: Dramatischer Dialog und Alltagsdialog im wissenschaftlichen Vergleich, S. 40.

doch: „Ich gehöre heim." (FI 150) An dieser Gegenüberstellung von Amerika als Fluchtort und der Heimat, die in mundartlich gefärbter Sprache als Zielpunkt gewählt wird, lassen sich zwei richtungweisende Positionierungen ablesen. Zum einen wendet sich Olga vom Mythos Amerika ab, der sich in der Weimarer Republik großer Beliebtheit erfreute.[146] Zum anderen wird deutlich, dass eine Lösung der Situation nur in der Konfrontation mit dem sie umgebenden sozialen Umfeld zu erreichen und dass sie dabei auf die Sprache angewiesen ist:

> CRUSIUS: Ich lege ein Wort ein beim Herrn Papa, dann läßt er sie herein, das heißt, wenn's dem Fräulein kommod ist.
> OLGA: Das tue ich schon selber. (FI 151)

Roelles Ausspruch, dass er hören wolle, wie Olga die Ehre wiedergegeben werde, unterstreicht einmal mehr die Hoffnung auf die Sprache als Weg aus der Isolation des unfreiwillig schwanger gewordenen Mädchens. Olga und Roelle treten demnach an, mittels der Sprache eine Änderung zu bewirken, was im Umkehrschluss bedeutet, dass sie sich von der bislang herrschenden Sprachverwendung distanzieren müssen. Bislang bot ihnen „die Kultur, in der sie herangewachsen sind, nichts anderes als wirklichkeitsfremde Mythen und leblose Formel an, worin die Tabuisierung dessen, was die Pubertierenden bewegt, schon beschlossen ist. Indem sie an die vorgefundene Sprache sich entäußern, verinnerlichen sie das in ihr beschlossene System von Verboten und Werten und vorbildlichen Typisierungen."[147] Hinsichtlich dieses Sprachgebrauchs der Figuren, der von einem geschlossenen System der Sprache als Garant von Werten ausgeht, lassen sich Ähnlichkeiten mit der radikalen Sprachkritik Fritz Mauthners feststellen. McGowan und Lee weisen beide darauf hin, dass *Fegefeuer in Ingolstadt* geprägt sei von den Leseerfahrungen von Mauthners Hauptwerk *Beiträge zu einer Kritik der Sprache*, führen diesen Hinweis jedoch nicht weiter aus.[148] Dass Fleißer die Sprachkritik Mauthners tatsächlich kannte, belegt nicht zuletzt eine Erwähnung in ihrer Kurzgeschichte *Die Ziege*: Er „ließ sie Fritz Mauthner [sic!] ‚Kritik der Sprache' lesen."[149]

Für Mauthner sind Worte nichts anderes als Erinnerungszeichen für zuvor durch die Sinne Wahrgenommenes. Sein eigentliches Interesse ist folgerichtig erkenntnistheoretischer Art: Ausgehend von der These, dass Wirklichkeit

---

146 Vgl. Helmut Lethen: Neue Sachlichkeit. Studien zur Literatur des „Weissen Sozialismus". Stuttgart 1975, S. 19-55.

147 Herbert Gamper: Kleinmenschliche Raubtierschaft. Zu: Fegefeuer in Ingolstadt. Programmheft des Zürcher Theaters am Neumarkt, Februar 1972. Zitiert nach: Materialien, S. 386-402, hier S. 387.

148 Vgl. Moray McGowan: Marieluise Fleißer, S. 23 und Jeong-Jun Lee: Tradition und Konfrontation, S. 82.

149 Marieluise Fleißer: Die Ziege. In: Dies.: Gesammelte Werke. Bd. 3: Gesammelte Erzählungen. Hg. von Günther Rühle. Frankfurt am Main 1972, S. 76-81, hier S. 80.

und Sprache etwas Verschiedenes sind,[150] bildet die Sprache nach Mauthner nicht etwa die Wirklichkeit ab, sondern erschafft sie. Von entscheidender Wichtigkeit ist dabei, dass die Sprache die Welt nach den Interessen der Majorität ordne. Für jeden, der die Sprache neu erlerne, sei der Eintritt in die Sprache nur möglich, wenn die Individualität zugunsten eines bestimmenden Wir-Gefühls in den Hintergrund gedrängt werde:

> Nur in der Herde ist Wohlsein. Nur im Herdenleben ist die stumme Überzeugung, daß alles, was geschieht, so und nicht anders am besten geschieht. Wir nennen diesen Zustand dumpfen Glücks den Instinkt. Die Tiere empfinden dieses Viechsglück. Auch die Instinktmenschen, die ein Herdenleben führen, bei denen die Sprache und das Denken nicht über das Verabreden von Herdenhandlungen hinausgekommen ist. Ob so eine Herde Menschen sich einmütig vor dem gemeinsamen Götzen auf die Knie wirft, ob die Weibchen der Herde einmütig den gleichen Cape über ihre flachen Schultern werfen, ob die Männchen mit dem gleichen Hurraruf in den Krieg ziehen oder ob sie alle zur gleichen Stunde äsen, wiederkäuen und zur Tränke gehen, ist ein unbewußtes Viechsglück.
> Bei wem aber die Sprache sich so weit differenziert hat, daß er die Kommandorufe des Instinkts anders versteht als die Herde, daß ihm der Götze nicht Gott ist, daß er sich von den wattierten Schultern des Cape nicht täuschen läßt, daß er den Hurraruf des Feindes versteht und nicht mehr mittut, daß er dann frißt, wenn er selber hungert, und dann erst Mittag schlagen hört, der ist einsam geworden durch die Sprache und hat als letzten Trost nur sein Lachen über das Blöken der Herde. Die blökende Herde aber hat vollkommen recht, wenn sie seine einsame Sprache für irr erklärt. Irr ist, wer sich von der Herde und ihrer Tränke entfernt, verirrt hat.[151]

Die Nähe der Figur des Roelle zu dem hier beschriebenen Außenseiter, der sich auf sich selbst besinnt, ist evident. Fleißer selbst spricht parallel zu Mauthners Beschreibung eines Herdenlebens und eines „Viechsglücks" der Menschen in der unhinterfragten Sprache von einem „unerbittlichen Rudelgesetz"[152] der Gruppe, der sich Roelle als Außenseiter gegenüberstellt sieht. Mauthner fordert, dass eine Kritik der Sprache die Befreiung von der Sprache als Selbstbefreiung lehren müsse. Da sich der Sprachkritiker jedoch selbst in der Sprache gefangen sehe, der eine bestimmte Weltsicht zugrunde liege, führe der Weg der Befreiung nur über eine Auseinandersetzung mit der Sprache, die in jedem Menschen „zertrümmert" werden müsse, um mit dem Ziel der erneuten Überwindung wieder und wieder geschaffen zu werden.[153] Besonderes Augenmerk wird

---

150 Vgl. Fritz Mauthner: Beiträge zu einer Kritik der Sprache. Bd II,1: Zur Sprache und zur Psychologie. In: Ders.: Das philosophische Werk. Nach den Ausgaben letzter Hand hg. von Ludger Lütkehaus. Wien, Köln und Weimar 1999, Vorwort zur zweiten Ausgabe des ersten Bandes, S. XIV, S. 1ff. und S. 159.

151 Ebd., S. 39f.

152 Marieluise Fleißer: Ich ahnte den Sprengstoff nicht, S. 496.

153 Fritz Mauthner: Beiträge zu einer Kritik der Sprache. Bd. II,1, S. 1f.

in diesem Prozess den abstrakten Wörtern geschenkt, stehen sie doch ihrer Ambiguität wegen unter gesteigertem Ideologieverdacht. So unterschiedlich Begriffe im Konstrukt Sprache auch sein mögen, gemeinsam ist ihnen für Mauthner ein Wandel, den er in einem Stufenmodell charakterisiert und an den „Großen Abstracta: Gott, Ewigkeit, Schöpfung, Kraft u.s.w."[154] aufzeigt. Auf der ersten Stufe könne ein Begriff durchaus positiv gewertet werden, da er mitunter einen Fortschritt bedeute, z.b. die Idee eines einzelnen Gottes gegenüber dem „salzlos gewordenen Gottesgesindel",[155] und der metaphorische Gehalt des Wortes noch transparent bleibe. Auf der zweiten Stufe „wird das Wort zum Philister", es werde von der Gemeinschaft der Sprechenden fraglos hingenommen. Auf der dritten Stufe nun sei das Wort derart wörtlich genommen, dass es ein Eigenleben und damit eine zerstörerische Machtausübung beginne. Das Wort entziehe sich nun der menschlichen Einflussnahme, werde eine Tatsache und damit zu einem Scheinbegriff, hinter dem eine Realität angenommen werde. Das Problem der Scheinbegriffe bestehe darin, dass sie von anderen Begriffen nicht zu trennen seien, da eine Realität hinter der Sprache nicht existiere, sondern die Sprache eine Realität erst konstruiere.

Es ist daher für Mauthner unerheblich, ob ein Begriff aus ideologischen Gründen erfunden oder aus vermeintlicher Anschauung eines realen Gegenstandes abgeleitet wurde. Jedem Begriff schreibt er eine Eigenständigkeit zu, der sich der Mensch nicht entziehen könne – es sei denn, er distanziere sich kritisch von der Sprache, was den bereits zitierten Verlust des „Viechsglücks" zur Konsequenz hätte. Bleibt das Individuum im Herdenleben und in den Grenzen der Sprache, dann lege diese einen Kriterienkatalog fest, nach dem Menschen beurteilt würden. Das individuelle Urteil wird damit zurückgedrängt und der Herrschaft einer der Sprache inhärenten Ideologie unterworfen, die vom Menschen ausging und nun von ihm unabhängig existiert. Dass die Macht der Sprache immer unmittelbar mit der Religion verknüpft ist, zeigt Mauthner, indem er die Begriffe synonym setzt:

> Religion und Wissenschaft müssen, vom Standpunkte unserer Kritik aus, darum in einem unüberbrückbaren Gegensatze stehen, weil Religion jedesmal und für jede Generation nichts anderes ist, als die eben überwundene Weltanschauung der früheren Generation oder die einer noch älteren Zeit. Religion ist die Weltanschauung oder die Sprache, die nicht mehr die Weltanschauung oder die Sprache der jeweiligen Gegenwart ist.[156]

Die These Mauthners, dass sich die Sprache in Union mit überkommener Religion befindet, zeigt sich an der beschriebenen „Katechismusdiktion" der Figuren in *Fegefeuer in Ingolstadt* umgesetzt. Zwei Figuren sprechen im Stück je-

---

154 Fritz Mauthner: Beiträge zu einer Kritik der Sprache. Bd. II,1, S. 51.
155 Ebd.
156 Ebd., S. 173.

doch eine andere Sprache, die nicht der Bibel, sondern einer anderen Weltsicht verpflichtet ist: der Psychologie. Diese beiden Figuren treten im Gewand der katholischen Heiligen des 19. Juni, Gervasius und Protasius, auf und werden im Personenverzeichnis als „ein Individuum" und „sein Schützling" aufgeführt. Der Legende zufolge waren Gervasius und Protasius die Zwillingssöhne des heiligen Vitalis und der Valeria und erlitten um 270 n. Chr. ihr Martyrium. Von einem Traum geleitet fand Bischof Ambrosius 386 n. Chr. ihre Gebeine und ließ sie in einer Basilika bestatten.[157]

Protasius und Gervasius treten als Beobachter auf, die maßgeblich dafür verantwortlich sind, dass es in *Fegefeuer in Ingolstadt* nahezu nur Dreiergespräche gibt und Dialog und Monolog die Ausnahme bleiben. Protasius ist neben Olga und Roelle die einzige Figur, die in allen vier Akten erscheint, und wird damit zu einem der handlungsbestimmenden Elemente. Er sagt von sich selbst: „[I]ch bin ein unblutiger Mensch" (FI 119), was nahe legt, dass er kein Mensch, kein Wesen aus Fleisch und Blut ist. Die unautorisierte Regieanweisung vermerkt zum Aussehen der Figur: „Clowngesicht – hager – weiß." (FI 128) Unterstützt wird diese Unnatürlichkeit von Protasius durch seinen Arbeitgeber, dem er sich voll und ganz verschrieben hat: Dr. Hähnle. Hähnle verweist als Diminutiv auf Hahn, jenes Tier, das im Aberglauben des Abendlandes als Bild für den Teufel gilt,[158] und Roelle nennt Protasius „eine irregeleitete Seele" (FI 128). Dass sich Protasius einen Hut kaufen möchte, da ihm die „Kundschaft [...] immer so nachdenklich auf den Kopf schaut" (FI 138), ist womöglich ein Hinweis auf Teufelshörner, die er verstecken möchte.[159] Weitreichender als sein Erscheinungsbild ist jedoch sein Handeln. Protasius ist immer da, wenn es Konflikte zu beobachten gibt. In einer solchen Situation sagt er „Hier bin ich Mensch" (FI 145) und verdeutlicht damit, dass er sich nur als Mensch fühlt, wenn er Gemeinheit und Niedertracht sieht, da ihm diese als typisch menschlich erscheinen.

Intertextuell verweist der Ausspruch „Hier bin ich Mensch" auf den Osterspaziergang aus Faust I[160] und verkehrt ihn ironisch in sein Gegenteil. Faust definiert sich im Osterspaziergang gerade deswegen als Mensch, da er sich angesichts der glücklichen Dorfgemeinschaft und des aufkeimenden Frühlings ganz einig mit sich und der Natur fühlt. Er hat die Enge und die inneren Qualen

---

157 Lexikon der Heiligen. Hg. von Erhard Gorys. München 2004, S. 128.
158 Vgl. Handwörterbuch des deutschen Aberglaubens. Hg. von Hanns Bächtold-Stäubli. Bd. 3, Berlin und Leipzig 1930/31, S. 133. Ley bezeichnet Dr. Hähnle in seiner Interpretation von *Fegefeuer in Ingolstadt* direkt als eine Verkörperung des Teufels. „Directly below Dr. Hähnle in the hierarchy of evil are his two assistants, Gervase and Protase, correlatives of the fallen spirits the devil assigns to individual humans to offset the influence of their guardian angels." Ralph Ley: Beyond 1984, S. 343.
159 Vgl. Birte Werner: „Wer Augen hat zu lesen, der fühle", S. 75.
160 Johann Wolfgang Goethe: Faust. In: Ders.: Sämtliche Werke, Briefe, Tagebücher und Gespräche. 40 Bde. I. Abteilung, Bd. 7/1. Hg. von Albrecht Schöne. Frankfurt am Main 1999, S. 52.

seiner Studierstube hinter sich gelassen und wendet sich den einfachen Dingen des Lebens zu, die er als typisch menschlich empfindet, von denen er sich aber bislang durch seine Reflexionen fernhielt. Diesem naturverbundenen Bild einfachen Glücks steht in *Fegefeuer in Ingolstadt* eine ganz andere Stimmung gegenüber, auf die jedoch ebenfalls der Satz „Hier bin ich Mensch" bezogen wird. Protasius als Gehilfe des Teufels definiert das Menschliche in Umkehrung zu Faust als aggressiv, andere ausgrenzend, unnachgiebig und verletzend.

Im Osterspaziergang bewundert Faust das freundliche Miteinander der Geschlechter, das Werben und das geschlechtsspezifische Rollenverhalten. *Fegefeuer in Ingolstadt* kontrastiert dieses Sittengemälde mit einer von Destruktivität gesättigten Szene, in der Olga für ihr Verhalten unerbittlich abgestraft wird: Sie wird als „Jungfrau" verspottet, ihr wird der „türkische Honigmil" als Ehemann vorgeschlagen, da der eine jede heiratet und die Verachtung gipfelt in dem Ausspruch: „Ausspucken muß man vor Ihnen." (FI 146) Voller Verachtung sagt der Schüler Crusius zu Olga: „Sind Sie schon wieder trocken von der Donau" (FI 145) und spricht damit ihren Suizidversuch an. Die Provokation besteht nicht nur in Olgas ungewollter Schwangerschaft als Zeichen des Regelbruchs, sondern auch darin, dass sie überlebt hat. Der Bezug auf Faust und auf Gretchens Schicksal verleiht dieser Anklage besondere Tragweite.

Die Aufgabe des von Dr. Hähnle gesandten Protasius liegt darin, Roelle zu beobachten, der sich mit seiner „Veranlagung" nicht frei bewegen solle. Protasius ist sich bewusst, dass Roelle nicht über sein Innenleben „ausgefragt" werden will, um dies dann aufgeschrieben zu sehen, was aber, so Protasius' Rechtfertigung, „gut" sei für den späteren „Heilungsprozeß" (FI 120). „Mit einen [sic!] Namen heißt man das eine ‚periodisch auftretende Störung', sagt wenigstens mein Herr Doktor. [...] Er soll sich halt nicht aufregen, meint der Herr Doktor" (FI 120), so Protasius altklug und weist etwas später darauf hin, dass man mit Roelles Störung berühmt werden könne, da sich die Universität für solches Verhalten interessiere (FI 132). Die Beispiele zeigen, dass Protasius seine Herkunft aus dem Bereich der Psychologie deutlich hervorhebt und sprachlich umsetzt. Durch seine Charakterisierung als Gehilfe eines ‚teuflischen' Doktors erscheint die Psychologie negativ besetzt und mit religiösen Vorstellungen verknüpft. Teilt die Religion in gut und böse und die an die Religion geknüpfte Wohlanständigkeit in sittenkonform und sittenwidrig ein, so unterscheidet die von Protasius vertretene Psychologie zwischen krank und gesund und in gesellschaftlicher Hinsicht zwischen gestört und funktionierend. An Roelle wird ein „zerstörtes Nervensystem" (FI 137) diagnostiziert, wobei ihn das Stück insgesamt, dies zeigte die vorangegangene Analyse, als Vordenker einer anderen Wahrnehmung darstellt. Religiös sanktionierte Zuschreibungen an Männer und Frauen werden von der durch Protasius verkörperten Psychologie biologistisch untermauert und vehement vertreten. Die „Ängstlichkeit" klassifiziert er als einen weiblichen „Trieb", der zu Recht dafür sorgt, dass Frauen sich nicht mit Männern an abgeschiedene Orte begeben (FI 119).

Insgesamt ist er davon überzeugt, dass es das weibliche Geschlecht „nicht so weit hin habe[n] zum dienenden Stand" (FI 138). Das Stück verdeutlicht über die Figur des Protasius, dass es nicht notwendigerweise die Religion sein muss, sondern ebenso die Psychologie sein kann, die gesellschaftliche Muster festschreibt. Mit dieser Kritik an der Psychologie, die Kraft der Sprache über Menschen urteilt, trifft sich das Stück erneut mit den Ausführungen von Mauthner.[161]

Zu klären bleibt vor dem Hintergrund einer durch Religion oder Psychologie instrumentalisierten Sprache der Majorität, welche Lösungsmöglichkeiten von Mauthner und Fleißer unterbreitet werden. Mauthner nennt zwei Auswege: das areligiöse mystische Schweigen und die Verwendung der Sprache für die Kunst,[162] da die Sprache dort, anders als im Alltag, ihre metaphorische Dimension nicht verliere. In Bezug auf das Schweigen wählt Mauthner eine prägnante Formulierung, die auf Max Stirner zurückgeht. In seinem Werk *Der Einzige und sein Eigentum* von 1844 wendet sich Stirner gegen eine Institutionalisierung des Menschen und verdeutlicht dies am Beispiel der Heiligen. Diese vom Menschen geschaffenen Figuren verselbstständigten sich und griffen nun als vom Menschen unabhängige Verkörperungen von Idealen in das Leben ein. Stirner zeigt diesen Vorgang einer Verkehrung der Abhängigkeitsverhältnisse im Bild eines Altars, der in einer Kirche steht, deren Mauern immer weiter nach außen wandern und den Menschen verdrängen:

> Bald umspannt jene Kirche die ganze Erde, und Du bist zum äußersten Rande hinausgetrieben; noch ein Schritt, und die Welt *des Heiligen* hat gesiegt: Du versinkst in den Abgrund. Darum ermanne Dich, dieweil es noch Zeit ist, irre nicht länger umher im abgegrasten Profanen, wage den Sprung und stürze hinein durch die Pforten in das Heiligtum selber. Wenn du das *Heilige verzehrst*, hast Du's zum *Eigenen* gemacht! Verdaue die Hostie und Du bist sie los![163]

Mauthner greift auf dieses Bild Stirners unmittelbar zurück und bezieht es radikalisiert auf die Sprache:

> Das furchtbare Wort, mit dem Stirner niedriger gezielt hat, gilt auch, gilt erst recht für die Sprache: „Verdaue die Hostie, und Du bist sie los." Verdaue die Sprache, und Du bist sie los; verdaue den Logos, verschlucke das Wort.[164]

Es ist nicht gesichert, dass Fleißer dieses Zitat gekannt hat, da es sich nicht in Mauthners Abhandlung *Beiträge zu einer Kritik der Sprache*, sondern in dem

---

161 Vgl. Fritz Mauthner: Beiträge zu einer Kritik der Sprache. Bd. II,1, S. 233ff.
162 Ebd., S. 91ff. und S. 118ff.
163 Max Stirner: Der Einzige und sein Eigentum. Mit einem Nachwort hg. von Ahlrich Meyer. Stuttgart 1981, S. 106.
164 Fritz Mauthner: Die Sprache. Frankfurt am Main 1906, S. 83.

Band *Die Sprache* findet, und auch eine Lektüre Stirners kann nur vermutet werden. Protasius und Gervasius sind jedoch als Verkörperung dieser den Menschen verdrängenden Heiligen lesbar, und das Ende von *Fegefeuer in Ingolstadt* scheint die Forderung nach der Einverleibung des Wortes direkt zu inszenieren:

> ROELLE: *(holt einen Zettel vor):* Ich armer sündiger Mensch klage mich an vor Gott dem Allmächtigen und Euch Priester an Gottes statt, daß ich seit meiner letzten Beichte vor sechs Monaten folgende Sünden begangen habe: – gegen das vierte Gebot, wie oft? gegen das siebente Gebot – wie oft? gegen das achte Gebot – wie oft? dick unterstrichen. Das ist mein Zettel für mich, den könnte ich gleich essen. Gegen die sieben Hauptsünden – alles steht drin. Ich bitte um eine heilsame Buße und um die priesterliche Lossprechung. Das probiere ich. *(Ab)* (FI 153)

In der Neufassung des Stücks von 1970/71 fügte Fleißer die Regieanweisung ein: „*Er ißt den Zettel auf.*"[165] Roelle bemächtigt sich damit ganz im Sinne der Mauthnerschen Sprachkritik der Worte. Durch die Schrift sind diese einmal mehr fixiert und erlangen durch den Zettel, auf dem sie notiert sind, materielle Substanz, die einverleibt werden kann. Anders als bei Mauthner endet das Verschlucken des Wortes nicht im Schweigen, sondern in der von Roelle zuvor geäußerten Hoffnung auf ein anderes Sprechen. Das Stück geht damit einen anderen Weg und wählt Mauthners resignativen Endpunkt als Basis eines appellativen Auswegs. *Fegefeuer in Ingolstadt* fällt, nach Mauthners Einteilung, in den Bereich der Poesie, in der die metaphorische Dimension der Sprache transparent bleibt und die Ideologie verdrängt. Ganz explizit wird im Stück jedoch eine Sprache verwendet, die sich an Alltagsdialogen orientiert. Die Verknüpfung dieses auf das Alltägliche zielenden Sprechens mit der „Katechismusdiktion" offenbart den Ideologiegehalt der Sprache im Ganzen in der Sprache des Stücks und damit in der Sprache der Kunst. Dies heißt, dass hier die Kunst in ihrer Funktion als metaphorische und damit freie Sprache dazu verwendet wird, die nach Mauthner ideologische Sprache der alltäglichen menschlichen Kommunikation zu kritisieren und zu überwinden.

Doch auch dem areligiösen mystischen Schweigen Mauthners kommt in *Fegefeuer in Ingolstadt* Bedeutung zu. Bereits Ihering schrieb in einer zeitgenössischen Kritik der Uraufführung:

> Marieluise Fleißer schreibt sachliche, scheinbar trockene Berichte. Aber von ihrer Berichterstattung geht eine seltsame Suggestion aus. Das Wort ist wieder Bild geworden. Die Darstellung Gleichnis. [166]

---

165 Marieluise Fleißer: Fegefeuer in Ingolstadt. In: Dies.: Gesammelte Werke. Bd.1: Dramen. Hg. von Günther Rühle. Frankfurt am Main 1972, S. 61-125, hier S. 125.
166 Herbert Ihering: Fegefeuer in Ingolstadt. In: Berliner Börsen-Courier, 26. April 1926. Zitiert nach: Materialien, S. 40-42, hier S. 40.

Was aber ist das mystische Schweigen anderes, als dass das Wort Bild wird, dass die Sprache verschwindet zugunsten einer Wahrnehmung ohne die Sinne, die weder mit Sprache in seiner ganzen Dimension beschreibbar noch mit den Augen zu sehen ist? *Fegefeuer in Ingolstadt* produziert diese inneren Bilder, mit denen sich die Handlung in Verbindung setzt und die sich nicht eindeutig sprachlich bestimmen lassen, bemerkenswerterweise durch die religiös gefärbte Sprache, gegen die das Stück insgesamt angeht. Indem es Gleichnisse aufruft und Roelle mit Jesus und den Richtspruch Jesu mit dem Richtspruch Ingolstadts verbindet, entsteht ein Bedeutungszusammenhang, der Religion in Bezug auf ihre Bildgewalt bejaht, hinsichtlich ihrer mit Mauthner festgestellten Sprachgewalt zwecks Normierung menschlichen Miteinanders jedoch ablehnt. Diese Ablehnung wird vor dem Hintergrund der biblischen Geschichte des Propheten Hesekiel, der die Israeliten auf den rechten Weg zurück bringen soll, noch deutlicher:

> 1. Und er [Gott] sprach zu mir: Du Menschenkind, iß, was vor dir ist, iß diesen Brief, und gehe hin und predige dem Hause Israel!
> 2. Da tat ich meinen Mund auf, und er gab mir den Brief zu essen.
> 3. Und sprach zu mir: Du Menschenkind, du mußt diesen Brief, den ich dir gebe, in deinen Leib essen und deinen Bauch damit füllen. Da aß ich ihn, und er war in meinem Munde so süß wie Honig. [...]
> 7. Aber das Haus Israel will dich nicht hören; denn sie wollen mich selbst nicht hören; denn das ganze Haus Israel hat harte Stirnen und verstockte Herzen.
> 10. Und er sprach zu mir: Du Menschenkind, alle meine Worte, die ich dir sage, die fasse zu Herzen und nimm sie zu Ohren![167]

Im Vergleich erscheint die Einverleibung des Zettels in *Fegefeuer in Ingolstadt* als eine Selbstermächtigung Roelles. Nicht mehr das Wort Gottes wird durch die Schrift in den Körper geholt, sondern die eigenen Sünden. Damit wird die Handlung aus der göttlichen Sphäre radikal auf die Erde gebracht und zeigt Übereinstimmungen mit Kleists Novelle *Michael Kohlhaas*, die ebenfalls mit dem Verschlingen eines Zettels endet:[168]

> Kohlhaas löste sich [...] die Kapsel von der Brust; er nahm den Zettel heraus, entsiegelte ihn, und überlas ihn: und das Auge unverwandt auf den Mann mit blauen und weißen Federbüschen gerichtet, der bereits süßen Hoffnungen Raum zu geben anfing, steckte er ihn in den Mund und verschlang ihn. Der Mann mit blauen und weißen Federbüschen sank, bei diesem Anblick, ohn-

---

167 Hesekiel 3, 1-10.
168 Eine psychoanalytische Deutung zum Zusammenhang zwischen Roelle und Kolhaas in Bezug auf das Verschlingen des Zettels liefert Elke Brüns: aussenstehend, ungelenk, kopfüber weiblich, S. 113.

mächtig, in Krämpfen nieder. Kohlhaas aber [...] wandte sich zu dem Schafott, wo sein Haupt unter dem Beil des Scharfrichters fiel.[169]

Der Mann mit den Federbüschen ist der Kurfürst, der von einer Zigeunerin erfuhr, dass sie die folgenden Informationen auf den Zettel schrieb, den Kohlhaas soeben verschlang: „den Namen des letzten Regenten deines [des Kurfürsten] Hauses, die Jahreszahl, da er sein Reich verlieren, und den Namen dessen, der es, durch die Gewalt der Waffen, an sich reißen wird."[170] Kohlhaas steht mit seiner Vorstellung von Gerechtigkeit dem Kurfürsten gegenüber, der sich auf das Gesetz beruft. Durch den Zettel wird Kohlhaas aufgewertet, und seine Kette mit der Zettel-Kapsel wird mit der Amtskette des Kurfürsten, Zeichen für Macht und Herrschaft, parallel gesetzt.[171] An dieser Konstruktion wird augenfällig, dass Kohlhaas nicht in der Situation selbst Recht widerfährt, sondern in der Zukunft, die ihm durch Magie und Zufall erschlossen wird.[172] Dies ist nur möglich, da Kohlhaas sich als in einer Genealogie stehend begreift, deren Fortbestand über dem Individuellen angesiedelt ist.

Roelle hingegen kann sich nicht mehr in einer Ahnenreihe verorten. *Fegefeuer in Ingolstadt* bezieht den Grundkonflikt gerade aus dem Bruch der Jugendlichen mit überkommenen Verhaltensmustern und stellt, versinnbildlicht in der Figur des gestürzten Vaters Berotter, den Verlust der Autorität der Elterngeneration dar. Auch in der Zukunft vermag Roelle sich nicht mehr zu sehen, da Olga ihm die Übernahme der Vaterschaft für ihr ungeborenes Kind verweigert. Der Gedanke einer überdauernden Genealogie ist damit verabschiedet, und es bleibt Roelle nur die radikale Besinnung auf sich selbst, verdeutlicht in den eigenen Sünden, die er sich durch den Zettel einverleibt. Angesichts der in Bezug auf das Hören im Gegensatz zum normierenden Sehen beschriebenen Entwicklung ist dieser Verlust der Genealogie jedoch nicht als Manko, sondern im Gegenteil als Chance zu lesen, zielt die Veränderung doch nun auf die Gesellschaft, im Sinne der Sprachphilosophie Mauthners auf die Gemeinschaft aller an der Sprache partizipierenden Individuen.

---

169 Heinrich von Kleist: Michael Kohlhaas. (Aus einer alten Chronik). In: Ders.: Sämtliche Werke und Briefe. Bd. 2: Erzählungen und Anekdoten. Hg. von Helmut Sembdner. München 1987, S. 9-103, hier S. 103.

170 Heinrich von Kleist: Michael Kohlhaas, S. 92.

171 Dirk Grathoff: Michael Kohlhaas. In: Ders.: Kleist: Geschichte, Politik, Sprache. Wiesbaden 2000, S. 57-74, hier S. 67.

172 Die Zufälligkeit des Treffens zwischen Kohlhaas und der Zigeunerin, die ihm die Kapsel gibt und damit sein weiteres Geschick bestimmt, betont Bernhard Greiner: Kleists Dramen und Erzählungen. Experimente zum „Fall" der Kunst. Tübingen und Basel 2000, S. 342f.

3 Marieluise Fleißer: *Pioniere in Ingolstadt*

Noch während der Proben zur Aufführung von *Fegefeuer in Ingolstadt* an der Jungen Bühne in Berlin ermunterte der Regisseur Fleißer, eine neue Theaterarbeit zu beginnen:

> Ceterum censeo: Sie *müssen* sehr bald wieder ein neues Stück schreiben, und die *Junge Bühne* muß es aufführen! Wenn man solch ein Werk wie das *Fegefeuer* geschaffen hat, dann hat man geradezu die Verpflichtung, weiterzumachen! Wollen Sie nicht einmal versuchen, ein Lustspiel zu schreiben aus Ihrer Gegend? Das würden Sie bestimmt gut können.[173]

Das Stück *Pioniere in Ingolstadt* galt lange als Auftragsarbeit von Brecht,[174] und die eher unspektakuläre Uraufführung 1928 in Dresden wurde zumeist von der Schilderung der Aufführung von 1929 in Berlin überlagert, die unter der Regie Brechts einen Theaterskandal verursachte, Fleißer angeblich tief verunsicherte und, so die Interpretationen, einen Bruch mit Brecht und der Metropole Berlin provozierte.[175]

Hiltrud Häntzschel stellte 2002 diese Schilderungen neben die dokumentierten Fakten, wobei sie konsequent auf „jegliche späte Selbstäußerung Marieluise Fleißers"[176] verzichtete, die bislang als Beleg angeführt wurde. Bezüglich des Theaterskandals zeigt sich nach Häntzschels Untersuchung ein anderes Bild: Es ist zutreffend, dass massive Textänderungen und provokative Regiezutaten von Brecht in der Aufführung 1929 in Berlin skandalös wirkten und nach einer Intervention der Polizei gestrichen werden mussten. Die Aufführung war jedoch keine Niederlage für die Autorin, da das Stück 43 Mal aufgeführt wurde, ein großer Erfolg war und sich dies auch in den Kritiken niederschlug. Der Skandal wurde von der rechten Presse und der Ingolstädter Bürgerschaft provo-

---

173 Brief Moriz Seelers an Marieluise Fleißer vom 8.4.1926. Zitiert nach: Materialien, S. 30-31, hier S. 31.

174 Exemplarisch: Wend Kässens und Michael Töteberg: „...fast schon ein Auftrag von Brecht." Marieluise Fleißers Drama *Pioniere in Ingolstadt.* Brechtjahrbuch 1976, S. 101-117; Günther Lutz: Marieluise Fleißer, S. 84 und 88ff.; Barbara Stritzke: Marieluise Fleißers „Pioniere in Ingolstadt". Frankfurt am Main 1982, S. 22ff.; Angelika Führich: Aufbrüche des Weiblichen im Drama der Weimarer Republik, S. 46; Susanne Kord: Fading Out: Invisible Women in Marieluise Fleißer's Early Dramas. In: Women in German Yearbook 5, 1989, S 57-72, hier S. 57; Ursula Horstmann-Nash: Language and Power: The Discursive Constitution of Subjectivity in Marieluise Fleißer's Pioniere in Ingolstadt. In: New German Review 9, 1993, S. 4-16, hier S. 6; Gérard Thieriot: Marieluise Fleißer – eine deutsche Passsion. In: Schriftenreihe der Marieluise Fleißer Gesellschaft e.V., H. 1, Ingolstadt 1997, S. 5-15, hier S. 6.

175 Vgl. Moray McGowan: Kette und Schuß, S. 17-23; Inge Stephan: Zwischen Provinz und Metropole. Zur Avantgarde-Kritik von Marieluise Fleißer. In: Literatur im historischen Prozess. Hg. von Inge Stephan und Sigrid Weigel. Hamburg 1987, S. 112-132.

176 Hiltrud Häntzschel: Marieluise Fleißers Lebenserzählung, S. 6.

ziert, gegen die sich Fleißer in einem offenen Brief an den Bürgermeister von Ingolstadt zur Wehr setzte.[177]

Das Interesse der Forschung lag bislang fast ausschließlich auf der von Brecht veränderten Fassung von 1929, die auch in die *Gesammelten Werke* aufgenommen wurde.[178] Der Herausgeber der *Gesammelten Werke,* Günther Rühle, verweist in seinem Kommentar auf ein Typoskript, das im Besitz der Autorin und die Urfassung des Stückes sei.[179] Heute liegt dieses Typoskript, das nur 58 maschinenschriftliche Seiten umfasst, im Marieluise-Fleißer-Archiv in Ingolstadt,[180] versehen mit einer maschinenschriftlichen Anmerkung der Fleißerforscherin Eva Pfister, die das Dokument auf 1928 datiert.[181] Häntzschel stimmt dieser Datierung nicht zu und wertet das Stück angesichts intensiver Nachforschungen zu den biografischen Fakten Fleißers als eigenständiges Werk der Autorin, das bereits 1926 beendet wurde:

> Von Auftragsarbeit kann keine Rede sein, Brechts Anteil daran ist offensichtlich nur minimal. Ende 1926, keineswegs erst 1928 sind die *Pioniere* abgeschlossen, bereits am 12. Dezember 1926 unterschreibt sie einen Vertrag mit den Münchner Kammerspielen über das Uraufführungsrecht.[182]

Plausibel erscheint diese Datierung auf 1926 auch vor dem Hintergrund eines Interviews mit Marieluise Fleißer aus den sechziger Jahren:

> Die Zeit hab ich lassen müssen, das Stück spielt 1926. Es sind heut nicht mehr dieselben Pioniere, die Pioniere sind heut technisch Verbeamtete von einem hohen Ausbildungs- und Wissensgrad, die haben einen viel höheren Sold. Und solche Dienstmädchen gibts heute auch nicht mehr, damals gab es die noch. Also das Jahr 1926 muß ich schon lassen, ich sehe auch nicht ein warum nicht. Es gibt Stücke, die kann man immer spielen, die sind trotzdem aktuell.[183]

Die folgende Interpretation legt die Urfassung (Typoskript) zu Grunde und versteht den Text ausgehend von den Forschungsergebnissen Häntzschels als eine

---

177 Hiltrud Häntzschel: Marieluise Fleißers Lebenserzählung, S. 10, siehe auch Dies.: Marieluise Fleißer. Eine Biographie, S. 190-191.

178 Ausnahmen sind zwei Aufsätze von Michael Töteberg sowie die Arbeit von Jeong-Jun Lee, der gelegentlich auf die frühe Fassung eingeht: Michael Töteberg: Abhängigkeit und Förderung, S. 76-77; Ders.: Die Urfassung von Marieluise Fleißers ,Pioniere in Ingolstadt. In: Maske und Kothurn 23, 1977, S. 119-121 und Jeong-Jun Lee: Tradition und Konfrontation, S. 93ff.

179 Günther Rühle: Anmerkungen. Pioniere in Ingolstadt. In: Marieluise Fleißer: Gesammelte Werke. Bd. 1: Dramen. Hg. von Günther Rühle. Frankfurt am Main 1972, S. 441-448, hier S. 442-444.

180 Marlieluise-Fleißer-Archiv Ingolstadt, Signatur VI. 2a.

181 Ebd. Rückseite des Deckblatts.

182 Hiltrud Häntzschel: Marieluise Fleißers Lebenserzählung, S. 8.

183 Marieluise Fleißer: Interview-Antworten. Zitiert nach: Materialien, S. 348.

eigenständige Arbeit Fleißers, die aus der Auseinandersetzung mit Brecht und nicht in Abhängigkeit von ihm entstanden ist. Dieses Verständnis wird auch dadurch gestützt, dass beide Fassungen – die Urfassung sowie die Umarbeitung durch Brecht für die Aufführung in Berlin 1929 – als maschinenschriftliche Bühnenmanuskripte 1929 im Berliner Arcadia Verlag parallel veröffentlicht wurden und damit als zwei getrennte Werke zu verstehen sind.[184]

Pioniere in Ingolstadt ist in der Urfassung in 14 Bilder unterteilt. Die Frauenfiguren, allen voran die Dienstmädchen Berta und Alma, stehen in thematisch engem Bezug zu den zeitgenössischen Kurzgeschichten Fleißers, ohne dass es sich jedoch wie bei *Fegefeuer in Ingolstadt* um die Umarbeitung eines Prosatextes handeln würde.[185] Das Stück beginnt mit einer Unterhaltung zwischen Berta und Alma am Stadttor. Alma ist gekündigt worden und Berta zeigt sich an den Pionieren, die in Ingolstadt angetreten sind, um eine neue Brücke über das „Altwasser" (PI 2) zu bauen, interessiert, aber im Vergleich mit der sich prostituierenden Alma unbedarft. Der jugendliche Fabian wird von seinem reichen Vater Benke ständig dazu angehalten, mit Berta anzubändeln. Diese liebt jedoch den verantwortungslosen Pionier Korl, dessen schwangere Freundin Marie im Sterben liegt und der neben Berta auch mit anderen Mädchen flirtet. Das Stück schildert eindringlich gesellschaftliche Hierarchien und den Kampf der Männer um die Gunst der Frauen: Fabian versucht, Berta durch eine Probefahrt mit einem Auto zu beeindrucken, das er von einem Fremden, der durch eine Panne in Ingolstadt aufgehalten wird, kaufen möchte. Als das Auto auch bei der Probefahrt versagt, fühlt sich Fabian gedemütigt, zumal sein Nebenbuhler, der Pionier Korl, mit einem Motorrad Runden dreht.

Um sich an Korl zu rächen, manipuliert Fabian eine Leiter, die allerdings nicht Korl ins Wasser fallen lässt, sondern den Feldwebel Willy. Berta gegenüber prahlt Fabian mit seiner Tat und gibt vor, Berta zu rächen (PI 39) und damit Korls Verhalten Berta gegenüber abzustrafen. Dass dies eine Farce ist, wird unmittelbar an Fabians Verhalten deutlich: Er versucht Berta zu vergewaltigen, was durch die störenden Geräusche einer von den Pionieren durchgeführten Sprengung verhindert wird und den Hass des Zivilisten Fabian auf den Pionier Korl noch weiter schürt. Eine weitere Niederlage erfährt Fabian, als er Willy durch Erpressung zur Aushändigung von Pulver bewegen will, um die neu gebaute Brücke in die Luft zu sprengen und von diesem mit einem Faustschlag abgewehrt wird. Kurz darauf locken die Pioniere Fabian unter fadenscheinigen Begründungen in einen Sack, schnüren diesen zu und lassen ihn buchstäblich im Regen stehen. Am Ende lässt sich der gefühlskalte Pionier Korl, dem sich das Dienstmädchen Berta aus Liebe hingab, mit ihr ablichten und nennt das ihre

---

184 Marlieluise-Fleißer-Archiv Ingolstadt, Signatur VI 2a und VI 2b.

185 Vgl. Marieluise Fleißers Kurzgeschichten: *Der Apfel, Stunde der Magd, Moritat vom Institutsfräulein, Abenteuer aus dem Englischen Garten, Ein Pfund Orangen* und *Die Ziege*. In: Dies.: Gesammelte Werke. Bd. 3: Gesammelte Erzählungen. Hg. von Günther Rühle. Frankfurt am Main 1972.

Verlobung. Die Prostituierte Alma willigt, enttäuscht vom anstehenden Abzug der Pioniere, ein, Fabian zu heiraten. Beide Verbindungen sind nicht tragfähig, und das Ende der Beziehung zwischen Berta und Korl wird durch den Abzug der Pioniere besiegelt.

Die Kritiken der Uraufführung von 1928 in Dresden, bei der es „Zischer und Beifallspender"[186] gab, sind zwiespältig. Ihering zeigt sich angetan, schreibt jedoch, dass *Pioniere in Ingolstadt* „die Lustspielbegabung, die sich schon im *Fegefeuer* ankündigte", zwar weiter führe, jedoch „an Kraft und Fülle hinter dem ersten Stück zurückbleib[e]".[187] Dies führt er auf eine fehlende Stringenz im Aufbau und auf die strikte Begrenzung auf Ingolstadt zurück, eine „Isolierung", die Fleißer „durchbrechen" müsse.[188] Wilhelm Russo urteilt noch schärfer wenn er vermerkt: „Nach meiner Meinung sollte diese Schriftstellerin, wenn sie noch weiterhin für die Bühne schreiben will, möglichst bald umziehen."[189] Bemerkenswert ist, dass die Kritiken durchgehend auf den Bezug des Stücks zu anderen literarischen Werken hinweisen. Stellvertretend seien hier drei Kritikerstimmen zitiert:

> Ein lustiges Werk in hundert ulkigen Zügen. Schwach nur da, wo Vorgänge durchgeführt werden sollen. Ein solcher Vorgang ist der Verkauf eines Autos. Ein Norddeutscher kommt auf der Fahrt mit einem Monstrum von Auto nach Ingolstadt. Panne. Er will die spuckende, rasselnde, knirschende Maschine an den blöden Fabian verkaufen (der Elefantenverkauf in *Mann ist Mann*). Eine köstliche Szene. Aber nicht eingebaut in das Ganze. Fabian, der den Pionier Korl übertrumpfen will, und mit jedem Streich mehr unterliegt, Korl, sein militärisches Gegenspiel, das sind köstliche Ansätze, aber sie versickern.[190]

> Dem Stück der Fleißer fehlen Technik und Routine, womöglich selbst der dramatische Nerv. Sein Aufbau zeigt, wie sehr Marieluise Fleißer noch im Banne künstlerischer Überlieferungen steht. Die zu allen Zeiten wiederkehrende Generation der Lenz und Büchner in ihrer ganzen Formlosigkeit hat auch bei Marieluise Fleißer Pate gestanden. […] es ist ein Stück mit dramatischen Ansätzen, vergleichbar den *Soldaten* von Lenz oder dem *Woyzek* [sic!] von Büchner geworden.[191]

> [D]ie Phantasie ist hier höchstens von der Literatur her angeregt. Ein Vielerlei von Motiven hört man erklingen, klassischer und moderner Provenienz, von

186 Heinrich Zerkaulen: Pioniere in Ingolstadt. In: Fränkischer Kurier. O.D. Zitiert nach: Materialien, S. 56-57, hier S. 56.
187 Herbert Ihering: Uraufführung in Dresden. In: Berliner Börsen-Courier vom 27. März 1928. Zitiert nach: Materialien, S. 52-54, hier S. 52.
188 Ebd.
189 Wilhelm Russo: Pioniere in Ingolstadt. In: Dresdener Neueste Nachrichten. Zitiert nach: Materialien, S. 57-59, hier S. 57.
190 Herbert Ihering: Uraufführung in Dresden, S. 53.
191 K.S.: Pioniere in Ingolstadt. In: Der Volksstaat vom 27.3.1928. Zitiert nach: Materialien, S. 54-56, hier S. 54.

Lenz bis Schnitzler. Aber selbst das wäre noch kein entscheidender Einwand, wenn nur ein eigener Ton da wäre, der Kraft und Phantasie verriete.[192]

Den Kritiken zufolge ist *Pioniere in Ingolstadt* zwischen Überlieferung und *Mann ist Mann* von Brecht angesiedelt und wird angeblich den durch die Bezüge aufgerufenen Ansprüchen nicht gerecht. Im Folgenden wird, entgegen der zitierten Meinung der Kritiken, die literarische Anleihe nicht als Manko, sondern als bewusste Auseinandersetzung interpretiert. Das Eigene, der von den zeitgenössischen Kritikern vermisste „eigenen Ton", ist, so viel sei bereits vorweggenommen, gerade in der Anknüpfung an und in der Abgrenzung von anderen Texten zu finden.

3.1 Theoretische Positionen: Fleißer und Brecht

Das Stück *Pioniere in Ingolstadt* zeigt Männer- und Frauenfiguren in typisierten Rollen als Dienstmädchen und Soldaten. Wie bereits im vorangegangenen Kapitel erwähnt, sahen die zeitgenössischen Kritiker starke Anlehnungen an Lenz, Büchner und Schnitzler. Der Bezug ist zum einen durch die offene Dramenform einer lockeren Szenenfolge gegeben, zum anderen durch die jeweils mundartliche Sprache. Schnitzlers Dramen sind Aufzeichnungen gesellschaftlicher und psychologischer Zustände und liegen daher als Bezugspunkte nahe, und der Hinweis des zeitgenössischen Kritikers auf die Ähnlichkeit mit *Woyzeck*, dem Hauptmann, scheint dem sezierenden Blick auf die Figuren geschuldet zu sein, die in ihrer Einsamkeit und Sprachnot an der Unterdrückung ihrer Individualität leiden. Der Verweis auf *Die Soldaten* von Lenz ist plausibel, dreht sich die Handlung dort doch ebenfalls um das Verhalten der Soldaten den Mädchen gegenüber. Sowohl in *Die Soldaten* als auch in *Pioniere in Ingolstadt* ist das misogyne Verhalten nicht nur Ausdruck individuellen Fehlverhaltens, sondern auch Symptom des Umgangs miteinander im Militär. Die auf absoluten Gehorsam setzende Disziplin führt zu Ausbrüchen, die sich in Übergriffen auf andere, insbesondere auf Frauen, äußern. Bei Lenz heißt es: „O Soldatenstand, furchtbare Ehlosigkeit, was für Karikaturen machst du aus den Menschen!"[193] Der Bezug von *Pioniere in Ingolstadt* auf die genannten Stücke ist jedoch eher anspielender als direkt zitierender Art, und der Anklang an Büchner und Lenz vor dem Hintergrund der zeitgenössischen Stücke Brechts keineswegs überraschend. Brechts frühe Stücke sind ihrer offenen Form wegen, die von einem logisch sich entwickelnden Geschehen zugunsten von auswechselbaren Einzelszenen und lyrischen Einlagen Abstand nehmen, ebenfalls in der Tradi-

192 Wilhelm Russo: Pioniere in Ingolstadt, S. 57-58.
193 Jakob Michael Reinhold Lenz: Die Soldaten. Eine Komödie. In: Ders.: Werke. Dramen, Prosa, Gedichte. Hg. von Karen Lauer. Mit einem Nachwort von Gerhard Sauder. München und Wien 1992, S. 183-239, hier S. 214.

tion der genannten Autoren gesehen worden.[194] Durch diese Orientierung wandte Brecht sich kritisch von den Klassikern und damit ebenfalls vom bürgerlichen Kunstbetrieb ab,[195] der ihm zu sehr auf Nuance, Farbe, Stimmung, Atmosphäre konzentriert war[196] und seiner Meinung nach im Überkommenen und Musealen verharrte. Den „Materialwert"[197] der Klassiker schätzte Brecht jedoch durchaus und griff in seinen Stücken darauf zurück.

Am 31. März 1929 veröffentlichte Ihering im *Berliner Börsen-Courier* eine Umfrage, mit der er auf die Veränderungen des zeitgenössischen Theaters reagierte. Zur Einleitung heißt es dort:

> Die letzten Theaterjahre haben die Frage des stofflichen oder des formalen Theaters, des Zeittheaters oder des zeitunabhängigen Theaters besonders zur Diskussion gestellt. In diesem Zusammenhang ist auch die schwere Krise zu verstehen, die die Form der klassischen Darstellung auf der Bühne heute durchmacht. Es ist notwendig, diese Frage zu klären. Wir haben uns deshalb an Dramatiker und Theaterleiter mit der Frage gewandt: .welche neuen Stoffgebiete können das Theater befruchten? Verlangen diese Stoffe eine neue Form des Dramas und des Spiels? Die Antworten zeigen, wie die Dinge des Theaters in Bewegung geraten sind, wie notwendig die Auseinandersetzung geworden ist. Sie hängt zusammen mit der Umlagerung der Weltanschauung.[198]

Neben Arnolt Bronnen, Ernst Barlach, Ernst Toller, Erwin Piscator und Carl Zuckmayer antworteten auch Brecht und Fleißer, so dass hier ein direkter Vergleich ihrer Positionen möglich ist, der sich nicht auf Lebenserinnerungen stützt, sondern von der zeitgenössischen Quelle ausgeht.

Fleißer schreibt eine kurze, geschlossene Antwort:

> Als neuen Stoff für das Theater nenne ich Sitten und Gebräuche an Hand von Anlässen: Das mag nun wie bei den *Pionieren in Ingolstadt* die Invasion fremder Elemente in einer alten Stadt sein, es mag sich um die Methoden einer Clique handeln, die in den Fall gesetzt wird, sich gegen fremde Übergriffe durchsetzen zu müssen oder um die Technik des heutigen Umgangs

---

194 Jan Knopf: Brecht-Handbuch. Theater. Eine Ästhetik der Widersprüche. Stuttgart 1980, jeweils S. 17f., 27, 292ff.

195 Vgl. Werner Mittenzwei: Brechts Verhältnis zur Tradition. Berlin 1972, S. 35f. und Hans Mayer: Bertolt Brecht und die Tradition. Pfullingen 1961, S. 53f.

196 Vgl. Ebd., S. 31.

197 Bertolt Brecht: Der Materialwert. In: Ders.: Werke. Große kommentierte Berliner und Frankfurter Ausgabe. Hg. von Werner Hecht, Jan Knopf, Werner Mittenzwei und Klaus-Detlef Müller. Bd. 21: Schriften I. Bearbeitet von Werner Hecht. Frankfurt am Main 1992, S. 288-289, hier S. 289.

198 Vgl. Günther Rühle und Eva Pfister: Anmerkungen. Neue Stoffe für das Drama? In: Marieluise Fleißer: Gesammelte Werke. Bd. 4: Aus dem Nachlaß. Hg. von Günther Rühle in Zusammenarbeit mit Eva Pfister. Frankfurt am Main 1989, S. 612-613, hier S. 613.

unter den Geschlechtern, wenn diese vor die Kardinalsfrage der Wichtigkeit oder Nichtwichtigkeit gestellt werden. Stoffe dieser Art verlangen im Gegensatz zur analytischen die synthetische Form des Dramas, im Gegensatz zum natürlichen das naive Sehen, so wie ein Kind den Begriff Haus auf seine Schiefertafel zeichnet, nämlich nicht das beliebige Haus gleich um die Ecke in der Dorotheenstraße, sondern etwas viel Aufregenderes, Striche über Mauern, ein Dach, Fenster, Tür, das Kennzeichen des Hauses schlechthin. Sitten und Gebräuche dürfen nicht natürlich, das hieße verkleinernd, gespielt werden, sondern in einer höheren Art aufzeigend, so daß sie typisch gemacht, wesentlich auffallend, erstmalig sind. Nicht Milieu, sondern bereits Tacitus.[199]

Brecht schreibt:

1. [...] Die Schwierigkeit liegt darin, daß die Arbeit der ersten Etappe (die neuen Stoffe) schwer zu tun ist, wenn man schon an die zweite denkt. (Die neuen Beziehungen der Menschen untereinander.) [...] Der reguläre Weg zur Erforschung der neuen Beziehungen der Menschen untereinander geht über die Erforschung der neuen Stoffe. (Ehe, Krankheit, Geld, Krieg usw.)
2. Das erste ist also: die Erfassung der neuen Stoffe, das zweite: die Gestaltung der neuen Beziehungen. Grund: die Kunst folgt der Wirklichkeit. Ein Beispiel: die Gewinnung und Verwertung des Petroleums ist ein neuer Stoffkomplex, in dem bei genauer Betrachtung ganz neue Beziehungen zwischen Menschen auffallen. Eine bestimmte Handlungsweise des einzelnen und der Masse wird beobachtet und ist deutlich dem Petroleumkomplex eigentümlich. Aber nicht die neue Handlungsweise hat die besondere Art der Petroleumverwertung geschaffen. Sondern das Primäre war der Petroleumkomplex, das Sekundäre sind die neuen Beziehungen. Die neuen Beziehungen stellen die Antworten dar, die die Menschen auf die Fragen des „Stoffes" geben, die Lösungen. Der Stoff (sozusagen die Situation) entwickelt sich nach bestimmten Gesetzen, einfachen Notwendigkeiten, das Petroleum aber schafft neue Beziehungen. Diese sind, wie gesagt, sekundär.
3. Schon die Erfassung der neuen Stoffgebiete kostet eine neue dramatische und theatralische Form. [...] Eine Figur von heute durch Züge, eine Handlung von heute durch Motive zu klären, die zur Zeit unserer Väter noch ausgereicht hätten, ist unmöglich. Wir haben uns (provisorisch) damit beholfen, die Motive überhaupt nicht zu untersuchen (Beispiel: Im „Dickicht der Städte", „Ostpolzug"), um wenigstens nicht falsche anzugeben, und haben die Handlungen als bloße Phänomene dargestellt, wir werden die Figuren wahrscheinlich eine Zeitlang ohne Züge darstellen müssen, ebenfalls provisorisch.
[...]
5. [...] Erst der neue Zweck macht die neue Kunst. Der neue Zweck heißt: Pädagogik.[200]

199 Marieluise Fleißer: Neue Stoffe für das Drama? In: Dies.: Gesammelte Werke. Bd. 4: Aus dem Nachlaß. Hg. von Günther Rühle in Zusammenarbeit mit Eva Pfister. Frankfurt am Main 1989, S. 421.
200 Bertolt Brecht: Über Stoffe und Form. In: Ders.: Werke. Große kommentierte Berliner und Frankfurter Ausgabe. Hg. von Werner Hecht, Jan Knopf, Werner Mittenzwei und Klaus-Detlef Müller. Bd. 21: Schriften I. Bearbeitet von Werner Hecht. Frankfurt am Main 1992, S. 302-304.

Fleißer stimmt mit dieser Sicht überein, solange es sich um das Große, den Wurf, die Sitten und Gebräuche handelt: Das typische Haus soll gesehen werden, wobei das naive Sehen nicht ein kindisches Sehen, sondern eher ein kindliches Sehen ist, das von der Funktion ausgeht. Dieses Sehen ist nicht naturalistisch, sondern erfordert eine Abstraktionsleistung, die das Haus schlechthin erfasst. Anders sieht ihre Theorie jedoch aus, wenn es um menschliche Beziehungen geht. Der große Unterschied zu der Antwort Brechts liegt darin, dass Fleißer die menschlichen Beziehungen selbst als die Einflüsse fasst, die eine Veränderung der Situation bewirken, und diesen nicht, wie Brecht, die sekundäre Funktion einer Reaktion zuschreibt. Fleißer stellt mit ihrer Antwort Brechts „Stoff" keinesfalls das individuelle Gefühl zur Seite. Dies verhindert bereits der Verweis auf Tacitus, den Geschichtsschreiber, der den typischen Germanen mit einem „soziologischen Blick" beschreibt, und eben nicht das Individuum.[201] Viel eher sieht Fleißer in den Beschreibungen von Beziehungen das Gleiche vonnöten wie im Beispiel der richtigen Beschreibung des Hauses: Das Typische, die Struktur, soll zum Ausdruck kommen, und dies, damit stimmt sie mit Brecht überein, ohne in die Dramaturgie eines Einfühlens und Nachempfindens zu verfallen.

Angesichts dieser unübersehbaren Nähe zu Brecht kommentiert Günther Lutz: „Fleißers Drama ist ein seltsames, unfertig wirkendes Gemisch aus Brechtschen Einfällen und ihren eigenen Inhalten."[202] Vor dem Hintergrund der zitierten theoretischen Antworten von Brecht und Fleißer ist dem entgegen zu halten, dass die „eigenen Inhalte" – richtiger wäre – die ‚anderen Inhalte' – gerade nicht auf subjektivem oder gar biografischem Grund fußen, sondern Resultat eingehender Reflexion sind, die die „Sitten und Gebräuche" der Beziehungen in die neue Form hineinholen. In den folgenden Kapiteln soll *Pioniere in Ingolstadt* darum auf seine bewusste Auseinandersetzung mit den Stücken Brechts im Hinblick auf die Beschäftigung mit menschlichen Beziehungen hin befragt werden.

3.2 Die Bedeutung einer Autopanne. *Pioniere in Ingolstadt* und Brechts *Mann ist Mann*

In seiner Kritik der Uraufführung verwies Ihering darauf, dass die Szene in *Pioniere in Ingolstadt*, in der ein Fremder dem „blöden Fabian" ein defektes Auto verkaufen möchte, dem Elefantenverkauf aus *Mann ist Mann* entspreche. Der Elefantenverkauf ist eine Schlüsselszene in *Mann ist Mann* und besiegelt die Verwandlung des Packers Galy Gay zum Soldaten Jeraiah Jip. Zunächst willigt Galy Gay ein, einen verloren gegangenen Soldaten, Jeraiah Jip, zu vertreten und dessen Uniform und Ausrüstung zu tragen; als er nun gezwungen

---

201 Vgl. in Bezug auf Tacitus: Genia Schulz: Fußwaschung und Weihwedel, S. 81.
202 Günther Lutz: Marieluise Fleißer, S. 86.

wird, einen Elefanten zu verkaufen, der offensichtlich nicht mehr ist als zwei Männer mit einer Zeltplane, wird er aufgrund des Betrugs zum Tode verurteilt und symbolisch hingerichtet. Nach einer Grabrede auf sich selbst überlebt Galy Gay nur durch die endgültige Übernahme der Identität von Jeraiah Jip.

Michael Töteberg zeigt sich in seiner Beschäftigung mit *Pioniere in Ingolstadt* über diesen Vergleich „verwundert": „Fabian ist kein Galy Gay, der sich willig ummontieren läßt und dem man alles für einen Elefanten verkaufen kann. Im Gegenteil erweist sich Fabian seinem Verhandlungspartner gegenüber überlegen und vermag ihn hinzuhalten."[203] Tötebergs Argumentation greift zu kurz, wenn er den von Ihering erkannten Bezug von *Pioniere in Ingolstadt* auf *Mann ist Mann* rein inhaltlich untersucht und hierbei keine Übereinstimmungen feststellt. Der intertextuelle Bezug ist nicht inhaltlicher, sondern theoretischer Art, verdeutlicht man sich, wie eng Brecht in den zwanziger Jahren Dramatik und die Mechanik von Autos – die durch Henry Fords Autobiografie und einen explosionsartigen Anstieg von Autobesitzern bekannt wurde[204] – aneinander koppelte und wie sich diese Haltung in seinem Stück *Mann ist Mann* niederschlug.

In Lion Feuchtwangers Roman *Erfolg* von 1929 tritt die Figur des Kaspar Pröckl auf, der zum einen Kunstprogrammatik verkündet und zum anderen die „Konstruktion des Wagens für den kleinen Mann"[205] übernimmt. In Kaspar Pröckl mit dem „unrasierte[n], hagere[n] Gesicht mit den tiefliegenden Augen und den starken Jochbogen",[206] der seine Gedichte „hell, aufrührerisch, gläubig" vortrug, „diese erstmaligen Verse vom Alltag und vom kleinen Mann, dünn und böse, geschöpft aus der Volkstümlichkeit der großen Stadt",[207] sah man eine Verkörperung Brechts.[208] Selbst wenn man die Figur des Kaspar Pröckl nicht als Brecht-Porträt zu lesen gewillt ist, so bleibt die Figur ein Beleg für die zeitgenössisch virulente Vorstellung eines Dichters, der sowohl Konstrukteur von Dichtung als auch von Autos ist. Welchen Symbolgehalt dem Auto zukam, verdeutlicht Elisabeth Hauptmanns – im selben Jahr wie Feuchtwangers Roman *Erfolg* erschienene – Erzählung *Er soll dein Herr sein*:

---

203 Michael Töteberg: Abhängigkeit und Förderung, S. 77.

204 Helmut Lethen: Neue Sachlichkeit 1924-1932, S. 20f.
     Brecht selbst war ein begeisterter Autofahrer und erhielt von der Styr-A.G. ein neues Auto für ein Werbegedicht. Vgl. Klaus Völker: Bertolt Brecht. Eine Biographie. München und Wien 1976, S. 103f.

205 Vgl. insbesondere das Kapitel: I, 21 Die Funktion des Schriftstellers. In: Lion Feuchtwanger: Erfolg. Drei Jahre Geschichte einer Provinz. Roman (1929). Mit Kommentaren von Theo Rasehorn und Ernst Ribbat. Baden Baden 2002, S. 199-205, hier S. 200.

206 Ebd., S. 37.

207 Ebd., S. 413.

208 Vgl. Ernst Ribbat: In jenen Zeiten. In: Lion Feuchtwanger: Erfolg. Drei Jahre Geschichte einer Provinz. Roman (1929). Mit Kommentaren von Theo Rasehorn und Ernst Ribbat. Baden Baden 2002, S. 667-678, hier S. 669.

Sämtliche Geschäfte, in denen ein Auto oder irgend etwas, was mit PS und Benzin zusammenhängt, vorkommt, haben etwas gemein: etwas Undurchdringliches, Geheimnisumwittertes, Vernunftwidriges, für das selbst das Bürgerliche Gesetzbuch noch keinen Dreh heraus hat.[209]

Das Auto erscheint in realer und metaphorischer Hinsicht die Fahrt in die Zukunft zu ermöglichen, es gestattet das Ausleben persönlicher Freiheit, und der Verweis auf das Gesetzbuch, das hier nichts ausrichten kann, unterstreicht den Reiz des Neuen, das die ausgetretenen Pfade der Norm verlässt.

In seinem Essay *Bertolt Brecht. Dargestellt für Engländer (1928)* schildert Feuchtwanger den jungen Brecht und die „Erfindung" des „epischen Dramas" und greift dabei ebenfalls den Vergleich mit der Automechanik auf:

Es kommt vielmehr, nach Brecht, darauf an, daß der Mann im Zuschauerraum sich die Ereignisse auf der Bühne lediglich betrachtend, wißbegierig, lärmbegierig anschaut. Anschauen soll der Zuschauer den Ablauf eines Lebens, seine Schlüsse daraus ziehen, ablehnen, zustimmen, sich interessieren soll er, aber um Gottes willen nicht mitfühlen. Er soll sich die Mechanik eines Geschehens betrachten wie die Mechanik eines Autos.[210]

Das Bild der Mechanik eines Autos fasst zusammen, was Feuchtwanger insgesamt als die Hauptcharakteristika des „epischen Dramas" ausmacht: die Betonung des Arbeitsprozesses gegenüber dem vollendeten Werk, die ständige Umarbeitung und die neue Zusammensetzung der Sequenzen, wobei der inneren Wahrhaftigkeit alle Aufmerksamkeit gilt, die äußere Wahrscheinlichkeit jedoch unerheblich ist.[211] Als Beispiele für „epische Dramen" dienen Feuchtwanger Brechts Stücke *Trommeln in der Nacht* und *Mann ist Mann*. In Bezug auf letzteres wird das Montieren unmittelbar auf die Hauptfigur Galy Gay bezogen:

Sie montieren das Individuum Galy Gay von innen her um zu einem Massenmenschen, dergestalt, daß er am Schluß wirklich nicht mehr der Packer Galy Gay ist, sondern der Soldat Jeraiah Jip.[212]

Auch Elisabeth Hauptmann berichtet, dass *Mann ist Mann* „mindestens elfmal und in einzelnen Teilen noch weit öfter umgebaut"[213] wurde, und bleibt damit ebenfalls der ‚Mechanik' verpflichtet. Töteberg sieht zwar die Bedeutung des Autos für den jungen Brecht, wenn er unter Berücksichtigung einiger, auch hier

209 Elisabeth Hauptmann: Er soll dein Herr sein. In: Julia ohne Romeo. Geschichten, Stücke, Aufsätze, Erinnerungen. Berlin und Weimar 1977, S. 27-34, hier S. 33.
210 Lion Feuchtwanger: Bertolt Brecht. Dargestellt für Engländer (1928). In: Ders.: Ein Buch für meine Freunde. Frankfurt am Main 1984, S. 541-546, hier S. 544.
211 Ebd., S. 543.
212 Ebd., S. 545.
213 Elisabeth Hauptmann: Über Bertolt Brecht. In: Julia ohne Romeo. Geschichten, Stücke, Aufsätze, Erinnerungen. Berlin und Weimar 1977, S. 173- 174, hier S. 173.

aufgeführter Zitate, formuliert: „Ein Drama wie ein Auto aus Einzelteilen zusammenzubasteln war eine Lieblingsvorstellung Brechts in den Zwanziger Jahren"[214] und wenn er den neusachlichen Anspruch an die Literatur treffend mit der Bezeichnung belegt: „Der Dichter als Automechaniker."[215] Die Bedeutung des Autos für Brecht jedoch auf die Szene um den Autoverkauf in *Pioniere in Ingolstadt* zu beziehen, bleibt aus und muss ausbleiben, wenn Töteberg Fleißer unterstellt, dass „ihrer [Fleißers] literarischen Produktion [...] keine Theorie zugrunde" liege und sie sich in „ihren seltenen theoretischen Äußerungen" nur zentrale Begriffe von Brecht ausleihe.[216] Theoretische Positionen sind jedoch nicht nur in Form von theoretischen Äußerungen zu finden, sondern ebenso in literarischen Werken selbst identifizierbar. Liest man die Szene um den Autoverkauf in *Pioniere in Ingolstadt* im Hinblick auf Brechts gedankliche Verknüpfung von Auto- und Dramenmechanik, so wird bei Fleißer eine deutliche Gegenposition zu Brecht erkennbar. Dass sie sich dabei in ihrem Stück auf den Elefantenverkauf aus *Mann ist Mann* bezieht, gehorcht einer offensichtlichen Logik, denn diese Szene ist der Dreh- und Angelpunkt der Handlung, durch den die „Ummontierung" des Protagonisten letztendlich glückt. Der Kommentar dazu lautet im Stück selbst:

> Herr Bertolt Brecht behauptet: Mann ist Mann.
> Und das ist etwas, was jeder behaupten kann.
> Aber Herr Bertolt Brecht beweist auch dann
> Daß man mit einem Menschen beliebig viel machen kann.
> Hier wird heute abend ein Mensch wie ein Auto ummontiert
> Ohne daß er irgend etwas dabei verliert.[217]

Pioniere in Ingolstadt reagiert auf die im Stück aufgerufene Technikbegeisterung Brechts und auf die „Ummontierung" Galy Gays vom Zivilisten zum Soldaten, indem hier das Auto mit patriarchalen Besitzansprüchen an die Frau verknüpft wird. Vater Benke verspricht seinem Sohn ein Auto, sobald dieser ein „richtiges Mannsbild" geworden ist und sich „durchsetzte bei einem Mädel" (PI 22). Der bei den Frauen äußerst erfolgreiche Pionier Korl fährt Motorrad und zwischen den Männern besteht ein erbitterter Wettstreit. Als Fabian bei einer Probefahrt mit dem defekten Auto im Beisein des Dienstmädchens Berta, das er beeindrucken möchte, nicht von der Stelle kommt, wird er tief gekränkt durch

---

214 Michael Töteberg: Abhängigkeit und Förderung, S. 75.
215 Ebd., S. 74.
216 Ebd., S. 75.
217 Bertolt Brecht: Mann ist Mann. Die Verwandlung des Packers Galy Gay in den Militärbaracken von Kilkoa im Jahre neunzehnhundertfünfundzwanzig. Lustspiel. (Fassung 1926) In: Ders.: Werke. Große kommentierte Berliner und Frankfurter Ausgabe. Hg. von Werner Hecht, Jan Knopf, Werner Mittenzwei und Klaus-Detlef Müller. Bd. 2: Stücke II. Bearbeitet von Jürgen Schebera. Frankfurt am Main 1988, S. 93-168, hier S. 123.

das Motorengeräusch seines Nebenbuhlers Korl, der mit seinem Motorrad „stunden lang im Kreis herum fährt" (PI 36).

Das kaputte Auto, mit dem sich Fabian herumschlägt, gelangt durch einen Fremden nach Ingolstadt, der dort seine „vierte Panne" (PI 15) erlebt. Das Versagen der Mechanik ist somit nicht als einmaliges Vorkommnis ausgewiesen, sondern hat ironischerweise System. Der Ingolstädter Werkstudent Bibrich stellt an dem „Deckskarren" (PI 14 und 15), wie er das Auto zum Ärgernis des Fremden nennt, einen verdreckten Vergaser fest: „Aus dem muss man den Dreck herausfischen, dann geht er wieder." (PI 15) Das Auto scheint damit aufgrund der Landstraßen um Ingolstadt zu versagen, die Fahrt wird durch den Dreck gebremst, und der Fremde ist über den erzwungenen Aufenthalt in der Provinz verärgert:

> FREMDER: Ohne die Panne wäre ich überhaupt nicht da in dem Kaff. Das ist doch bloss die Station, die an der Strecke liegt
> FABIAN: Fahrt nicht an Ingolstadt vorüber!
> FREMDER: Ingolstadt ist zum Durchfahren da. (PI 16)

Das kaputte Auto ironisiert damit zum einen offensiv die Motorenbegeisterung der Männer, und zum anderen Brecht, der diese Zeiterscheinung in einen Zusammenhang mit der Kunst brachte. Neben dem Seitenhieb auf den aufstrebenden Dichterkollegen tritt im Bild des notorisch kaputten Autos auch, und vorrangig, die theoretische Gegenposition Fleißers in Bezug auf die „Sitten und Gebräuche" der menschlichen Beziehungen zutage: Das schnelle Auto wird durch den „Dreck", durch das Sozialgefüge Ingolstadt gebremst und parkt im übertragenen Sinne genau dort, wo es eigentlich davon fährt: zwischen den menschlichen Beziehungen. Dabei scheint in diesem Fall nicht der Gegensatz von Stadt und Provinz entscheidend zu sein, wie dies Inge Stephan für die Avantgarde-Kritik Fleißers insgesamt reklamiert,[218] sondern die Betonung der menschlichen Beziehungen als genuiner Stoff der Dichtung. Fleißer zeigt das typisierte, aber auf Sehnsüchte und Wünsche verweisende Verhalten der Figuren, das sich eben nicht beliebig wie ein Auto ummontieren lässt, sondern gefangen ist in überkommenen Denkmustern von geschlechtsspezifischen Rollenentwürfen und romantischer Liebe. Dabei zeigt sich *Pioniere in Ingolstadt* keineswegs an Gefühlen in dem Sinne interessiert, die etwa eine biologistische Rechtfertigung der Unterschiedlichkeit zwischen Mann und Frau aufriefe, sondern legt den Schwerpunkt auf die Darstellung sich verändernder Beziehungen, die alte Muster mit neuen Gegebenheiten zusammen bringen müssen. Dies gilt für Frauen wie Männer gleichermaßen, wie die Figur des verunsicherten Fabian belegt.

---

218 Inge Stephan: Zwischen Provinz und Metropole. Zur Avantgarde-Kritik von Marieluise Fleißer. In: Literatur in historischen Prozessen. Hg. von Inge Staphan und Sigrid Weigel. Hamburg 1987, S. 112-132.

Jeong-Jun Lee kommentiert in seiner Arbeit zur Zusammenarbeit von Brecht und Fleißer die Autoverkaufszene folgendermaßen: „Die Szene also war Brechts Anregung für das Stück, die Marieluise Fleißer allerdings nicht richtig verstand", und belegt dies mit einer Selbstaussage Fleißers: „Ich verstand von einem Auto genauso wenig wie von Soldaten und hatte Mühe mit dem Stück."[219] Aufgrund dieser biografischen Lesart vermag Lee das Auto nur als Handlungsmotivation zu verstehen, die es Fleißer erlaubte, die „Anregung" Brechts „in ihrem Sinn" zu benutzen, nämlich als Ausgangspunkt menschlicher „Konflikt[e]" und „psychische[r] Spannung."[220] Dass dies kein Unvermögen auf Seiten der Autorin, sondern gerade der Witz der Szene ist, blieb unerkannt. Ob Brecht die Autoverkaufszene als Anspielung ersichtlich wurde, kann nicht nachgewiesen werden. Bemerkenswert ist jedoch, dass er die Szene sowie alle Sequenzen, in denen das Auto vorkam, für die unter seiner Regie laufende Aufführung von *Pioniere in Ingolstadt* 1929 in Berlin ersatzlos strich.

3.3 „zu Bett – zu Bett – zu Bett" – Das Ende von *Pioniere in Ingolstadt* als Reaktion auf Brechts *Trommeln in der Nacht*

Zwischen den Schlussszenen von *Pioniere in Ingolstadt* und *Trommeln in der Nacht* in der Augsburger Fassung von 1920/22[221] bestehen intertextuelle Bezüge. Der letzte Akt von *Trommeln in der Nacht*, der nicht in Szenen unterteilt ist, beginnt mit der Szenenanweisung: „Links niedere bleiche Hauswand. In Hintergrund rechts breite Holzbrücke, die gegen hinten ansteigt".[222] Die weitere Handlung spielt direkt auf der Brücke. Dort treffen sich der Kriegsheimkehrer Andreas Kragler und seine einstige Verlobte Anna, die von einem anderen Mann schwanger ist, nach vier Jahren wieder und ein Kumpan schreit: „Andree, sollst du heiraten?"[223] Kragler schwankt zunächst zwischen Interesse und Ablehnung, entscheidet sich dann aber doch für Anna. Gegenüber seinen revoltierenden Freunden propagiert er:

> KRAGLER (ruhig): Meint ihr nicht, daß mehr dazu gehört, jetzt heimgehen und der Hyäne ins Gesicht sagen: Ich will jetzt nimmer und den Haifischen, die unter dem roten Mond herumschwimmen und nach Leichen äugen: Ich muß noch'n Kind machen! als hinter euch her traben und brüllen, was ich nimmer meine.[224]

---

219 Jeong-Jun Lee: Tradition und Konfrontation, S. 105.
220 Ebd.
221 Bertolt Brecht: Trommeln in der Nacht. (Augsburger Fassung) In: Brechts Trommeln in der Nacht. Hg. von Wolfgang M. Schwiedrzik. Frankfurt am Main 1990, S. 9-74.
222 Ebd., S. 58.
223 Ebd., S. 61.
224 Ebd., S. 68.

Damit beschließt Kragler, nicht mit den Revolutionären in das Zeitungsviertel zu gehen, sondern mit Anna, der „Hur!"[225] ins Bett: „Jetzt kommt das Bett, das große, weiße, breite Bett, komm!"[226]

Die letzte Szene von *Pioniere in Ingolstadt* verweist auf die dargestellte Schlussszene und führt die Ortsangabe „Fertige Brücke" (PI 52) an. Fabian droht, die von den Pionieren gebaute Brücke in die Luft zu sprengen, wird aber durch die Begegnung mit der Prostituierten Alma davon abgehalten. Das Dienstmädchen Berta und der Pionier Korl wie auch anschließend Alma und Fabian besiegeln ihre Heiratsversprechen mit einer Fotografie auf der Brücke (PI 54f. und 58). Das Stück endet mit einem Trompetensignal, das die Pioniere in die Kaserne ruft:

> BLASSE FRESSE: *hebt die Hände an den Mund und imitiert wie mit einem Sprachrohr das Signal in Worten*: Zu Bett zu Bett wer eine hat, wer keine hat, muss auch zu Bett, zu Bett – zu Bett – zu Bett. (PI 58)

Die Anlage der Schlussszenen ist damit eng parallel geführt, die Aussage vor dem Hintergrund der Stückhandlungen jedoch divergent. Brechts *Trommeln in der Nacht* ist ein Stück des „radikalen Skeptizismus und Subjektivismus",[227] und Andreas Kragler erscheint durchaus positiv in seiner Abkehr von jeglichem Idealismus. Gegen Ende des Stücks ruft er seinen Revolutionsgenossen zu: „Mein Fleisch soll im Rinnstein verwesen, daß die Idee siegt! Seid ihr besoffen?"[228] Damit geht er den umgekehrten Weg seines Namensvetters, des heiligen Andreas, der sich für seinen Glauben kreuzigen ließ.[229] Später verwarf Brecht dieses Ende und schrieb in den 1950er Jahren in *Bei Durchsicht meiner ersten Stücke*: „Die Auflehnung gegen eine zu verwerfende literarische Konvention führte hier beinahe zur Verwerfung einer großen sozialen Auflehnung."[230] Die Augsburger Fassung von *Trommeln in der Nacht*, auf die sich *Pioniere in Ingolstadt* bezieht, ist jedoch genau das, die Suspendierung der „sozialen Auflehnung" zugunsten der privaten Sinnesfreude. Wolfgang Matthias Schwiedrzik weist zu Recht darauf hin, dass diese Dimension des Stückes durch

---

225 Bertolt Brecht: Trommeln in der Nacht, S. 62.
226 Ebd., S. 73.
227 Wolfgang Matthias Schwiedrzik: „Grünes Haus" oder „Piccadilly-Bar"? Zu den wieder aufgefundenen frühen Fassungen von Bertolt Brechts „Trommeln in der Nacht". In: Der junge Brecht. Aspekte seines Denkens und Schaffens. Hg. von Helmut Gier und Jürgen Hillesheim. Würzburg 1996, S. 126-143, hier S. 127.
228 Bertolt Brecht: Trommeln in der Nacht, S. 72.
229 Vgl. Konrad Feilchenfeld: Bertolt Brecht: Trommeln in der Nacht. Materialien, Abbildungen, Kommentar. München und Wien 1976, S. 48.
230 Bertolt Brecht: Bei Durchsicht meiner ersten Stücke. In: Ders.: Werke. Große kommentierte Berliner und Frankfurter Ausgabe. Hg. von Werner Hecht, Jan Knopf, Werner Mittenzwei und Klaus-Detlef Müller. Bd. 23: Schriften III. Bearbeitet von Barbara Wallenburg unter Mitarbeit von Marianne Conrad, Sigmar Gerund, Werner Hecht und Benno Slupianek. Frankfurt am Main 1993, S. 239-245, hier S. 239.

die distanzierenden späteren Äußerungen Brechts, durch spätere Fassungen des Stücks sowie nicht unerheblich durch die marxistische Literaturinterpretation überdeckt wurde.[231]

Am Ende von *Trommeln in der Nacht* in der hier interessierenden Augsburger Fassung entscheidet sich Kragler für Anna und gegen die Revolution. Kraglers auf sich bezogene Äußerung „ich bin ein Schwein und das Schwein geht heim, hahaha"[232] ist nicht nur im Sinne seines von den Mitkämpfern als feige eingestuften Rückzugs von der Revolution zu verstehen, sondern ebenfalls als dezidierte Hinwendung zum Tierischen, Triebhaften, das im ‚großen, weißen, breiten Bett' emphatisch gefeiert werden soll. Die romantische Liebe als Grundlage bürgerlicher Eheverbindungen tritt einzig noch in der Parodie auf: „Ich bete an die Macht der Liebe", spielt eine Schallplatte ab, die erst stoppt, als Kragler erscheint und poltert: „Blödsinniges Lied! (stellt das Grammophon ab)."[233] Die Liedzeile stammt aus der ersten Strophe eines Kirchenliedes von Gerhard Tersteegen, das die Liebe zu Jesus thematisiert.[234] Das durch das Lied aufgerufene Ideal der selbstlosen Liebe als Abbild der religiösen Liebe wird hier durch Kragler wortwörtlich zum Verstummen gebracht und der rote Vollmond, der über der Kulisse strahlt und an romantische Szenerien erinnert, wird am Ende des Stücks als einfacher, papierner „Lampion" entlarvt und fällt „in den Fluß".[235] Kragler äußert unmittelbar die Absicht dieser Demontagen, wenn er ruft: „Glotzt nicht so romantisch!"[236]

Kragler, heftiger Kritiker gesellschaftlicher Konvention, ist jedoch selbst dem Bürgertum angehörig, wie sein Name und die mit diesem korrespondierenden weißen Hemden mit den charakteristischen geschlossenen Krägen als Standessymbol offensichtlich zeigen. Am Ende des Stücks zieht sich Kragler ein weißes Hemd an, bevor er mit Anna ins Bett geht, und bestätigt damit erneut seine Zugehörigkeit. Sein weißes Hemd steht dabei in direktem Bezug zum „großen, weichen, weißen Bett", das nun nicht mehr für das bürgerliche, reinlich-weiße Ehebett steht, sondern zum Ort der individuellen und frei gewählten Liebe und Erotik wird.

Das Bett-Motiv in Brechts *Trommeln in der Nacht* stammt aus Lion Feuchtwangers 1922 uraufgeführtem Stück *Friede. Ein burleskes Spiel. Nach den „Acharnern" und der "Eirene" des Aristophanes*.[237] In Feuchtwangers Stück treten zwei Gegenspieler auf, der Feldhauptmann Lamachos und der atti-

231 Wolfgang Matthias Schwiedrzik: „Grünes Haus" oder „Piccadilly-Bar"?, S. 127.
232 Bertolt Brecht: Trommeln in der Nacht, S. 73.
233 Ebd., S. 22.
234 Ich bete an die Macht der Liebe. Text: Gerhard Tersteegen. In: Wandert und singet. Hamburg 1920, S. 34.
235 Bertolt Brecht: Trommeln in der Nacht, S. 73.
236 Ebd.
237 Vgl. Jeong-Jun Lee: Tradition und Konfrontation, S. 100f.

sche Bauer Dikaiopolis. In einem sich gegenseitig parodierenden Dialog werden ihre unterschiedlichen Positionen unmittelbar deutlich:

> LAMACHOS: Mit brummt der Schädel vor Qual und Leid.
> DIKAIOPOLIS: Ich taumle vor Rausch und Glückseligkeit.
> LAMACHOS: Ich stammle vor Pein.
> DIKAIOPOLIS: Ich lalle vor Wein.
> LAMACHOS: Mir schwimmts vorm Aug. Alles wankt und fällt.
> DIKAIOPOLIS: Mit ist, als tanze die ganze Welt.
> LAMACHOS: Wie tief, wie tief bin ich gesunken! Ihr Diener, fort! Ins Krankenbett!
> DIKAIOPOLIS: Wie tief, wie tief bin ich betrunken! Ihr Dirnen, kommt! Zu Bett! Zu Bett![238]

Das Bett am Ende von *Trommeln in der Nacht* zeigt sich, nicht zuletzt durch den intertextuellen Verweis auf Feuchtwangers *Friede*, als Ort des Eros und des privaten Rückzugs in doppeltem Sinne: Kragler kehrt sich nicht nur von seiner Rolle als Soldat und Staatsdiener ab, sondern ebenso von seiner Aktivität als Revolutionär. Er bekundet damit sein Desinteresse an jeder öffentlichen Positionierung und setzt ein Fanal der Verweigerung.

Jeong-Jun Lee, der als bislang Einziger in der Forschung auf die „Parodie der Bett-Metapher"[239] in der Urfassung von *Pioniere in Ingolstadt* verwiesen hat, interpretiert:

> Das Bett [...] wird hier im Stück „Pioniere in Ingolstadt" in der Bedeutung einer Pause im Strom des Lebens parodiert, in der die Soldaten zwischen dem verbrecherischen, unmoralischen Lusttreiben scheinbar Ruhe finden. Das Bett (in der Kaserne) wird als potentielles Lager allegorisiert, in dem sich die jederzeit wieder auftauchende Gewalt nur momentan versteckt.[240]

Geschaffen wird in *Pioniere in Ingolstadt* durch die Vertauschung des privaten Betts mit dem Kasernenbett eine Szenerie, in der das Zivile kaum noch existiert und sich von gesellschaftlichen Strukturen überrannt sieht, deren Sinnbild das Militär ist. Dieses zeichnet sich durch klare Hierarchien aus, in der die von oben Erniedrigten den Druck an den jeweils unter ihnen Stehenden weitergeben. Die in *Pioniere in Ingolstadt* dargestellte zivile Gesellschaft organisiert sich nach dem gleichen Muster: Der Vater unterdrückt den Sohn (der alte Benke und sein Sohn Fabian), der Sohn versucht ständig, andere Männer zu übertrumpfen oder Frauen zu unterwerfen, und die Dienstmädchen werden von den Vorgesetzten psychisch und physisch geschunden (Alma und Berta). Der private Rückzug, der am Ende von *Trommeln in der Nacht* inszeniert wird, kann in *Pioniere in*

---

238 Lion Feuchtwanger: Friede. Ein burleskes Spiel. Nach den „Acharnern" und der „Eirene" des Aristophanes. München 1918, S. 69.

239 Jeong-Jun Lee: Tradition und Konfrontation, S. 100.

240 Ebd., S. 103.

Ingolstadt nicht realisiert werden, da der qualitative Unterschied zwischen militärischen Strukturen und der Zivilgesellschaft hier kaum noch existiert.

Pioniere in Ingolstadt zeigt, wie die zwischenmenschlichen Beziehungen nicht nur in Abhängigkeit von Hierarchien gelebt, sondern geradezu zum Abbild derselben werden. Die Soldaten fühlen sich generell den Frauen überlegen, stellen sich jedoch auch über die zivilen Männer:

> KORL: Heute muss sich ein Mädel was gefallen lassen. Weil es heute bereits keinen Mann nicht gibt.
> BERTA: Das ist nicht wahr.
> KORL: Das wird wahr sein, seit dem Krieg. Die sind alle gefallen. Wir geben an, wie was gemacht werden muss. Lass eine Konkurrenz da sein, dann werden wir erst wieder anders.
> BERTA: Es muss doch eine Konkurrenz geben.
> KORL: In jeder Stadt ein paar. Aber wissen muss mans. Weisst einen?!
> BERTA: (senkt den Kopf) (PI 33)

Das Dienstmädchen Berta ist auf die große Liebe aus. Ihre Hoffnungen werden jedoch unmittelbar mit den realen Erfahrungen Almas kontrastiert, die sich seit ihrer Entlassung prostituiert:

> BERTA: Warum singen die nachher nicht, sein den Mädchen gut, ja gut.
> ALMA: Das ist von die Musketiere. Das ist nicht von die Pioniere.
> BERTA: Ich habe gemeint, das ist das gleiche.
> ALMA: Wärst gangen damit, dann tätest es wissen. (PI 1)

Für Berta liegt in der Liebe die einzige Hoffnung in einer Welt, in der sie sowohl als Arbeitskraft als auch als Frau ausgebeutet wird. Für ihren Arbeitgeber scheint sie in jeder Hinsicht verfügbar zu sein und wird an dessen Sohn weitergegeben: „Wie stellst Dich denn an, Bub? Das Dienstmädchen hat man im Haus, der kann man was mucken. Das ist doch nicht wie bei einer Fremden." (PI 3) Berta hat gegen diese Übergriffe kein anderes Argument als gerade diese Liebe, die sie verzweifelt zu finden hofft: "Wenn der Herr [ihr Arbeitgeber] mich zwingen will, merke ich bloss um so mehr, was meine Liebe ist." (PI 18) Die Realität sieht für Berta jedoch anders aus. Der von ihr geliebte Pionier Korl vertritt Ansichten, die ihren Vorstellungen von der Liebe diametral entgegenstehen: „Entweder es geht was zusammen oder es geht was nicht zusammen. Wenn ein Mädel nicht zieht, tu ich nicht lang um." (PI 7) Er warnt Berta, sich nicht in ihn zu verlieben, denn dann müsse sie leiden. Pathetisch antwortet Berta: „Ich will leiden." (PI 12) Bertas romantisches Liebesideal und Korls Gefühlskälte werden bei einem Stelldichein direkt ausgesprochen:

> KORL: Bist halt ein gefallenes Mädchen, solche muss es auch geben. Wie Du durchkommst und wie Dus machst, ist Deine Sache und einen andern geht es

bereits nichts an. [...] Warum bist eine Frau worden? Aus seiner Zeit kommt
man nicht heraus. Es ist die Generation.
BERTA: Das verstehe ich nicht.
KORL: Oder wäre es Dir lieber, wenn ich Dich anlügen würde?
BERTA: Lüge mich an, dann ist mir leichter.
KORL: Ich lüge Dich an auch. (PI 49)

Den beiden widerstreitenden Auffassungen zwischenmenschlicher Beziehungen
kommt *Pioniere in Ingolstadt* mit einer bemerkenswerten Lösung bei: Korl und
Berta lassen sich zur Verlobung von einem Fotografen ablichten und inszenieren damit ‚die Lüge', um die Berta gebeten hat. In der Regieanweisung heißt es:
„Photograph zeigt ihnen das grosse und sehr grässliche Bild, das sie mit grosser
Freude betrachten." (PI 55) Fabian und Alma feiern auf die gleiche Weise ihr
liebesfreies Eheversprechen: auch sie lassen sich fotografieren. Ihre Verbindung
ist kaum zukunftsträchtiger als die zwischen Korl und Berta. Fabian erscheint
als Versager, da er sich nicht, wie die anderen Männer, als „Scheich" aufführt.
Der Begriff des Scheichs bezeichnet den rücksichtslosen, männlichen Verführer, der sich durchzusetzen vermag – eine angeborene Qualität, wie Berta unmissverständlich klarstellt: „Ein Scheich kann man nicht werden. Ein Scheich
muss man sein." (PI 14) Um seine Unterlegenheit zu überwinden, beschließt
Fabian eine große Tat: Er möchte die von den Pionieren errichtete Brücke in die
Luft sprengen. Dieses Vorhaben erinnert an Kraglers kurzzeitige Begeisterung
für die Revolution in *Trommeln in der Nacht* als Versuch eines Befreiungs-
schlags. Doch beide Männer, Kragler und Fabian, geben ihren Widerstand zugunsten einer Frau auf: Kragler wegen der „Hur!"[241] Anna, Fabian wegen der
Prostituierten Alma. Das Ende erscheint bewusst parallel angelegt, um die
Gegensätze sichtbarer zu machen: Kragler und Anna wenden sich von bürgerlichen Werten ab, während die beiden Paare in *Pioniere in Ingolstadt* den Schein
wahren: Fabian will sich mit seiner „Braut" „verewigen" (PI 58), und Korl grölt
seinem Kameraden zu, seine Verlobung mit Berta werde „wahr sein, wenn ich
den Photographen mitgebracht habe" (PI 54). Nachdem das ganze Stück vor-
führt, wie Fabian und Berta mit ihren Vorstellungen scheitern, wird die Liebe
am Ende auf einem Foto inszeniert, und zwar mit gerade jenen Figuren, die tra-
ditionell in Opposition zur idealen Liebe stehen: mit dem Pionier und der Prostituierten.
　　Wie in *Trommeln in der Nacht* zeigt sich auch in *Pioniere in Ingolstadt*
die Verabschiedung des bürgerlichen Modells der Paarbeziehung. *Pioniere in
Ingolstadt* knüpft dies jedoch unmittelbar an den Verlust der Individualität.
Anders als die Stücke *Mann ist Mann* und *Trommeln in der Nacht*, die die Aufgabe des Individuellen begeistert feiern, stellt *Pioniere in Ingolstadt* diesen Prozess als schmerzhaftes Problem dar. Berta dient die Hoffnung auf Liebe zum
einen als Gegengewicht zur täglich erfahrenen Ausbeutung, zum anderen glaubt

---

241　Bertolt Brecht: Trommeln in der Nacht, S. 62.

sie, durch die Gegenliebe eines anderen aus der anonymen Masse herausgehoben zu werden, in der sie als Dienstmädchen unterzugehen droht. Das Foto am Ende des Stückes zeigt noch einmal Bertas Hoffnung, das individuell Eigene durch die Liebe eines Anderen bestätigt zu sehen und sichtbar zu machen. Auf dem „grösste[n] Format" (PI 54), auf dem Berta und Korl „sehr glotzen" (PI 54), wird Bertas Hoffnung für einen Moment wahr: Auf dem Fotopapier wird sie als durch die Liebe ausgezeichnetes Individuum erkennbar.

Pioniere in Ingolstadt ist im Ergebnis mit *Trommeln in der Nacht* zunächst vergleichbar: Die von bürgerlichen Wertmaßstäben geprägten Beziehungen haben ausgedient. Bei Fleißer folgt jedoch nicht wie in *Trommeln in der Nacht* ein Fest der Liebe im ‚weißen Bett', sondern die Darstellung der Unerbittlichkeit in den nun geltenden ‚Sitten und Gebräuchen' des Miteinanders, das an nichts mehr gebunden ist und nur noch in der Illusion einer Fotografie bestand hat. Wie die Szene um den Autoverkauf, so wurde auch das intertextuell auf *Trommeln in der Nacht* verweisende Schlussbild von Brecht für die 1929 unter seiner Regie laufende Aufführung von *Pioniere in Ingolstadt* gestrichen.

4 Veza Canetti: *Der Oger. Ein Stück*

Im Nachwort zur Erstveröffentlichung des Stückes *Der Oger* im Jahr 1990 schreibt Elias Canetti, Veza Canetti habe das Stück in einem Zug geschrieben und es für „das Beste, was sie geschrieben hatte",[242] gehalten. Seinen Erinnerungen zufolge bemühte sie sich umgehend um eine Aufführung des Stücks und wünschte sich Max Pallenberg als Verkörperung der Hauptfigur.[243] Max Pallenberg spielte ab 1911 am Deutschen Volkstheater Wien und später in Berlin, bis er 1933 vor der antisemitischen Propaganda zurück nach Wien floh. Im Juni 1934 starb er bei einem Flugzeugabsturz bei Karlsbad. Stimmen Elias Canettis Angaben bezüglich einer Besetzung mit Max Pallenberg, dann muss das Stück vor Mitte des Jahres 1934 entstanden sein.

Briefwechsel aus dem englischen Exil dokumentieren, dass Veza Canetti das Stück 1946 am Züricher Schauspielhaus[244] und 1958 in München[245] unterbringen wollte. Elias Canetti kommentiert die gescheiterten Bemühungen: „Daß sich noch zehn Jahre nach Kriegsende kein Theater fand, das den ‚Oger' spielte, verletzte sie sehr."[246] Nach der Erstveröffentlichung von *Der Oger* 1990 erfolgten bislang zwei Aufführungen: 1990, und damit fast fünfzig Jahre nach Veza Canettis erster Anfrage, am Züricher Schauspielhaus und 2000 am Deutschen Theater in Göttingen.

Der Oger ist in fünf Akte unterteilt. „Das Vorspiel", der erste und der zweite Akt, spielen in Bosnien, die folgenden drei Akte neun Jahre später, nach dem Zusammenbruch der Monarchie in Wien. Dargestellt wird in einer stringenten Abfolge das Leben der jungen Draga, die sich zunächst dem Vater und anschließend dem ungeliebten Ehemann unterwerfen muss. Zu Beginn möchte der Vater Draga gegen ihren Willen an den Sohn des befreundeten Geschäftsmanns Herrn Iger verheiraten. Mutter und Schwester opponieren, können jedoch nichts ausrichten. Einzig der Buchhalter des Vaters weigert sich, den Ehevertrag als Zeuge zu unterschreiben, und setzt damit ein Zeichen des Widerstands. Draga heiratet dennoch den ihr zugeführten jungen Herrn Iger, liebt aber einen jungen Apotheker, mit dem sie bereits ein Verhältnis eingegangen ist. Der Apotheker schickt zu ihrer Hochzeit einen Brief, der vom Vater entdeckt und von einem Studenten gezwungenermaßen öffentlich vorgelesen wird. Geistesgegenwärtig liest der Student den Brief so verändert vor, dass die eigentliche

---

242 Elias Canetti: Nachwort. In: Veza Canetti. Der Oger. Ein Stück. Frankfurt am Main 1993, S. 99-100, hier S. 99.
243 Ebd. S. 99-100.
244 Vgl. Veza Canetti. Lebenschronik. In: Veza Canetti: Die Schildkröten. München und Wien 1999, S. 281-288, hier S. 287.
245 Angelika Schedel: „Buch ist von mir keines erschienen..." Veza Canetti verliert ihr Werk und hilft einem Dichter zu überleben. In: Veza Canetti. Hg. von Ingrid Spörk und Alexandra Strohmaier. Graz und Wien 2005, S. 191-210, hier S. 199.
246 Elias Canetti: Nachwort, S. 100.

Aussage verborgen bleibt: Der Apotheker bittet Draga, mit ihm zu fliehen und droht, sich andernfalls das Leben zu nehmen. Draga reagiert nicht, bleibt, ordnet sich unter und lässt sich mit Ketten beschenken. Der zweite Akt, das Vorspiel in Bosnien, endet mit der Nachricht, dass der Apotheker ertrunken ist. Der dritte und vierte Akt zeigen das Ehemartyrium von Draga in Wien. Ihr Ehemann verhält sich nach außen hin großzügig, innerhalb der Familie jedoch als gewalttätiger Geizkragen, der sie und die zwei Kinder schikaniert und quält. Bei einem Fest tritt Herr Iger als charmanter und generöser Ehrenmann auf, der die Gäste mit einer Zaubervorstellung unterhält. Kinder des ortsansässigen Waisenhauses schenken ihm einen modellierten Tonkopf, der ihm gleichen soll, jedoch eher an einen Menschenfresser erinnert. Draga begegnet auf dem Fest dem Studenten aus dem Vorspiel, der mittlerweile Arzt und Psychiater geworden ist. Er berichtet Draga, dass der Apotheker den Selbstmordversuch überlebt hat und rät ihr, sich von Iger zu trennen – doch Draga sieht sich dazu außer Stande. Der Doktor bietet ihr seine Hilfe an und zertrümmert, um ihr seine Loyalität zu beweisen, den modellierten Tonkopf, der Herrn Iger porträtiert. Damit wird symbolisch der Machtverlust des verhassten Ehemannes eingeläutet.

Unvermittelt erhält Draga die Chance, finanzielle Unabhängigkeit zu erlangen. Die Testamentseröffnung nach dem Tod ihres Vaters spricht ihr sein Vermögen unter der Auflage zu, Herrn Iger keine Vollmacht über das Konto zu erteilen. Sie stimmt zu. Unter dem ständigen Druck ihres Ehemanns, der sie zur Übertragung der Erbschaft auf ihn zwingen möchte, wird Draga psychisch krank und lebt fortan in einem Sanatorium. Der Doktor kümmert sich mit der herbeigeeilten Schwester Milka um sie. Milka ist weltoffen, glücklich verheiratet und selbstbestimmt. Sie versteht nicht, warum sich ihre ältere Schwester nicht aus der unglücklichen Ehe lösen kann. Der Doktor jedoch kennt Dragas Problematik und wendet eine neue Methode der Therapie an: die Psychoanalyse. Der fünfte und letzte Akt zeigt Dragas Befreiung: Iger gibt dem Drängen des Psychiaters nach und unterschreibt das Scheidungsdokument. Seine Unterschrift „Iger" gleicht durch das runde, geschwungene „I" dem Wort „Oger", der Bezeichnung des Menschenfressers aus der Märchenwelt. Dem Arzt und Psychoanalytiker kommt demnach eine höchst positive Rolle zu. Wie wichtig Veza Canetti diese Figur war, belegen Briefe, in denen sie den Doktor als Nachahmung ihres geliebten Schwagers, der ebenfalls Arzt war, ausweist. An den Schwager Georges schreibt Veza Canetti:

> Ich habe zwei Theaterstücke geschrieben. Das eine, ein Lustspiel, wird uns Geld einbringen, das Zweite ein Drama mir Ruhm. *Sie* spielen darin eine grosse Rolle, Sie haben keinen Namen, Sie heissen einfach „der junge Doktor".[247]

247 Veza und Elias Canetti: Briefe an Georges. Brief Veza Canettis vom 20. Dezember 1934, S. 27-31, hier S. 28.

> Du bist die Hauptfigur in einem Stück, das in alle Länder reisen und auf allen
> Bühnen wird aufgeführt werden, und Du bist der, in dem Stück, der alle Wo-
> gen glättet, die andere Hauptfigur treibt alle zur Raserei.[248]

Leider reiste das Stück nicht um die Welt und der Erfolg blieb mäßig, auch wenn im Klappentext von *Der Oger* im Fischer Taschenbuch Verlag zu lesen ist, die Uraufführung des Stücks sei „von Publikum und Presse begeistert aufgenommen"[249] worden. Die Sichtung der Kritiken ergibt ein anderes Bild. Die Bewertungen schwanken zwischen der Würdigung des bemerkenswerten Dokuments der schreibenden Frau von Elias Canetti und der Kritik am Text, der in seiner schematischen Beschreibung einer unterdrückten Frau als „schwer erträgliche Schwarzweiß-Zeichnung"[250] empfunden wurde. Gerhard Mack kritisiert:

> Das Ehedrama wird durchexerziert wie eine soziologische These, Iger ist ein Geizhals und Ekel der einfältigsten Art. [...] Veza Canetti zeichnet ihn als Karikatur, eindimensional, ohne die Tragik innerer Verstrickung und ohne tiefere Bedrohlichkeit. Für ein Monster ist er zu kraftlos, als Sadist fehlt ihm die Phantasie – vom menschenfressenden Oger keine Spur.[251]

Ähnliche Kritik übt Gerhard Moser:

> [D]as Stück selbst ist – aus heutiger Sicht – in seiner Bruchlosigkeit, in seinem Automatismus mehr Programm als Kunstwerk, mehr Rühr- als Lehrstück.[252]

Cornelie Ueding hingegen sieht genau darin die Stärke des Stücks, werde hier doch „das bürgerlich wohlanständige Horrorszenarium aller harmonisierenden Einkleidungen" entbunden und dessen „Mechanik" offen gelegt.[253] Tatsächlich schwankt das Stück zwischen den Extremen: Es übt detaillierte Kritik an der Gesellschaft und der Rolle der Frau, die Bilder und Lösungsmuster erscheinen jedoch auf den ersten Blick simplifizierend – und dies vor allem im Vergleich mit dem Kapitel *Der Oger* aus dem Roman *Die Gelbe Straße*.

---

248 Veza und Elias Canetti: Briefe an Georges. Brief Veza Canettis vom August 1946, S. 220-222, hier S. 221.

249 Klappentext zu Veza Canetti: Der Oger. Ein Stück. Frankfurt am Main 1993.

250 Rolf Hochhuth: Nur ein bißchen tot, S. 20.

251 Gerhard Mack: Phantasieloses Unglück. Werner Düggelin bringt in Zürich Veza Canettis „Der Oger" zur Uraufführung. In: die tageszeitung Nr. 3723, vom 5.6.1992, S. 15.

252 Gerhard Moser: Milieustudien. In: Der Standard vom 19.4.1991. In: Veza Canetti, S. 161-162, hier S. 162.

253 Cornelie Ueding: Abgefeimte Krämerseele. Uraufführung nach 60 Jahren: „Der Oger" von Veza Canetti. In: Rheinischer Merkur, Nr. 23 vom 5.6.1992, S. 22.

4.1 Vom Romankapitel *Der Oger* zum gleichnamigen Theaterstück

Der Roman *Die Gelbe Straße* spielt in einer von Angestellten und Handwerkern bewohnten Straße in Wien, deren Name ‚Gelbe Straße' auf die Gerber verweist, deren Läden mit gelben Lederwaren das Straßenbild bestimmen. Obwohl in der Großstadt Wien angesiedelt, lässt sich der Text nicht dem Genre des Stadtromans zurechnen. Anders als in Alfred Döblins *Berlin Alexanderplatz*, Erich Kästners *Fabian* oder John Dos Passos *Manhattan Transfer* geht es nicht um die Auslieferung des Menschen an die Großstadt und die Reaktionen auf Impulse der Stadt. Äußere Merkmale der Stadtbeschreibung fehlen gänzlich in *Die Gelbe Straße*, und die für den Großstadtroman typischen Schilderungen städtischer Hektik, der Menschenmassen, des Straßenverkehrs und des Lärms fehlen. Stattdessen rücken die Bewohner einer Straße in den Mittelpunkt, einer entlegenen Straße, „die anders strukturiert zu sein" scheint „als die weithin bekannten, in der Großstadtliteratur entworfenen Bilder von urbanem Leben".[254] Im Roman selbst heißt es:

> Es ist eine merkwürdige Straße, die Gelbe Straße. Es wohnen da Krüppel, Mondsüchtige, Verrückte, Verzweifelte und Satte. Dem gewöhnlichen Spaziergänger fallen sie nicht auf.[255]

Die Stadt erscheint zweigeteilt in die sichtbare äußere Erscheinung, die im Roman kaum beschrieben wird, und in die „Unsichtbaren, aber erfahrbaren ‚Funktionen'"[256] der Städte, die ihren Niederschlag in den Handlungen und im Verhalten der Einwohner finden. Die Stadt wird damit sichtbar im Umgang der Satten mit den Hungrigen, der Mächtigen mit den Machtlosen.

Der Roman besteht aus fünf betitelten Kapiteln, die auch für sich allein stehen könnten. Tatsächlich veröffentlichte Veza Canetti die Kapitel zuvor als Kurzgeschichten in der Wiener Arbeiter-Zeitung und fügte sie dann zum Roman zusammen. Sie tragen die Überschriften: *Der Unhold, Der Oger, Der Kanal, Der Tiger, Der Zwinger.* Kapitel eins, zwei und vier sind nach grausamen Männerfiguren des Romans benannt. Die Überschrift des dritten Kapitels, *Der Kanal,* verweist auf jenes Gewässer, in das sich arbeitslose Frauen in der Hoffnung stürzen, gerettet zu werden, um dann als Suizidgefährdete der Sozialfürsorge anheim zu fallen. Diese Überschrift bezeichnet demnach einen Ort, im Gegensatz zur Personenbezogenheit der anderen. Der Titel *Der Zwinger* nimmt eine Sonderstellung ein. Er kann sowohl als personengebunden verstanden wer-

---

254 Andreas Erb: Die Zurichtung des Körpers in der Großstadt Wien. Veza Canettis Roman *Die Gelbe Straße*. In: Der Deutschunterricht 5. Stuttgart 1995, S. 55-64, hier S. 56.

255 Veza Canetti: Die Gelbe Straße. München und Wien 1990, S. 71.

256 Andreas Erb: Die Zurichtung des Körpers in der Großstadt Wien, S. 56.

den – als Bezeichnung für jemanden, der einen anderen zu etwas „zwingt" –
aber auch als Ortsbezeichnung „Zwinger" im Sinne von Gefängnis oder Käfig.

Ingrid Spörk weist in ihrer Interpretation von *Die Gelbe Straße* darauf
hin, dass der Roman thematisch und dem Titel nach in enger Verbindung mit
dem expressionistischen Theaterstück *Die Rote Straße* aus dem Jahr 1918 von
Theodor Csokor steht.[257] Das Stück ist wie der Roman in einzelne Episoden
unterteilt, die kurze Überschriften tragen: *Die Lästergasse, Die Gasse, Das Tor.*
Auffällig ist die Übereinstimmung zwischen Canettis Romankapitel *Der Kanal*
und dem neunten Bild des Theaterstücks, *Der Fluss.* In beiden Texten stürzt
sich eine junge Frau mit Selbstmordabsicht ins Wasser und wird von einem
Polizisten gerettet. Der zweite eindeutige intertextuelle Verweis ist in der Figur
des „gelben Mannes" zu sehen, der als Repräsentant von Geld und Macht immer den eigenen Vorteil durchzusetzen vermag. Der schwerreiche Hausbesitzer
Herr Vkl aus *Die Gelbe Straße*, dem am Ende alles gelb vorkommt, scheint im
Rückgriff auf diese Figur entworfen zu sein. Spörk vermutet in diesem Zusammenhang sogar einen ironischen Seitenhieb auf den Dichter Csokor, der sich
selbst gern als Wolf bezeichnete, und der Tatsache, dass Vkl das tschechische
Wort für ‚Wolf' ist.[258] Plausibel wird dies auch durch die Texte selbst, denn *Die
Gelbe Straße* wendet sich vom Pathos von *Die Rote Straße* ab und beschreibt
die Machtstrukturen aus nüchterner Distanz.

Eva Meidl konnte darüber hinaus zeigen, dass die Wahnvorstellungen in
Verbindung mit der Farbe Gelb ihre Entsprechung in Elias Canettis Roman *Die
Blendung* finden.[259] Dort erscheint dem rasenden Peter Kien alles in Blau, der
Farbe, die er mit der gehassten Frau identifiziert:

> Wahrheiten, bis es dir blau vor den Augen wird, nicht schwarz, blau, blau,
> blau, denn blau ist die Farbe der Treue![260]

Auch über das Interesse an „Milieuschilderungen und sozialpsychologischen
Fallstudien", dem Thema des Außenseitertums und der Verknüpfung von Ausbeutung, Macht und Geiz lassen sich Verbindungen zwischen den Romanen
sehen,[261] die jedoch nicht als intertextuelle Auseinandersetzung, sondern als
eindeutige Themenaffinität zu verstehen sind.

Bei der Beschreibung der einzelnen Figuren im Roman *Die Gelbe Straße*
ist nicht die Entwicklung der Beziehungen innerhalb eines Zeitabschnitts von
Bedeutung, sondern die Momentaufnahme. Diese bewirkt eine mosaikartige
Zusammensetzung des Textes, der in schneller Folge wechselnde Figuren in der

---

257 Ingrid Spörk: „Ich sammelte Ketten, Ich bekam Ketten. Sie sind mir geblieben…" Zu
   Liebe und Ehe im Werk Veza Canettis. In: Veza Canetti, S. 91-120, hier S. 113-114.
258 Ebd., S. 114.
259 Eva Meidl: *Die gelbe* [sic!] *Straße*, Parallelstraße zur „Ehrlichstraße"?, S. 47.
260 Elias Canetti: Die Blendung. Frankfurt am Main 1998, S. 479.
261 Eva Meidl: *Die gelbe* [sic!] *Straße*, Parallelstraße zur „Ehrlichstraße"?, S. 31-48.

Gelben Straße präsentiert. Hauptfiguren treten dabei in den Hintergrund, zunächst als Nebenfiguren definierte Gestalten werden plötzlich wie mit einer Kamera herangeholt und zu Hauptfiguren. Die Dialoge tragen häufig keine Zuweisung des Gesprochenen zu einer bestimmten Figur und sind, wie Helmut Göbel feststellt, in enger Verwandtschaft zur Dramatik zu sehen.[262] Aufgrund dieser stilistischen Merkmale erscheinen die einzelnen Figuren als Typen, die wenig Innenansicht bieten, kaum Identifikation zulassen[263] und Dienstmädchen, Kapitalbesitzer, unterdrückte Ehefrauen oder bürgerliche Lebemänner exemplarisch darstellen.

Die Erzählinstanz bleibt im Roman anonym und hält sich mit Wertungen zurück. Sie verschwindet nahezu ganz hinter dem Beschriebenen, da große Teile des Romans in Form von direkter und indirekter Rede sowie im inneren Monolog verfasst sind. In wenigen äußerst kurzen, pointierten Zwischenkommentaren äußert sich die Erzählinstanz unvermittelt direkt, kommentiert, schätzt ein oder gibt Ausblicke. Diese überraschenden Einschübe unterbrechen die Handlung abrupt und fordern zur Reflexion über die im Text dargestellten Schicksale auf:

> Der Verräter an den Mägden ist ihr Blick. Die Wahrheit darin ist verschüttet, das Ziel ist ausgepeitscht. Sie wissen nicht, daß nicht *sie* sich erniedrigen. Und nur zuweilen ahnen sie es.[264]

Dieser Erzählkommentar bewirkt, dass die geschilderte Szenerie wie das „Miniatur-Universum eines Viertels im Wien der dreißiger Jahre"[265] erscheint. Nicht mehr von einzelnen Frauen und Mädchen wird in diesem Zwischenkommentar gesprochen, sondern von der weit umfangreicheren und repräsentativeren Großgruppe der Mägde, d.h. der Frauen in untergeordneten Positionen, mit denen es insgesamt so zugeht, wie im Roman anhand einzelner Frauenfiguren beschrieben. Die unwürdigen Lebensbedingungen der Frauenfiguren sind nahezu durchgehend auf die Gewaltausübung von Männern zurückzuführen. Einseitiger Schuldzuweisung wird zwar entgegen gewirkt, indem auch die Ausbeutung durch Frauen dargestellt wird – zu nennen sind hier die Arbeitgeberin Runkel, die Arbeitsvermittlerin Hatvany und die Sängerin Pasta – zugespitzt wird der Konflikt aber zu einer Verbindung zwischen sozialer Krisensituation und Patriarchat. Überdeutlich wird dies bereits an den Namen der Männerfiguren, die unmittelbar auf Ungeheuer oder Raubtiere verweisen: Der Kaffeehausbesitzer, der seine Angestellten sexuell belästigt, heißt „Herr Tiger" und der kaltherzige Kapitalist nennt sich „Herr Vkl", tschechisch für Wolf. Der gewalt-

---

262 Vgl. Helmut Göbel: Nachwort, S. 174.
263 Vgl. Eva Meidl: *Die gelbe* [sic!] *Straße*. Parallelstraße zur „Ehrlichstraße"?, S. 48.
264 Veza Canetti: Die Gelbe Straße, S. 97.
265 Walter Klier: Einmal Orkus und retour. Über Hans Lebert, Albert Dracht, Veza Canetti, Alfred Bittner. In: Merkur 47, 1993, H. 2, S. 154-160, hier S. 158.

tätige Familienvater „Herr Iger" verweist phonetisch wie auch durch die auf ihn bezogene Kapitelüberschrift *Der Oger* auf das französische Ogre, Menschenfresser, und der Kinderschänder trägt keine weitere Bezeichnung als „alter Kater im Frack".[266]

Im Roman selbst wird das von Arbeitslosigkeit, Neid und Unmenschlichkeit bestimmte Leben als „[e]in Märchen. Ein böses Märchen"[267] apostrophiert. Deutlich wird jedoch, dass es sich nur um Menschen handelt, die die Masken von Tigern, Wölfen, Ogern und Katern tragen. Das Wunderbare tritt damit hinter das Menschliche zurück, das nur in seiner Grauenhaftigkeit auf das Märchen zurückverweist, ohne selbst diesem Bereich anzugehören. In dieser Konstruktion liegt womöglich die Hoffnung begründet, dass die Menschen im übertragenen Sinne ihre Masken abgelegen können, mit anderen Worten, dass sie sich und damit die Gesellschaft verändern könnten. In diese Richtung weist auch die Episode um das Mädchen Hedi. Sie ist eine Spezialistin in Sachen Märchen. Ihr Hund heißt Grimm, und sie sammelt Geld für ein Waisenhaus, in dem Kinder „Märchenbilder" aufführen: „Aus jedem Märchen wählte man die schönste Szene, zum Beispiel wie das Aschenbrödel mit den Prinzen tanzt."[268] Darüber hinaus trägt Hedi ein gelbes Buch bei sich, womöglich eine Märchensammlung, die sie Herrn Vkl zu lesen gibt. Diesem erscheint daraufhin alles gelb zu sein – der Hundekot, die Lederwaren, die Gelbe Straße. Vkl selbst wird unter dem kritischen Blick der kleinen Hedi gelb im Gesicht, erkrankt an der Gelbsucht, trägt eine Brille mit gelben Gläsern, wird aufgrund eines falschen Verdachts verhaftet, verlangt gelbe Farbe, um die weißen Wände der Zelle zu streichen und färbt diese letztendlich mit seinem gelben Kot.[269] Immer schneller dreht sich alles um die Farbe Gelb, die Farbe des Geldes, die Farbe der Straße, die Farbe der vom goldgelben Geld regierten Welt. Das Mädchen Hedi ist dabei Mittelpunkt und Auslöser des sich abzeichnenden grotesken Finale: Herr Vkl wird wahnsinnig, Herr Iger flieht, die Arbeitsvermittlerin Hatvany wird als Kupplerin verhaftet und die Ladenbesitzerin Runkel stirbt. Eingeleitet wird dieses letzte Kapitel durch die Szene, die letztendlich den Ausschlag für den Niedergang der Mächtigen gibt: Hedi spielt gedankenverloren mit Geldscheinen und Goldmünzen und scheint glücklich, weil sie um den Wert des Geldes nicht weiß.[270] Sie ist damit die einzige, die sich dem grausamen Spiel der Ökonomie, wenn auch unbewusst, verweigert.

Das Kapitel *Der Oger*, das im gleichnamigen Theaterstück eine szenische Umsetzung erfährt, ist das zweite im Roman *Die Gelbe Straße*. Die Protagonis-

---

266 Veza Canetti: Die Gelbe Straße, S. 110.
267 Ebd., S. 32.
268 Ebd., S. 152.
269 Helmut Göbel weist auf die traditionelle Assoziation der Farbe Gelb mit Neid, Zorn, Krankheit und Tod, aber auch mit dem Licht der Sonne hin. Helmut Göbel: Nachwort, S. 174.
270 Veza Canetti: Die Gelbe Straße, S. 143 und S. 147.

tin ist das aus Bosnien stammenden Mädchen Maja, das gegen seinen Willen an den reichen Herrn Iger verheiratet wird, mit ihm in die Großstadt Wien zieht und dort seinen psychischen und physischen Grausamkeiten ausgesetzt bleibt, bis sie, psychisch krank, Zuflucht in einem Sanatorium findet. Am Ende des Romans erfährt man, dass Maja in die Ehe zurückgekehrt ist und weiter unter ihrem „Unglück"[271] leidet. Besonders deutlich zeigt sich im Kapitel *Der Oger* die zuvor für den gesamten Roman beschriebene Engführung ökonomischer und sexueller Machtausübung. Die dem Ehemann überschriebene Mitgift, die Erziehung Majas und ihre sexuelle Unerfahrenheit werden als die drei entscheidenden Voraussetzungen für den späteren Missbrauch durch den Ehemann dargestellt. Maja reiht sich damit in eine Tradition gequälter Ehefrauen ein, der auch ihre Mutter angehört. Diese war „immer eingesperrt", Maja wird „wenigstens ausgeführt".[272]

Der Vater, der ihre Hochzeit arrangierte und somit verantwortlich für die Situation der Tochter ist, rät ihr, sie solle „Geduld haben".[273] Doch Maja hat keine Geduld und versucht, alle Möglichkeiten auszuschöpfen, die der Staat einer misshandelten Frau bietet: Ein Polizeiarzt bestätigt ihr vom Ehemann zugefügte „tellergroße Beulen"[274] und empfiehlt in einem Schreiben, ihr das Sorgerecht für die Kinder zuzusprechen. Herr Iger erweist sich jedoch als Kenner der gesellschaftlichen Spielregeln. Er vergewaltigt seine Frau, und da das Gesetz vorsieht, dass eine Scheidung nur dann vorgenommen werden kann, wenn es „nach dem Streit" zu keinen „Intimitäten"[275] gekommen ist, gibt es für Maja keinen juristischen Beistand. Später versucht Maja erneut, bei einem Rechtsanwalt die Scheidung zu erwirken. Wieder muss sie erfahren, „daß der Verstand denen fehlt, die ein Amt haben".[276]

Eine überraschende Wendung nimmt die Handlung, als Maja das Vermögen ihres Vaters erbt. Doch Herr Iger zeigt sich erneut gewitzter als sie. Er quält die Kinder so lange, bis Maja einen Wachmann holen lässt. Dieser wird von Herrn Iger vom Wahnsinn Majas überzeugt und bringt sie in ein Sanatorium, doch Maja kann sich an das Passwort für ihr Konto nicht erinnern, so dass ihr Mann leerausgeht.[277] Es wird eine bittere Bilanz gezogen. Selbst wenn die finanzielle Abhängigkeit nicht mehr vorhanden ist, erweist sich die Ehe – gestützt von Polizisten, Rechtsanwälten und gesellschaftlichen Konventionen – als „Zwinger", aus dem es für die Frau kein Entrinnen gibt. Diesen äußeren Reglementierungen entsprechen innere, die Maja durch Erziehung und Religion internalisiert hat und die sich in massiven Schuldgefühlen äußern:

---

271 Veza Canetti: Die Gelbe Straße, S. 157.
272 Ebd., S. 62.
273 Ebd.
274 Ebd.
275 Ebd., S. 64.
276 Ebd., S. 75.
277 Ebd., S. 82.

„Ein Tiger geht jeden Morgen durch den Park. Er hat Hunger. Die Pflegerin machte der Kellnerin ein Zeichen und sieht mich dabei an. Sie lesen meine Gedanken. Sie kennen meine Träume. Ich bin verloren. Heute sagte der Portier: „Gotteslästerin!" und sah mich an. Ja, ich hab Gott gelästert. Ich hab meine Kinder verflucht! Zu Weihnachten werden sie sterben." [...] „Einmal schlug mich die Kleine. Wenn sie wird wie der Vater, soll sie nicht leben. Das hab ich gedacht. Jetzt kommt die Strafe. Der Kleine ist so gut! Beide sind gut! Wenn er nur nicht wird wie der Vater, hab ich gedacht. Drei Bäckereien blieben mit übrig. Ich nahm sie auf mein Zimmer. Ich zeigte auf die eine und sagte, das ist (für) mein Söhnchen. Ich zeigte auf die andere und sagte, das ist meine Tochter. Und plötzlich faßte ich die eine, die mein Söhnchen war, und sagte, das ist Jesus und steckte sie in den Mund und zerkaute sie rasch. Und dann nahm ich die andere, die meine Tochter war und sagte, das ist Maria und steckte sie schnell in den Mund und zerkaute sie rasch. Darum müssen sie sterben. Ich bin eine Gotteslästererin [sic!]." [...] Ihr Leid rief einen Gott an.[278]

Bereits der erste Satz des Abschnitts enthält einen Hinweis auf die Ursache von Majas Ängsten. Der Tiger ist unschwer als die zerstörende Gewalt des Ehemanns auszumachen, der sie unablässig bedroht. Nach Freuds Traumdeutung symbolisieren wilde Tiere „böse Triebe" und „Leidenschaften".[279] Im Stück *Der Oger* wird diese Szene fast wörtlich übernommen (DO 89f.), der Schwerpunkt liegt jedoch jeweils auf unterschiedlichen „Leidenschaften". Im Roman sieht sich die Protagonistin von der Vision ihres gewalttätigen Ehemanns in Gestalt eines Tigers bedroht, der sie schlägt und vergewaltigt.[280] Im Stück verschiebt sich die Bedeutung dahingehend, dass die Protagonistin vor der Ehe einen Geliebten hatte, nach dem sie sich weiterhin sehnt. Der Tiger ist hier auch das Symbol für die unterdrückten Triebe der Frau, derer sie sich nicht bewusst werden darf und die sie verdrängt.

Im Kapitel und Stück *Der Oger* wird das Symbol des Tigers eng an die Religion geknüpft. Bezeichnend ist, dass Maja ihre Kinder verflucht, da sie fürchtet, sie könnten dem Vater ähneln, und es wiederum ein Mann ist, der Portier, der sie als Gotteslästerin beschimpft. „Ihr Leid rief einen Gott an" ist einer jener Erzählkommentare in *Die Gelbe Straße*, die unvermittelt von der sich sonst konsequent zurückhaltenden Erzählinstanz eingefügt werden. Er kann zum einen als Hinweis auf eine moralische Instanz gelesen werden, auf die es sich zu hoffen lohnt. Mit gleicher Berechtigung kann er jedoch als sarkastische Bemerkung über das Verlassensein der streng gläubigen Maja gelesen werden.

Die negative Auslegung der Religion wird durch eine Begegnung zwischen einem Geistlichen und einem Gewinner des Systems gestützt: Herr Vkl,

278 Veza Canetti: Die Gelbe Straße, S. 79-80.
279 Sigmund Freud: X. Vorlesung. Die Symbolik im Traum. In: Ders.: Vorlesungen zur Einführung in die Psychoanalyse. Mit einem biographischen Nachwort von Peter Gay. Frankfurt am Main 1991, S. 142-161, hier S. 150.
280 Vgl. Veza Canetti: Die Gelbe Straße, S. 48 und S. 62ff.

der reiche Wohnungseigentümer, bittet einen Geistlichen zu sich und stellt Fragen, die sich pedantisch auf ungenaue Formulierungen in der Bibel beziehen. Obwohl das Gespräch Herrn Vkl nicht zufrieden stellt, entlohnt er den Geistlichen reichlich.[281] Zum einen verdeutlicht Herrn Vkls Verhalten, dass auch auf dem Gebiet des Glaubens das Geld regiert und man sich die Aufmerksamkeit der Kirche erkaufen kann. Zum anderen wird gezeigt, dass sich der Geistliche als unfähig erweist, auf die zwar absurden, aber dennoch Hilfe suchenden Fragen von Herrn Vkl einzugehen. Religion erscheint so als bloße Hülse, die den rein formalen Fragen inhaltlich nichts zu entgegnen vermag. Des Weiteren wird besonders durch die Diskrepanz zwischen dem sich bekreuzigenden Privatmann Vkl und dem in der Öffentlichkeit rücksichtslos handelnden Kapitalisten Vkl auf die Wirkungslosigkeit institutionell propagierter Nächstenliebe verwiesen.

Ähnlich wie der Schluss des Romans in seiner Märchenhaftigkeit, so wirft auch der Umgang mit der Religion Fragen auf, die der Text nicht beantwortet. Es entstehen inhaltliche „Leerstellen",[282] die vom Rezipienten gefüllt werden müssen und die eine Utopie herausfordern, die dort beginnt, wo der Text Religion versagen und das Märchen siegen lässt. Dass diese Utopie bei den Lesern der Wiener Arbeiter-Zeitung – für die jene, den Roman bildenden Kurzgeschichten zunächst verfasst wurden – der Sozialismus gewesen sein wird, ist anzunehmen. Bemerkenswert ist nun, dass das Theaterstück *Der Oger* die im Roman ausgesparte Utopie mit Hilfe der Psychoanalyse auf den Weg bringt und eine dezidierte Lösung der gesellschaftlichen Problematik am Beispiel der unterdrückten Frau Iger zeigt. Maja Iger, die im Roman keine Geduld aufbringt, aktiv versucht, ihre Situation durch die staatlich bereitgestellten Mittel zu verändern und scheitert, wird im Theaterstück zur sanften Draga, die sich in die Passivität zurückzieht. Dragas Übermaß an Geduld bewirkt im Theaterstück, dass ihre Umwelt die Initiative ergreift und sie aus der Ehe befreit. Damit setzt sich das Stück im Ausgang der Handlung zunächst vom Roman ab, spielt eine andere Lösungsmöglichkeit durch und ist folgerichtig auch als autointertextuelle Reaktion auf den Roman *Die Gelbe Straße* zu lesen.

4.2 Der „Charakterkopf". *Der Oger* und Tiecks *Die sieben Weiber des Blaubart*

Der Oger stellt bereits in der ersten Szene ein machtvolles Patriarchat dar. Die Szenenanweisung lautet:

> STJEPO PAVLOVITSCH *sitzt in seinem besten Zimmer. Seiner Pfeife entströmt behaglicher Rauch, sein Bauch ist voll Behagens, seine runden Wan-*

---

281 Veza Canetti: Die Gelbe Straße, S. 22.
282 Vgl. Eva M. Meidl: Veza Canettis Sozialkritik in der revolutionären Nachkriegszeit, S. 38.

gen sind es und selbst sein Weib fühlt sich wohl, obgleich sie nur an der
Schmalseite des Tisches sitzt, indessen er sich breitmacht. (DO 7)

Die Besitzverhältnisse sind klar. Pavlovitsch sitzt in „seinem" besten Zimmer, was anzeigt, dass ihm alle Zimmer des Hauses gehören und er seiner Frau im umfassenden Sinne nur die „Schmalseite" zubilligt.

Es sind jedoch nicht nur die Frauenfiguren, die sich in die Hierarchie einpassen müssen. Auch der junge Iger wird in ein Verhaltenssystem gepresst, das ihm als abhängigem Sohn eines starken Vaters kaum Raum zur Selbstverwirklichung lässt. Die Väter Iger und Pavlovitsch arrangieren die ökonomisch attraktive Verbindung ihrer Kinder – eine Eheanbahnung, der sich Draga und der junge Iger beugen:

> DER ALTE IGER: Ich habe sechs Häuser, vier Grundstücke, Aktien für eine halbe Million und das Geschäft. Wenn mein Sohn einverstanden ist, die Frau zu nehmen, die ich ihm aussuche, bekommt er sofort vier Häuser und erbt die Grundstücke und das Geschäft. Wählt er selbst die Frau, bekommt meine Tochter alle Häuser und Grundstücke. Mein Sohn aber kann das Geschäft haben, damit es nicht heißt, ich stoß ihn auf die Straße. Das Geschäft geht gut, er wird nicht verhungern. Mein Sohn hat die Wahl. [...]
> DER JUNGE IGER: *schweigt.* (DO 12f.)

Der junge Iger bleibt bis auf eine kurze Frage in Sachen Finanzen (DO 16) während des Werbungsprozesses stumm. Erst auf seinem Hochzeitsfest beginnt er zu sprechen und sich als Geschäftsmann zu profilieren. Das Kapital seines Vaters, das ihm nun zugänglich ist, garantiert ihm Macht, die er weiter auszubauen versucht: Er gebärdet sich als Wohltäter, der die Gäste auf seinem Hochzeitsfest übermäßig beschenkt (DO 19f.) und großzügig spendet (DO 35f.). Das Stück lässt keinen Zweifel daran, dass dies nicht aus Nächstenliebe geschieht, sondern in der Hoffnung auf soziale Anerkennung, denn die Spenden werden, je nach Höhe, mit der entsprechenden Außenwirkung belohnt:

> AGENT: *Leiert* Wohltäter bis zu fünfzig Schilling im Jahr sind Spender, Wohltäter bis zu hundert Schilling im Jahr sind Stifter. Wohltäter ü b e r hundert Schilling im Jahr sind Gründer. (DO 35)

Die ehrenvolle Tat der Unterstützung des Blindenheims wird zum emotionslosen Geldtransfer und entlarvt bürgerliche Werte als sinnentleerte Farce. Auf einem Wohltätigkeitsfest spendet Herr Iger das Champagnerzelt (DO 46), kauft unzählige Lose für einen guten Zweck und lässt sich als „Goldonkel" (DO 48) feiern. Privat verhält er sich jedoch weiterhin als Geizhals und „nimmt verstohlen eine Zitronenscheibe aus der Tasche, wickelt sie aus dem Papier und wirft sie in seinen Tee" (DO 47).

Iger gewinnt bei der Lotterie des Festes einen Clown, einen Geier und ein Dukatenmännchen (DO 52f.). H. G. Adler, der in einem begeisterten Brief an

Veza Canetti das Stück lobt, bemerkt zu Recht: „Die Gewinne Igers: Clown, Geier, Dukatenmännchen – also Iger steht mit allen Attributen da! [...] Mit diesem Rüstzeug hat gutes Theater stets gearbeitet."[283] Komiteedamen sorgen dafür, dass Herr Iger mit einem seiner weiteren Lose den „Charakterkopf" gewinnt (DO 63f.), den Waisenkinder „nach einer Photographie" von ihm aus Ton modelliert haben (DO 64).

Dieser „Charakterkopf" erinnert, darauf weist Angelika Schedel in einer Fußnote hin, an den Bleikopf in der Erzählung *Die sieben Weiber des Blaubart* von Ludwig Tieck.[284] Die Verwandtschaft von Herrn Iger und der Märchengestalt Blaubart wird ebenso von Ritchie Robertson betont: „Wer sich in die Höhle des Ogers verirrt, wird von diesem Ungeheuer zerstückelt und verzehrt. Wird dem Oger obendrein ein sexuelles Interesse an seinen Opfern zugeschrieben, so klingt das Märchen von Blaubart an."[285] Herr Iger als Oger ist demnach allein schon der sexuellen Ausbeutung seiner Frau wegen motivisch der Figur Blaubart angenähert. Der konkrete Hinweis auf die Bearbeitung des Blaubartstoffes durch Tieck trägt jedoch inhaltlich mehr aus. Tiecks *Die sieben Weiber des Blaubart* von 1797[286] erzählt die Vorgeschichte der bekannten Märchenhandlung. Der Mord an den Ehefrauen nimmt nur den letzten und kleinsten Teil der Erzählung ein, da der Schwerpunkt auf der Jugend des Titelhelden liegt und berichtet, wie dieser versucht, überlieferte Ideale von Männlichkeit zu erfüllen. Dies führt zu einigen Schwierigkeiten, denn Blaubart, mit bürgerlichem Namen Peter Berner, ist in jeder Hinsicht unvermögend und wird von seinem väterlichen Freund, dem Zauberer Bernard, der das Elend nicht länger mit ansehen kann, gefragt, welches Glück er sich auf Erden wünsche. Blaubart wählt den Erfolg, unter dem er den Sieg in Fehden und Reichtum versteht. Da sich aber mit der Erfüllung des Wunsches „das übrige Glück zusammenzieht",[287] geht mit dem Erfolg das „Unglück mit Weibern"[288] einher.

Iger in *Der Oger* entscheidet sich für den Reichtum des Vaters als Startkapital für ein ökonomisch erfolgreiches Leben und bezahlt dies mit einer Zwangsehe. Er trifft die gleiche Entscheidung wie Blaubart: für das männliche Ideal des Erfolgs und gegen eine Erfüllung in der Liebe. Iger und Blaubart ist damit gemein, dass sie beide den Vorstellungen ihrer Väter entsprechen. Der alte Iger setzt seinen Sohn massiv unter Druck, um ihn in eine von ihm gewählte Lebensorganisation zu pressen und sieht den Sohn als Fortführung der eige-

283 H. G. Adler: Brief an Veza Canetti vom 5.6.1950. Zitiert nach: Veza Canetti. Hg. von Ingrid Spörk und Alexandra Strohmaier. Graz und Wien 2005, S. 211-215, hier S. 213.

284 Vgl. Angelika Schedel: Sozialismus und Psychoanalyse, Anmerkung 119, S. 41.

285 Vgl. Ritchie Robertson: Häusliche Gewalt in der Wiener Moderne. Zu Veza Canettis Erzählung „Der Oger". In: Text und Kritik 156: Veza Canetti, 2002, S. 48- 64, hier S. 50.

286 Ludwig Tieck: Die sieben Weiber des Blaubart. In: Ders.: Ludwig Tieck's Schriften. Bd. 9. Berlin 1828, S. 83-242.

287 Ebd., S. 113.

288 Ebd.

nen finanziellen Erfolgsgeschichte. Der Zauberer Bernard nimmt sich des jungen Blaubarts an, um ihn nach „seiner Art"[289] glücklich zu machen, denn, so äußert er Blaubart gegenüber: „Glaubt mir, ohne etwas Zauberei kann gar nichts aus Euch werden, ohne sie kommt Ihr gar nicht durch die Welt."[290]

Da Blaubart keinerlei Anlagen mit sich bringt, die ihn im Sinne geltender Maßstäbe zum Helden befähigen, greift der Zauberer Bernard zu einem Trick. Er lässt seinem Schützling durch eine Fee einen Bleikopf überreichen, der unendliche Weisheit in sich trägt.[291] Diese Wissensquelle ist jedoch allgemein zugänglich. Dies zeigt sich explizit in der Episode um die erste Ehefrau, die den Kopf findet, ihn leer fragt und von nun an Blaubart, wenn nicht überlegen, so doch mindestens ebenbürtig ist, ein Umstand, der sie, anders als ihre Nachfolgerinnen, überleben lässt. Als Strafe dafür, dass Peter Berner den Kopf nicht vor seiner Frau verbergen konnte und die Fee kleinlaut um das Auffüllen des durch den Wissensdurst der Frau entleerten Kopfes bitten muss, erhält er seinen blauen Bart, Symbol einer beschädigten Männlichkeit. Aus dieser unterlegenen Situation heraus beginnt Blaubart mit den Morden an seinen Frauen, und zwar immer dann, wenn eine das Zimmer mit dem Bleikopf betreten und sich damit Zutritt zu Wissen und Weisheit verschafft hat.

Durch diese Konstellation ist *Die sieben Weiber des Blaubart* als Märchen über die Angst des Mannes zu lesen, Frauen als ebenbürtigen Partnern zu begegnen. Monika Szczepaniak sieht im Blaubartstoff, der in der Literatur vielfache Umformungen erfahren hat,[292] Konflikt-Konstellationen des Geschlechterkampfes archetypisch abgebildet.[293] Die besondere Qualität des Blaubartstoffes liege darin, dass er den privaten Bereich in den Mittelpunkt stelle.[294] Blaubart verkörpert nicht Stärke, Heldentum und Fortschritt, sondern unterjocht seine Frauen ‚zuhause'. Diese patriarchalische Allmacht im privaten Raum der Ehe wiederholt sich sieben Mal und wird damit gewissermaßen zur Normalität. Für die Frauen bedeutet dies, dass sie entweder in der Unmündigkeit verharren oder dass sie die Stillung des vorhandenen Wissens- und Freiheitsdurstes mit dem Leben bezahlen müssen. *Die sieben Weiber des Blaubart* findet aus diesem Dilemma einen Ausweg, indem der Zauberer seinem Schützling Blaubart den Bleikopf entzieht, der ihm bislang Macht garantierte. Die siebte Frau des Blau-

---

289 Ludwig Tieck: Die sieben Weiber des Blaubart, S. 107.
290 Ebd., S. 112.
291 Ebd., S. 121.
292 Oswald Panagl: Blaubart. Eine unendliche Geschichte im Spannungsfeld von mystischen Archetypen und seelischen Projektionen. In: Studia Niemcoznawcze/Studien zur Deutschkunde. Hg. von Lech Kolago. Warszawa 2002, S. 57-69.
293 Monika Szczepaniak: Von Blaubärten und Blaustrümpfen. Zum Geschlechterkampf in Grimms Märchen des Blaubart-Typus. In: Studia Niemcoznawcze/Studien zur Deutschkunde. Hg. von Lech Kolago. Warszawa 2003, S. 353-383, hier S. 357.
294 Vgl. Monika Szczepaniak: Blaubarts Geheimnis. Zu literarischen Blaubart-Bildern aus der Sicht der Männlichkeitsforschung. In: Zeitschrift für Germanistik. Neue Folge XII-1, 2002, S. 345-351, hier. S. 345.

bart wird damit befreit – wenn auch nicht durch eigene Kraft, sondern durch fremde Hilfe.

Herr Iger in *Der Oger* wird nicht wie Blaubart von einem Zauberer unterstützt, sondern spielt selbst den Magier. Auf Feiern lässt er Geld verschwinden, fügt zerrissenes Papier zu einem glatten Bogen zusammen, drückt eine Armbanduhr unbeschädigt durch eine Tischplatte und zaubert unzählige Goldstücke aus einem leeren Hut hervor (DO 56-58). Nicht minder geschickt zeigt sich Herr Iger im ‚herbeizaubern' seiner eigenen Erscheinung als ehrbarer Bürger und großzügiger Geschäftsmann. Sein Erfolg wird nicht wie bei Blaubart durch den Bleikopf hervorgerufen, sondern durch den tönernen Charakterkopf abgebildet, den die Waisenkinder zu seinen Ehren geformt haben und der ihm von Komiteedamen überreicht wird. Die übersinnlichen Wesen aus *Die sieben Weiber des Blaubart* transformieren sich in *Der Oger* zum selbst ernannten Zauberer Herr Iger und zu gesellschaftlich einflussreichen Komiteedamen:[295] Nicht mehr märchenhafte Elemente stützen die Macht des Patriarchen, sondern die ihn umgebende Gesellschaft.

Im Roman *Die Gelbe Straße* war es das Mädchen Hedi, das die Entlarvung der Schreckgestalten provozierte. Oger, Tiger, Kater und Wolf wurden als Menschen sichtbar, deren Verhalten nicht zwangsläufig gebilligt werden muss. Das Stück *Der Oger* spielt erneut mit Menschen in Raubtiermasken, kehrt den Prozess der Enttarnung jedoch gewissermaßen um: Der vermeintlich vorbildliche Bürger Iger wird als Oger entlarvt und dies durch den Charakterkopf, den die Kinder geformt haben:

ERSTE TISCHDAME: Der Menschenfresser aus dem Märchen.
ZWEITE TISCHDAME: Er sieht so aus, nicht zum Verlieben.
ERSTE TISCHDAME: Recht ungemütlich sieht er aus.
DOKTOR: Man müßte ihn vergolden.
ZWEITE TANTE: Das ist eine ausgezeichnete Idee, ich streiche ihn dir mit Gold an, Bruder.
IGER: *zerstreut* Sehr schön, sehr schön.
ERSTE TANTE: Du stellst ihn ins Speisezimmer.
IGER: Wird sich gut machen.
DOKTOR: *zu Draga*. Gefällt Ihnen die Büste, gnädige Frau?
DRAGA: Eigentlich nicht.
DOKTOR: *hebt die Büste hoch, wie um sie zu bewundern. Läßt sie fallen. Sie zerbricht. Die Komiteedamen nähern sich gerade dem Tisch.*
ERSTE TISCHDAME: Oh, was für ein Unglück!
ZWEITE TISCHDAME: Der Menschenfresser ist zerbrochen!
ERSTE KOMITEEDAME: *empört* Das ist doch kein Menschenfresser! Das ist doch Herr Iger! Die Kinder haben sich so bemüht, ihn nach einer Photographie zu modellieren! (DO 63f.)

---

295 Vgl. Angelika Schedel: Sozialismus und Psychoanalyse, Anmerkung 119, S. 41.

Dass der Oger in der Büste sichtbar wird, ist aufschlussreich. Auf einer ersten Ebene mag die Enttarnung der fehlenden künstlerischen Begabung der Kinder zugeschrieben werden, die eine realistische Abbildung Igers nach einer Fotografie nicht leisten können. Auf einer zweiten Ebene wird jedoch deutlich, dass in der unbeholfenen Nachbildung das eigentliche Wesen Igers sichtbar wird, die jedoch fallen gelassen wird und in der Zersplitterung zeigt, „dass ihn die Spiegelbilder nicht mit ihm identisch werden lassen".[296]

Der Kommentar des Doktors auf diese Demaskierung – „man müßte ihn vergolden" – ist vieldeutig und in seiner Intention ambivalent. Zum einen kann er als sarkastischer Hinweis darauf gelesen werden, dass das inhumane aber finanziell profitable Verhalten von Iger in der Gesellschaft geschätzt wird und als vorbildlich gilt; es ist gewissermaßen ‚Gold wert'. Aus dem Munde des Psychoanalytikers erlangen die Worte jedoch noch eine andere Bedeutung. „Vergolden" könnte auch gemeint sein im Sinne einer Veredelung, einer positiven Veränderung des bisherigen Charakters von Iger. Unterstützt wird diese Lesart durch die Zertrümmerung des Tonkopfes. Das Abbild Herrn Igers wird gewaltsam zerstört und schafft Raum für eine mögliche Veränderung der patriarchalen Rolle, in die Iger, gesellschaftlichem und väterlichem Druck gehorchend, hineingewachsen ist. Die Tante nimmt hingegen die Aussage „Man müßte ihn vergolden" wörtlich und verschließt sich damit den Folgen, welche die Wahrnehmung Herrn Igers als Oger nach sich ziehen könnte. Dieses Verhalten zeigt, was das Stück *Der Oger* insgesamt kritisiert. Der gewalttätige Ehemann und hartherzige Vater wird gesellschaftlich nicht nur toleriert, sondern gestützt, da sein Reichtum sein Verhalten legitimiert. Iger ist im wahren Wortsinn oberflächlich „vergoldet", was seine Umwelt dazu veranlasst, das darunter liegende Gesicht eines Menschenfressers bewusst zu übersehen. *Der Oger* ruft im Bild der Zertrümmerung des Charakterkopfes ein klares Bild auf: „Das Gold ist jetzt Staub" (DO 65), und zwar in dem Moment, als andere Figuren Herrn Igers Tarnung erstmals durchschauen. Der Psychoanalytiker ist es, der handelt und für die geschundene Ehefrau Draga die Büste zerbricht. Er zeigt durch diese Handlung, dass zumindest er Igers Verhalten missbilligt.

Herr Iger als Gewalttäter und sein Machtverlust sind eine singuläre Erscheinung, erhalten jedoch durch ihre Rückbindung an Oger und Blaubart eine andere Dimension, transportieren Märchengestalten doch „eine Wahrheit, die jenseits der singulären Geschichte liegt".[297] Märchengestalten besitzen die Kraft, Strukturen an einzelnen Figuren sichtbar werden zu lassen. Durch Herrn

---

296 Franziska Schößler: Masse, Musik und Narzissmus. Zu den Dramen von Elias und Veza Canetti. In: Text+Kritik: Elias Canetti. Heft 28, Neufassung (2005), S. 76-91, hier S. 87.

297 Ruth Petzoldt: „Blaubart" – vom Motivkomplex zur Daseinsmetapher. In: Akten des X. Internationalen Germanistenkongresses in Wien 2000. „Zeitenwende – die Germanistik auf dem Weg vom 20. ins 21. Jahrhundert". Hg. von Peter Wiesinger unter Mitarbeit von Hans Derkits. Bern u.a. 2003, S. 307-315, hier S. 307.

Iger wird erkennbar, woran sich die im Stück dargestellte Gesellschaft gewöhnt zu haben scheint: an die ungehinderte Machtausübung im Namen eines Männlichkeitsideals, an das sich Männer zu Ungunsten der Frauen anzupassen haben.

Gesellschaftskritik unter Zuhilfenahme des Märchens vom Blaubart zu üben, dürfte Canetti auch durch die Vorlesungen von Karl Kraus bekannt gewesen sein, die sie regelmäßig besuchte.[298] Zwischen 1926 und 1936 hielt Karl Kraus nicht weniger als 124 abendfüllende Offenbach-Vorlesungen.[299] Im Rahmen dieser Veranstaltung trug er die Operette *Blaubart* mit Unterstützung eines Pianisten vor und fügte eigene „Zeitstrophen" bei, die einen Bezug zur Gegenwart der Zuhörer herstellten und Gesellschaftskritik übten:

> [A]uch aus dem Vorlese-Exemplar des *Blaubart* scheint hervorzugehen, daß Kraus an einem Abend mindestens sechs Zeitstrophen zum Höflingscouplet gesungen hat. [...] gerade der Kontrast zwischen der scheinbar unrealen Welt der Operette und dem unverhüllt Gegenwärtigen, das Hin und Her und das Einverständnis zwischen den Schurken aus der Gegenwart der Hörer und denen der Operette – „Operettenalba" nannte Karl Kraus einmal einen von ihnen –, gerade das kennzeichnet jenes widerspruchsvolle Einverständnis zwischen dem Zeitgemäßen und dem Zeitfernen und nimmt den Bösewichtern den Schrecken der Unüberwindbarkeit.[300]

Überwunden wird der Bösewicht sowohl in *Der Oger* wie auch in *Blaubart* durch das Eingreifen anderer, die Frauen selbst sind dazu nicht in der Lage. Canettis favorisiertes Lösungsmodell ist dabei klar ausgewiesen: Die Psychoanalyse. Dieses Ende des Stückes orientiert sich wiederum intertextuell an einem Prätext und spielt mit den dort vorgefundenen Motiven.

4.3 Dragas Rettung. *Der Oger* und Goethes *Lila*

Den Parallelen zwischen Herrn Iger und Oger bzw. Blaubart steht auf Seiten seiner Ehefrau Draga der transpositorische Bezug auf Johann Wolfgang von Goethes *Lila. Ein Festspiel mit Gesang und Tanz* in der italienischen Fassung von 1788 gegenüber.[301] Die Ausgabe des Stücks *Lila* von 1790 trägt als Titelvi-

---

298 Vgl. Elias Canetti: Die Fackel im Ohr. Lebensgeschichte 1921-1931. München und Wien 1980, S. 120ff.

299 Vgl. Georg Knepler: Karl Kraus liest Offenbach. Erinnerungen, Kommentare, Dokumentationen. Berlin 1984, S. 7.

300 Ebd., S. 92-93.

301 Johann Wolfgang Goethe: Lila. Ein Festspiel mit Gesang und Tanz (Dritte Fasssung). In: Ders.: Sämtliche Werke. Briefe, Tagebücher und Gespräche. Vierzig Bde. I. Abteilung, Bd. 5: Dramen 1776-1790. Unter Mitarbeit von Peter Huber hg. von Dieter Borchmeyer. Frankfurt am Main 1988, S. 835-869.
Angelika Schedel verweist in einer Fußnote ebenfalls auf die Verwandtschaft von *Der Oger* mit *Lila*. Vgl. Angelika Schedel: Sozialismus und Psychoanalyse, S. 41.

gnette das Bild der geflügelten Psyche, deren Füße an die Erde gefesselt sind.[302] Neben der inhaltlichen Übereinstimmung – Psyche und Lila leiden zunächst beide unter dem Verlust des Geliebten und werden am Ende mit ihm vereint – deutet der Bezug auf Psyche als „Sinnbild der menschlichen Seele"[303] an, dass *Lila* nicht das Singuläre, sondern umfassender das menschliche Gefühlsleben an sich thematisiert.[304] Auch in *Der Oger* geht es um mehr als um das Einzelschicksal von Draga, und die Handlung weist auffällige Parallelen zu *Lila* auf: Draga und Lila lieben beide einen Mann, den sie verloren glauben: Lila meint, ihr Mann sei in der Schlacht gefallen, Draga wähnt ihren Geliebten, den Apotheker, ertrunken. Angesichts des vermeintlichen Verlusts des Geliebten werden beide Frauen psychisch krank, und beide werden durch einen Oger von ihrem Geliebten ferngehalten.

In *Lila* ist der Oger ein verkleideter Freund, der mittels einer psychischen Kur,[305] einer neuen Heilmethode des Arztes Verazio, in die Rolle des Menschenfressers schlüpft. Die psychische Kur verleiht Lilas Ängsten Realität, spielt ihre Visionen nach und objektiviert sie, indem sie Lila erleben lässt, wie sehr ihre Schwermut sie selbst und ihr soziales Umfeld beeinträchtigt. Symbolisiert wird dies durch Ketten, die der Oger Lila und ihren Freunden anlegt. Durch die Inszenierung werden Lilas Widerstandskräfte geweckt. Sie stellt sich der vermeintlichen Gefahr, befreit ihren Ehemann und findet in der erfüllten Liebe zu ihm einen Weg zurück in die Realität, in der sie die gut gemeinte Verkleidung enttarnt.[306]

Die Heilung der pathologisch schwermütigen Lila erfolgt einzig durch die Aktion des sozialen Umfelds, arrangiert durch den Arzt:

VERAZIO: Es ist hier nicht von Kuren noch von Quacksalbereien die Rede. Wenn wir Phantasie durch die Phantasie kurieren könnten, so hätten wir ein Meisterstück gemacht. [...]

---

302 Titelvignette: Die gefesselte Psyche. Kupfer von H. Lips. In: Johann Wolfgang von Goethe: Lila. In: Ders.: Goethes Schriften. Bd. 6. Leipzig bey Georg Joachim Göschen 1790.

303 Elisabeth Frenzel: Stoffe der Weltliteratur. Ein Lexikon dichtungsgeschichtlicher Längsschnitte. Stuttgart 1976, S. 43.

304 Vgl. Georg Reuchlein: Die Heilung des Wahnsinns bei Goethe: Orest, Lila, Der Harfner und Sperata. Zum Verhältnis von Literatur, Seelenkunde und Moral im späten 18. Jahrhundert. Frankfurt am Main 1983, S. 3.

305 „Eine psychische Kur im engeren Sinne setzt die Behandlung seelischer Erkrankungen bei der Seele und ihrem Vorstellungsleben an – im Unterschied zu einem physiologischen Vorgehen unter Prämissen einer materialistischen Anthropologie, nach der allein die körperlichen Zustände Kausalität für die seelischen Befindlichkeiten haben." Kommentar zu Lila. In: Johann Wolfgang Goethe: Sämtliche Werke nach Epochen seines Schaffens. Münchner Ausgabe. Hg. von Karl Richter in Zusammenarbeit mit Herbert G. Göpfert, Norbert Miller und Gerhard Sauder. Bd. 2,1: Erstes Weimarer Jahrzehnt 1775-1786. Hg. von Hartmut Reinhardt. München 1987, S. 614-624, hier S. 618.

306 Johann Wolfgang Goethe: Lila, S. 867f.

Lassen Sie uns der gnädigen Frau die Geschichte ihrer Phantasien spielen! Sie sollen die Feen, Ogern und Dämonen vorstellen. [307]

Dieses „Meisterstück" wird dadurch möglich, dass alle Figuren des Stücks in die Wahnwelt Lilas eintauchen und ihren Visionen für einige Zeit Realität verleihen. Anders als in der gewöhnlichen Spiel-im-Spiel-Situation gibt es dabei auf der Bühne keine zuschauenden Figuren mehr. *Lila* zeigt durch diese Konstruktion, dass die psychische Heilung durch die Kraft der Kunst geschieht, die durch die Fiktion hindurch einen Weg zurück in die Realität weist. Erst im Nachspielen ihrer Angstvisionen kann Lila ihre eigenen Qualen, die hier stellvertretend andere erleiden, reflektieren und anschließend ein erlösendes Mitleid empfinden. Sie sieht ihre Verwandten in den Ketten eines – wie der Zuschauer weiß – als Oger verkleideten Freundes und fühlt ihre Schmerzen. Darüber erhält Lila einen Aktionsimpuls, der ihr einen Weg aus den Wahnvorstellungen weist und sie die Ketten, Symbol der Krankheit, abwerfen lässt:

> LILA: Mir ist offenbart worden: ich muß dem Oger trotzen, ihn auffordern, ihn reizen; und da ich keine Waffen habe ihn zu bekämpfen, ihn zu überwinden, sollen mir die Ketten willkommen sein, die mich an eure Gesellschaft schließen.
> FRIEDRICH: Du wagst viel.
> LILA: Seid ruhig, denn ich bin der Eimer, den das Schicksal in den Brunnen wirft, um euch heraus zu ziehen. [308]
> [...]
> ALMAIDE: Sobald du in dem Garten angelangt bist, so eile an den nächsten Brunnen, dein Gesicht und deine Hände zu waschen; sogleich werden diese Ketten von deinen Armen fallen. [309]

Nach Abschluss der erfolgreichen Kur heißt es am Ende des Festspiels:

> Was Lieb' und Phantasie entrissen,
> Gibt Lieb' und Phantasie zurück. [310]

Der Oger knüpft unmittelbar an die Bildlichkeit von *Lila* an, negiert aber den Spielcharakter. Die Schmerzen sind nicht mehr die von Freunden gespielten Schmerzen, die inszeniert werden, um die Protagonistin aus ihren durch eine Fehlmeldung bedingten Wahnvorstellungen zu erlösen. Die Schmerzen, die *Der Oger* beschreibt, sind die körperlichen und seelischen Qualen einer gedemütigten Ehefrau. Auch Dragas Ketten sind anderer Natur. Zu ihrer Verlobung und zur Hochzeit erhält sie Ketten als Brautgeschenke, die ihr zum Verhängnis werden. Vom Doktor befragt, stammelt Draga: „Ich liebte damals Ketten. Ich sam-

---

307 Johann Wolfgang Goethe: Lila, S. 845f.
308 Ebd., S. 860.
309 Ebd., S. 862.
310 Ebd., S. 869.

melte Ketten. Ich bekam Ketten. Sie sind mir geblieben... sie schienen so leicht." (DO 61) Doch die Ketten erweisen sich für Draga als schwere Last. Ihre Schwester kommentiert dies wie folgt: „Als Verlobungsgeschenk hat er ihr [Herr Iger] eine goldene Kette mitgebracht. Einmal wäscht sie sich mit der Kette und wird ganz schwarz. Das Zeug ist schwarz geworden." Und der Doktor schließt daraufhin scharfsinnig: „Eisenketten." (DO 92) Erst die Psychoanalyse vermag die Ketten zu deuten und dann aufzuschließen und bleibt ganz im Bild, wenn der Psychoanalytiker emphatisch ausruft: „Ich kann Ketten entzwei reißen..." (DO 65) Ob die Psychoanalyse tatsächlich wirkt, lässt *Der Oger* offen. Das Stück endet jedoch mit der verheißungsvollen Regieanweisung: „*Alle gehen auf* Draga *zu und umarmen sie*" (DO 98), nachdem Dragas Schwester begeistert ausgerufen hat: „Schwester, du bist gerettet" (DO 98), ein intertextueller Verweis auf das Ende von *Faust I* und die Erlösung Gretchens:

MEPHISTOPHELES: Sie ist gerichtet!
STIMME *von oben*: Ist gerettet![311]

Auch für Gretchen sind Ketten, die eine Transformation durchlaufen, von Bedeutung. Wie Draga wird sie vom werbenden Mann, hier ist es Faust, der Mephistos Anweisungen folgt, mit goldenen Ketten beschenkt[312] und sieht sich am Ende erneut in Ketten, diesmal jedoch in Eisenketten, die sie als wahnsinnig gewordene Kindsmörderin im Kerker fesseln.[313] Durch den Bezug auf *Lila* und auf das Ende von *Faust I* ruft *Der Oger* zwei unterschiedliche Erlösungsmodelle für Frauenfiguren auf. Dem schuldig gewordenen Gretchen wird durch die Stimme Gottes eine Erlösung jenseits der Erdenzwänge zuteil. Diese Fiktion setzt eine himmlische Erlösung gegen das irdische Gesellschaftssystem im Stück, das ein ‚gefallenes' Mädchen unbarmherzig ausgrenzt. Lila hingegen geschieht, wie beschrieben, eine wundersame Heilung durch die Kraft der Fiktion. Das Ende von *Der Oger* evoziert, unterstützt durch die intertextuellen Verweise, gängige Erwartungen von Rezipienten, die es gewohnt sind, Protagonistinnen entweder wie in *Lila* reintegriert oder wie in *Faust I* metaphysisch erlöst zu sehen und erschüttert diese.[314] Parallel ist das Ende hinsichtlich der

---

311 Johann Wolfgang Goethe: Faust, S. 199.
312 Ebd., S. 117ff.
313 Ebd., S. 192ff.
314 Eine ähnliche Strategie zeigt sich in Veza Canettis Kurzgeschichte *Der Sieger*, in der sie eine vergleichbare Ernüchterung literarischer Stilisierung darstellt: „Es ist nicht immer ein Bild wie um Werthers Lotte, wenn hungrige Kinder um die Schwester stehen und auf Brot warten. Wenn Anna Brot verteilte, war es ein anderes Bild. Wohl standen die Geschwister um sie herum, aber mehr auf das Brot versessen als auf die Gunst, von ihr beteilt zu werden. Sie schnitt auch nicht scherzend ab, sondern sorgenvoll. Es mußten sieben Seelen ihren Hunger stillen, und Brot war die Hauptnahrung." Veza Canetti: Der Sieger. In: Dies.: Geduld bringt Rosen. München und Wien 1995, S. 45-56, hier S. 47.

Kraft der Fiktion zu lesen. Diese erscheint in *Lila* wie auch in *Der Oger* zunächst im Gewand einer zeitgenössisch neuen Behandlung psychischer Erkrankungen. *Lila* zeigt eine psychische Kur als Weg der Gesundung und wertet diese explizit positiv, trägt doch der behandelnde Arzt, der nach unzähligen Quacksalbern eingreift, den sprechenden Namen Verazio, was unmissverständlich zeigt, dass er ,das Wahre' – und es kann hinzugefügt werden: ,das Richtige' – sagt. Die germanistische Forschung hat nachgewiesen, dass *Lila* direkt auf zeitgenössisch neue Erkenntnisse in der Seelenkunde zurückgreift und damit Stellung gegen Behandlungsmethoden bezieht, die psychische Erkrankungen durch körperliche Therapien zu kurieren versuchten.[315]

Der Oger setzt ebenfalls auf eine zeitgenössisch neue Behandlungsmethode. Er zitiert die Psychoanalyse nach Wilhelm Reich herbei, die antrat, Freuds Psychoanalyse mit dem Sozialismus zu verbinden. Angelika Schedel hat in ihrer richtungweisenden Arbeit zur sozialpolitischen Dimension von *Der Oger* die Theorie Wilhelm Reichs als Fixpunkt des Stücks angeführt. Sie zeigt, dass *Der Oger* als kulturgeschichtliche Parabel Reichs Abhandlung *Die Massenpsychologie des Faschismus* direkt umsetzt, indem es eine verhinderte Sexualität als Grund für die Reproduktion von gesellschaftlichen Hierarchien und Unterdrückungsmechanismen ausmacht:

> Die eine Erfahrung ist die der Geknechteten. Sie beginnt mit Sexualunterdrückung und endet – ohne Hilfe von außen – in der Neurose, dem Zustand also, der laut Reich die überwiegende Mehrheit der Menschen quält. Die andere Erfahrung ist die des Herrschenden. Auch er unterliegt der Sexualunterdrückung, findet jedoch einen Ausweg in „Ersatzbefriedigung". Sadismus und Militarismus werden von Reich in einem Zug genannt.[316]

Die Figur Herr Iger folgt laut Schedel diesem von Reich vorgezeichneten Weg eines durch Sexualunterdrückung hervorgerufenen Sadismus des Herrschenden, der innerhalb der Familie – einem Staat im Kleinen – zum Diktator wird. Draga hingegen steht von Anfang an in Opposition zum gängigen Unterdrückungszu-

---

315 Gottfried Diener: Goethes Lila. Heilung des „Wahnsinns" durch „Psychische Kur". Vergleichende Interpretationen der drei Fassungen. Mit ungedruckten Texten und Noten und einem Anhang über psychische Kuren in der Goethe-Zeit und das Psychodrama. Frankfurt am Main 1971 und Georg Reuchlein: Die Heilung des Wahnsinns bei Goethe, S. 96-97.
Goethe selbst weist auf die Verbundenheit des Stückes *Lila* mit den neuen Behandlungsmethoden hin, wenn er rückblickend schreibt: „Das Sujet der Lila ist eigentlich eine psychische Kur." Brief an den Staatsintendanten der Königlichen Schauspiele, Graf Brühl vom 1.10.1818. „In einem Antwortschreiben an den Kapellmeister und Komponisten Seidel, in dem Goethe die gewünschte Umarbeitung seines Stückes ablehnt (3.2.1816), vergleicht er es mit zwei thematisch ,ähnlichen Opern', der ,Schweizerfamilie' und ,Nina'; denn ,beide sind auch psychische Kuren eines durch Liebesverlust zerrütteten Gemüts.'" In: Gottfried Diener: Goethes Lila, S. 147.
316 Angelika Schedel: Sozialismus und Psychoanalyse, S. 41.

sammenhang. Sie hatte ein selbstbestimmtes, voreheliches Liebesverhältnis und passt daher nicht mehr in das Muster der Jungfrau, die mangels sexueller Erfahrung keine Alternative zu ihrem vom Vater arrangierten Eheleben sehen kann.[317] Ihr Geliebter war ein Apotheker, ein augenzwinkernder Hinweis darauf, dass er nicht nur von Berufs wegen, sondern auch für Draga ein ‚Arzneibereiter' ist.

Dragas voreheliche Erfahrungen werden für den Psychoanalytiker im Stück zum Ausgangspunkt der Therapie, mit der Hoffnung, sie aus der unglücklichen Ehe zu befreien. Damit erscheine er, so eine vernichtende Kritik, als „psychologisierende[r] Medicus" der „in vermutlich vorsätzlicher Naivität als messianischer Heilsbringer präsentiert" wird.[318] Die attestierte „vorsätzliche Naivität" kann jedoch gegen die Intention der Kritik als durchaus positiver Schlüsselbegriff für ein Verständnis des letzten Aktes von *Der Oger* herangezogen werden. Der Psychoanalytiker wird nicht zum „Heilsbringer", sondern präsentiert eine neue „Heilmethode" (DO 79), die in den Zielen, die sie verfolgt, zunächst nichts anderes zu sein scheint als der mit einer neuen Bezeichnung belegte gesunde Menschenverstand, der in gewollter Naivität gesellschaftliche Regeln und Zwänge nicht anerkennt. Dieser unverstellte Blick auf den Zustand Dragas geht einher mit einer im besten Sinne naiven Verweigerung gegenüber der Ökonomie, die im Stück bislang als Regulator menschlichen Miteinanders dargestellt wurde:

> DOKTOR: [zu Herrn Iger] Nicht jeder Mensch ist käuflich. Mit mir, zum Beispiel, haben Sie sich verrechnet. Ich bin als ihr Feind ins Haus gekommen, nicht als Ihr bezahlter Freund. Als Ihr unbezahlter Feind. Ja, und ich verspreche Ihnen, daß ich Sie an den Pranger stellen werde. I h r e Verbrechen sind im Gesetzbuch übergangen worden, ich werde selbst als Richter auftreten. (DO 94)

Sowohl *Lila* als auch *Der Oger* lassen die neuartige Behandlung als Endpunkt verschiedener Heilungsversuche erscheinen. In *Lila* folgt die letztendlich erfolgreiche und humane Behandlung verschiedensten Versuchen von Quacksalbern, die keinerlei Veränderung der Situation bewirkten. In *Der Oger* reagieren die ‚Behandlungswege' auf jene Umstände, die als Voraussetzungen der Unterdrückung gelten können: die Erziehung, die finanzielle Abhängigkeit vom Ehemann und die sexuelle Ausbeutung der Frau in der Ehe. Zunächst, gewissermaßen als erster Versuch einer Befreiung, versucht der Doktor, Draga von den falschen Prämissen ihrer Erziehung abzubringen (DO 62f.). Draga sieht sich jedoch zu diesem Reflexionsprozess außer Stande, wie ihre Reaktion zeigt: „*hilflos* Ich kann nicht. *Erschrocken* Soll ich Schande über meine Familie brin-

---

317 Vgl. Angelika Schedel: Sozialismus und Psychoanalyse, S. 57.
318 Ohne Verfasserangabe: Hassende Hüllen: Uraufführung von Veza Canettis Stück Der Oger. In: Neue Züricher Zeitung vom 2.6.1992, S. 18.

gen?" (DO 63) Der zweite Versuch erfolgt über Dragas finanzielle Unabhängigkeit, die ihr durch das Erbe ihres verstorbenen Vaters ermöglicht wird (DO 70f.). Draga ändert die äußeren Bedingungen für sich und ihre Familie, indem sie in einem neuen, hellen Haus in gesichertem Wohlstand lebt (DO 74ff.). Doch auch hier bleibt ihre pathologische Schwermut bestehen. Der dritte Versuch ist die Anknüpfung an Dragas voreheliche Sexualkontakt, der mittels Psychoanalyse zum Keim des Widerstandes werden soll. Der Doktor bittet Dragas Schwester Milka, der Kranken zu sagen, dass der Apotheker, ihr ehemaliger Geliebter, lebt: „Es kann ihre Erstarrung lösen, ich muß aus der Welt schaffen, was sie unbewußt bedrückt." (DO 77)

Der Darstellung zeitgenössisch innovativer Heilmethoden liegt sowohl in *Lila* als auch in *Der Oger* ein gesamtgesellschaftliches Anliegen zu Grunde, denn beide Stücke inszenieren über das individuelle Schicksal der Protagonistin hinaus einen gesellschaftlichen Heilungsprozess. Lila leidet über den vermeintlichen Verlust des Ehemannes hinaus am „mal de siècle: der pathologisch ausartenden Melancholie",[319] gegen die die Aufklärung zu Felde zog.[320] Bereits der Name Lila verweist auf die melancholische Farbe schlechthin[321] und lässt zusammen mit ihren Attributen und Verhaltensweisen das Bild einer typischen Melancholikerin entstehen: Lila kleidet sich in schwarze Gewänder, flüchtet sich in eine abgelegene Hütte im Park, „vermeidet alle Menschen, und wandelt des Nachts in ihren Phantasien herum. [...] Mit halb unsicherm Tritt schleicht sie auf und ab, neigt sich bald vor den Sternen, kniet bald auf den Rasen, umfaßt einen Baum, verliert sich in den Sträuchern wie ein Geist!"[322] Lila neigt zu „Trübsinn" und war „immer mit ihren Gedanken zu wenig an der Erde".[323] Ihre Äußerungen zeigen, dass ihr Verhalten zum einen Krankheit, zum anderen gewählte Gemütshaltung ist: „vor dem Gedanken, daß ich fröhlich werden könnte, fürchte ich mich wie vor dem größten Übel".[324]

Deutlich wird die Überlagerung der individuellen Heilung Lilas durch die überindividuelle Heilung der Gesellschaft von der Melancholie auch durch den Sprachgebrauch des 18. Jahrhunderts, der die Begriffe psychisch und psychologisch synonym zu moralisch setzt.[325] Verazio ist demnach nicht nur Nervenarzt,

---

319 Kommentar zu Lila. In: Johann Wolfgang Goethe: Sämtliche Werke, Briefe, Tagebücher und Gespräche. Vierzig Bde. I. Abteilung, Bd. 5: Goethes Dramen 1776-1790. Unter Mitarbeit von Peter Huber herausgegeben von Dieter Borchmeyer. Frankfurt am Main 1988, S. 928-947, hier S. 943.

320 Den Umgang der Aufklärung mit der Melancholie betrachtet umfassend: Hans-Jürgen Schings: Melancholie und Aufklärung. Stuttgart 1977.

321 Vgl. Kommentar zu Lila. In: Johann Wolfgang Goethe: Sämtliche Werke, Briefe, Tagebücher und Gespräche, S. 940.

322 Johann Wolfgang Goethe: Lila, S. 842.

323 Ebd., S. 843.

324 Ebd., S. 849.

325 Georg Reuchlein: Die Heilung des Wahnsinns bei Goethe, S. 5.

sondern auch „moralischer Leibarzt".[326] Auf der Handlungsebene des Stücks bewirkt die psychische Kur die Wiederherstellung der Harmonie: Das unbefangene Singen, Spielen und Tanzen, das durch die Melancholie verdorben wurde, ist wieder möglich, die Paare sind glücklich und vereint.[327] Auf einer durch die Melancholie als „mal de siècle" aufgerufenen gesellschaftlichen Ebene plädiert das Stück für den Tatendrang, für die Aktion als Medizin gegen die Passivität. Besonders deutlich wird dies im Lied des Arztes in der Verkleidung des Magus. „Es ist die Stelle, um derentwillen das ganze Stück geschrieben zu sein scheint"[328]:

Feiger Gedanken
Bängliches Schwanken,
Weibisches Zagen,
Ängstliches Klagen
Wendet kein Elend,
Macht dich nicht frei.

Allen Gewalten
Zum Trutz sich erhalten,
Nimmer sich beugen,
Kräftig sich zeigen,
Rufet die Arme
Der Götter herbei.[329]

Lila führt den Ausbruch aus der melancholischen Passivität direkt vor, befreit sie doch ihren Mann und ihre Freunde aus den Fängen des Ogers. Im Appell an die Gesellschaft, es ihr gleich zu tun, liegt die Hoffnung, durch aktives Handeln eine Veränderung zu ermöglichen. Die Fiktion dient dabei als Vermittlung des Impulses zur Tat, das Singspiel gerät „zum Remedium gegen Melancholie und Schwärmerei".[330] Erscheint Lila als die typische Melancholikerin, so Draga als die ‚femme fragile'. Die „markantesten Züge" dieses Frauentypus waren Attribute wie: „zerbrechlich, gespenstisch, mager, schwach, durchsichtig, ätherisch, märchenhaft schöne Haarfülle; mystische, überaus große faszinierende Augen, deren Blick wie aus weiter Ferne kommt, zugleich nervös, mit einem Anflug von Wahnsinn darin."[331] Draga erscheint bis in die physiognomischen Einzelheiten diesen Merkmalen der ‚femme fragile' nachempfunden:[332] Sie ist „sehr

326 Gottfried Diener: Goethes Lila. Heilung des Wahnsinns durch psychische Kur, S. 171.
327 Johann Wolfgang Goethe: Lila, S. 868.
328 Katharina Mommsen: Goethe und 1001 Nacht. Berlin 1960, S. 46.
329 Johann Wolfgang Goethe: Lila, S. 851.
330 Kommentar zu Lila. In: Johann Wolfgang Goethe: Sämtliche Werke, Briefe, Tagebücher und Gespräche, S. 946.
331 Ariane Thomalla: Die Femme fragile. Düsseldorf 1972, S. 25ff.
332 Vgl. Eva M. Meidl: Veza Canettis Sozialkritik in der revolutionären Nachkriegszeit, S. 76f.

bleich" (DO 46), hat „dunkle Augen" (DO 8), trägt ihr „herrliches Haar" (DO 63) in „schwere[n] Flechten" (DO 62) und zeigt sich insgesamt „schwach und hilflos" (DO 97). Anders als die Melancholikerin Lila, die stellvertretend für eine bestimmte gesellschaftliche Grundstimmung eintritt, steht die ‚femme fragile' für einen Frauentyp. Zwangsläufig werden in den beiden Stücken andere Lösungen aufgerufen: Wird Lila geheilt, so geht damit die Heilung der Gesellschaft einher. Wird hingegen Draga kuriert, so wird damit das populäre Bild der schwachen und hilflosen Frau verabschiedet, das eine gesellschaftliche Zuweisung ist. Diese Konstellation zeichnet dafür verantwortlich, dass die Heilung im privaten und gesellschaftlichen Sinne in *Lila* glückt, in *Der Oger* hingegen dort abbricht, wo das Singspiel *Lila* beginnt: bei der Inszenierung und damit dem Für-wahr-Halten der Angstvisionen der Protagonistin.

Draga bildet sich ein, ständig von einem Tiger verfolgt zu werden und assoziiert am Ende ihren gewalttätigen Ehemann mit einem „Tiger" (DO 95). Analog zu den Geschehnissen in *Lila* bestätigt ihr soziales Umfeld ihre Wahrnehmung zwar nicht durch die direkte Inszenierung der Visionen, aber durch Akzeptanz derselben. Der Doktor und später der Verwalter, der Präsident des Bekleidungsvereins und ein Freund bezeugen Dragas Wahrnehmung (DO 92 und 97) und sehen in Herrn Iger den Tiger. Der Doktor geht noch einen Schritt weiter und liest in Igers Unterschrift das Wort Oger: „Sie schreiben ja OGER!" (DO 98) Der Doktor entlarvt den Ehemann damit einmal mehr als Unhold aus der Märchenwelt und deckt damit, durch seine an der Psychoanalyse geschulten Wahrnehmungsmöglichkeiten, eine tiefere Wahrheit auf.

Zu Beginn des letzten Aktes, der in auffälliger Weise mit dem Ausgang des Stückes korrespondiert, wird der Psychoanalytiker an das Krankenbett von Dragas kleiner Tochter gebeten und kommentiert seine Behandlungsmethode wie folgt:

> DOKTOR: Jetzt geh ich hinein und erzähl meiner kleinen Patientin ein Märchen. Wenn sie dabei einschläft, ist sie geheilt. Der Schlaf heilt.
> MILKA: Und gute Luft, das ist das Wichtigste.
> DOKTOR: Luft? Die Atmosphäre, ja. Luft allein genügt nicht. (DO 79)

Die Heilkräfte liegen dem Doktor zufolge im Glauben an die Phantasie, aber auch in der „Atmosphäre", im Kontext des Stückes als gesellschaftliche Gegebenheiten und Strukturen zu verstehen, die einer Reform bedürfen. Angelika Schedel geht in ihrer Interpretation so weit, das gesamte Stück als eine Politparabel zu lesen und die Figuren des Stückes einzelnen Politikern zuzuordnen.[333] Der alte Iger wird von ihr als der SPÖ-Politiker und Staatskanzler Karl Renner identifiziert, der junge Iger als der christlichsoziale Politiker Engelbert Dollfuß und der Psychoanalytiker als Otto Bauer, der „Analytiker des Volkes"

---

333 Eva M. Meidl: Veza Canettis Sozialkritik in der revolutionären Nachkriegszeit, S. 61-73.

und „Führer der Linkssozialisten".[334] Draga jedoch steht für Österreich, das am Ende vom bösen Iger, demnach vom Dollfuß-Regime, befreit wird.[335] Auch wenn diese Zuordnung in ihrer exakten Bestimmung der Figuren etwas spekulativ bleibt, so trifft sie sich doch mit der in diesem Kapitel dargelegten Interpretation dahingehend, dass Draga mit der Gesellschaft assoziiert wird, um mit dieser Figur sowohl Kritik zu üben als auch Auswege zu erproben.

Das Ende des Stücks mit seiner versöhnlich-utopischen Lösung unter Zuhilfenahme der Psychoanalyse muss sich den Vorwurf der Verharmlosung und Entschärfung der Thematik im Vergleich mit dem radikaleren Romankapitel gefallen lassen. Im Vergleich von Roman und Stück liegt aber paradoxerweise auch das Gegenargument zu diesem Vorwurf, ist doch das Ende des Stücks als eine Art der autointertextuellen Gegenrede lesbar. Der Schluss des Stücks setzt sich womöglich bewusst vom Roman ab, um im Spannungsfeld der beiden Texte gleicher Thematik ein Grundproblem sozialkritischer Literatur generell sichtbar zu machen: Canettis avantgardistischer Roman zeigt auf, ohne zu kommentieren und verlässt sich ganz darauf, dass die Schilderung der unerträglichen gesellschaftlichen Realität im Rezipienten wirkt und womöglich darüber eine Veränderung der Strukturen motiviert werden kann. Das Stück hingegen zeigt den Weg direkt auf, indem ganz dezidiert die Psychoanalyse nach Wilhelm Reich herbeizitiert und durch die Figur des Doktors inszeniert wird. Der Roman birgt die Gefahr der Wirkungslosigkeit, das Stück hingegen das der Naivität. Vor dem Hintergrund des Romans kann jedoch argumentiert werden, dass Canetti die Simplizität des Stücks nicht unterläuft, sondern dass sie es bewusst, nicht zuletzt durch die intertextuellen Verweise auf *Lila* und *Blaubart*, in ein Spannungsverhältnis zum Roman setzt. Angesichts der zeitgenössisch geführten Diskussionen um literarisches Erbe und hinsichtlich neuer sozialistischer Literatur unter den Austromarxisten kann diese doppelte Ausrichtung von Canettis Texten um die Geschichte der Igers als Positionierung gewertet werden.

Der Austromarxismus blieb, bis zum Verbot 1934, politisch uneinheitlich und bildete keine verbindliche literarische Theorie heraus.[336] Konsens bestand unter den Austromarxisten dennoch über den Anspruch auf die Durchführung einer tief greifenden „Reform des Bewusstseins",[337] die sie nicht durch den revolutionären Kampf, sondern durch das Lesen und Lernen zu erreichen versuchten: „Die Revolution verlagerte sich sozusagen von der Straße in die Bi-

---

334 Angelika Schedel: Sozialismus und Psychoanalyse, S. 70.

335 Ebd., S. 72.

336 Vgl. Alfred Pfoser: Austromarxistische Literaturtheorie. In: Österreichische Literatur der dreißiger Jahre. Ideologische Verhältnisse, Institutionelle Voraussetzungen, Fallstudien. Hg. von Klaus Amann und Albert Berger. Wien u.a. 1985, S. 42-59, hier S. 42f.

337 Max Adler: Die Aufgaben der marxistischen Arbeiterbildung. In: Bildungsarbeit. Blätter für sozialistisches Bildungswesen vom 1. Januar 1927, S. 1-3, hier S. 3.

bliothek.“[338] Infolgedessen entbrannte eine Diskussion um literarisches Erbe und zeitgenössische Literatur. Auch wenn diese nicht in eine pointierte Auseinandersetzung wie unter den sozialismusnahen Schriftstellern im Umkreis der Exilzeitschrift *Das Wort* führte,[339] so lassen sich dennoch vergleichbare Positionen ausmachen, die entweder die Werke der großen Dichter favorisieren, deren revolutionäres Potential nur erschlossen werden müsse[340] oder sich für eine neue, andere Literatur des Sozialismus begeisterten.[341]

Das Programm der Wiener Kunsthalle von 1929 gibt Auskunft darüber, dass sowohl die Klassiker als auch neuere Stücke den Weg auf die Bühne fanden. Gespielt wurde, nach Häufigkeit geordnet, Shakespeare, Schiller, Ibsen, Anzengruber, Shaw, Schnitzler, Nestroy, Wedekind, Goethe, Grillparzer, Molière, Strindberg und Raimund.[342] Neben den Theatern prägten besonders das politische Kabarett und die Sprechchorwerke den Kunstbetrieb des roten Wien. Letztere fehlten bald auf keiner Feier der Austromarxisten und reichten von der chorischen Rezitation von Gedichten und Szenen bis zum gemeinschaftlichen Sprechen ganzer Programme.[343] Der Monotonie der Rezitation wurde durch alternierendes Sprechen zwischen Chor und Einzelstimme entgegengewirkt und dies in bewusster Anknüpfung an die attische Tragödie, der als kollektiver Kunstform eine Einheit von Bühne und Publikum, Kunst und Leben zugeschrieben wurde. Die politische Idee hinter dem Sprechchorwerk war die Stärkung eines sozialistischen Gemeinschaftsgefühls durch das gemeinsame Spiel. Die Schauspieler waren zunächst sozialistische Mittelschüler und Studenten, in den dreißiger Jahren auch Lehrlinge und Arbeiter.[344] Sowohl das politische Kabarett als auch die Sprechchorstücke wandten sich an ein Publikum, das politisch bereits vom Austromarxismus überzeugt war, und auch „die

---

338 Jürgen Doll: Theater im roten Wien. Vom sozialdemokratischen Agitprop zum dialektischen Theater Jura Soyfers. Wien u.a. 1997, S. 18-19.

339 Die Debatte in *Das Wort* wurde abgedruckt in: Die Expressionismusdebatte. Materialien zu einer marxistischen Realismuskonzeption. Hg. von Hans-Jürgen Schmitt. Frankfurt am Main 1973.

340 „Alle Kunst, alle echte große Kunst ist revolutionär, das heißt über die Gegenwart hinaus in die Zukunft weisend. Eine Beethoven-Symphonie ist ewig, ist revolutionär, und Goethes Iphigenie ist es auch.“ David Joseph Bach: Eine Erinnerung. Auch unsere Kunststelle ist ein Kind der Revolution. In: Kunst und Volk. Mitteilungen des Vereins Sozialdemokratische Kunststelle IV, 3. November 1929, S. 97-98, hier S. 97.

341 Diese Position vertrat Josef Luitpold Stern, der 1933 zum ersten Vorsitzenden der Vereinigung sozialistischer Schriftsteller gewählt wurde und der eine neue, sozialistische Literatur von der Last des literarischen Erbes der Vergangenheit befreit sehen wollte, das für ihn ein bürgerliches, und damit problematisches blieb. Trotz seiner Abneigung gegen die Kunst der Vergangenheit lehnte er neue Stilmittel wie Reportage- und Dokumentarstil, Montage und inneren Monolog strikt ab und setzte unangefochten Inhalt über Forminnovation. Vgl. Jürgen Doll: Theater im roten Wien, S. 33.

342 Vgl. ebd., S. 27ff.

343 Ebd., S. 63ff.

344 Ebd., S. 94.

Argumente und Erklärungen" der sozialistischen Bildungsarbeit insgesamt „erreichten meist nur die ohnehin schon überzeugten eigenen Anhänger und Sympathisanten, nicht aber die Unpolitischen und Apathischen, nicht die christlich-sozialen und deutschnationalen Wähler, die der sozialistischen Bewegung wie eh und je fernblieben".[345]

Vor diesem Hintergrund scheint das Stück *Der Oger* der Sozialistin Veza Canetti in doppelter Hinsicht eine Sonderrolle einzunehmen. *Der Oger* setzt die Geschichte um Frau Iger in ein großbürgerliches Milieu. Das Kleinbürgertum, das im Roman *Die Gelbe Straße* in den Mittelpunkt rückt, bleibt im Stück ausgeklammert. Deutlich wird jedoch, dass im Falle der großbürgerlichen Draga dieselben Unterdrückungsmechanismen greifen wie bei den kleinbürgerlichen Frauen: Die unterlegene Position der Frau findet ihren Grund in der Erziehung, in der finanziellen Abhängigkeit und in Rollenmustern. Der vom Austromarxismus thematisierte Klassenunterschied wird damit in Bezug auf die Rolle der Frau bei Canetti dahingehend nebensächlich, dass die Unfreiheit der Frau als gesamtgesellschaftliches Problem gezeigt wird, das auch im Adressatenbezug keine Einschränkung kennt. Dem klassischen Bildungsideal, das im Austromarxismus an Bedeutung gewann, begegnet das Stück *Der Oger* durch seine intertextuellen Verweise, deren Bedeutung sich nur dann erschließt, wenn die Prätexte gekannt werden. Das Stück orientiert sich am literarischen Erbe und knüpft mittels intertextueller Bezüge direkt an das von den Austromarxisten ausgemachte revolutionäre Potential von Vorläufertexten an. Die Bezüge werden jedoch bei Canetti in den Dienst des eigenen Schreibens gestellt und zum Material, das weiter- und umgedacht und mit der Psychoanalyse nach Reich verzahnt wird. Damit erfüllt *Der Oger* die ebenfalls existierende Forderung nach einer sozialistischen Literatur, die anders und neu sein sollte, jedoch weniger radikal als im Roman *Die Gelbe Straße*. Das Stück *Der Oger* orientiert sich demnach an den beiden prominentesten Idealen des heterogenen Austromarxismus und entwirft aus deren Verbindung eine eigene Textstrategie, adressiert an ein Publikum über die Grenzen des Austromarxismus hinaus.

---

345 Alfred Pfoser: Literatur und Austromarxismus, S. 290.

5 Veza Canetti: *Der Tiger. Ein Lustspiel im Alten Wien*

Der Tiger, ebenfalls um 1934 entstanden,[346] trägt den Untertitel „Ein Lustspiel im Alten Wien" und die in fünf Akte unterteilte Handlung stellt das Verhältnis von Kunst und Gesellschaft in den Mittelpunkt. Der erste Akt spielt in der Wohnung der Sandovals und stellt die Situation vor. Der rechtschaffene Untermieter der Sandovals, Herr Zierhut, arbeitet unermüdlich als Handlanger seines Arbeitgebers Tiger und fürchtet in der schwierigen Wirtschaftslage um seinen Posten: „Neunundzwanzig Bewerber lauern. Auf mein Versagen." (DT 75) In seinem Zimmer stapelt Zierhut Päckchen, die nach Amerika geschickt werden sollen und deren Inhalt er nicht kennt. Andrea Sandoval erklärt sich bereit, kostenlos als Begleiterin für eine Sängerin zu arbeiten, da diese verspricht, ihr im Gegenzug eine Anstellung als Kaffeehauspianistin zu verschaffen. Frau Sandovals Tochter, Diana, hat erneut keinen Auftrag als Bildhauerin erhalten, was die finanzielle Notlage verstärkt, und wirft einen frechen Zimmersuchenden aus der Wohnung, ohne zu wissen, dass er ein in Wien hoch gehandelter amerikanischer Kunsthändler namens Smith ist.

Zeigt der erste Akt die desolate finanzielle Situation der Sandovals sowie die gesamtgesellschaftliche ökonomische Krisensituation, so führt der zweite Akt die in Folge des Geldmangels entstehenden Hierarchien sowie die in der Gesellschaft herrschenden misogynen Machtstrukturen vor. Der Unternehmer Tiger bedrängt Frau Sandoval in seinem Kaffeehaus, die sich nur durch konsequentes Nicht-Verstehen seiner Anzüglichkeiten zu wehren weiß. Der Tiger nutzt auch Zierhut gegenüber seine Machtposition aus und überredet ihn zu einer Wette, die die Verführbarkeit Frau Sandovals zum Gegenstand hat. Zierhut glaubt, in die Wette einsteigen zu müssen, da ihm der Tiger glaubhaft macht, dass er bei einer Verweigerung von der Standhaftigkeit Frau Sandovals nicht überzeugt sein könne.

Der dritte Akt spielt im Salon der Sängerin Pasta. Künstler verschiedenster Couleur treffen sich und hoffen auf eine Vermarktung ihrer Kunstgegenstände in Amerika durch den Kunsthändler Smith. Diana erkennt den Kunsthändler als denjenigen wieder, den sie aus ihrer Wohnung warf. Der Aufforderung der Sängerin, sich bei Smith zu entschuldigen, kommt sie nicht nach. Es folgen Gespräche über Kunst und über die Opfer, die besonders von Künstlerinnen auf dem Kunstmarkt gefordert werden.

Der vierte Akt spielt im „Lusthaus". Der Tiger versucht, sich Frau Sandoval zu nähern, wird aber vehement abgewiesen. Frau Sandoval beginnt Wolle aufzuwickeln – die Knäuel dienen anschließend als Beweis ihrer Verweigerung. Am Ende stellt sich heraus, dass Kunsthändler Smith von Tiger angestellt wurde, da Letzterer glaubte, in Galanterieware zu investieren. Tiger sieht sich be-

---

346 Die Datierung folgt den Ergebnissen von Angelika Schedel: Nachwort. In: Der Fund. München und Wien 2001, S. 309-326, hier S. 321-322.

trogen, als er merkt, dass er Kunst finanziert hat. Der fünfte Akt bringt eine Klärung des Konfliktes. Die Künstler finden in den bei Zierhunt gestapelten Päckchen ihre Bilder, Statuen, Gemälde und Manuskripte wieder. Der Tiger fürchtet um sein Geld und wird von Frau Sandoval von der Bühne geführt, die versucht, ihn vom Wert der Kunst zu überzeugen. Die über die fünf Akte hinweg aufgezeigte Trennung von Kunst und Gesellschaft wird damit zumindest im Ansatz aufgelöst.

Das in *Der Fund* abgedruckte Theaterstück *Der Tiger* blieb von den Rezensenten nahezu unkommentiert. Wurde *Der Tiger* erwähnt, dann meist nur mit dem kurzen Hinweis, dass es sich bei diesem Theaterstück um eine Bearbeitung des gleichnamigen Kapitels aus dem Roman *Die Gelbe Straße* handelt.[347] Der Schwerpunkt der Besprechungen von *Der Fund* lag eindeutig auf der Prosa, jener Gattung, der die großen Erfolge Veza Canettis auf dem Buchmarkt angehören: Die Romane *Die Gelbe Straße* und *Die Schildkröten* sowie der Kurzgeschichtenband *Geduld bringt Rosen*. Die wenigen Kritiken, die *Der Tiger* erwähnen, sind sich in ihrem Urteil keineswegs einig. Von einer amerikanischen Rezensentin, die auch der Prosa Canettis nichts abgewinnen konnte, ist zu lesen:

> The two plays [*Der Tiger* und *Der Palankin*] are disappointing as well: they strike us as shabby Noel Coward, with little wit and too much artificiality, and both derive from Episodes in Die gelbe [sic!] Straße.[348]

Der *Drei Masken Verlag,* der die Aufführungsrechte der Stücke *Der Tiger* und *Der Palankin* innehat, hielt dagegen:

> Ihre [Veza Canettis] beiden im vergangenen Herbst zum ersten Mal veröffentlichten und bislang nicht aufgeführten Stücke haben an Aktualität (und Witz) nichts verloren. Veza Canettis Stücke sind eine späte, dafür erfreulich erfrischende „Entdeckung". Dass sie bislang noch nicht aufgeführt wurden, gehört zu den dunkelsten Kapiteln der deutschen Theatergeschichte.[349]

> Ein pointiert geschriebenes „Salonstück", mit geschliffenen Dialogen, die dem Leser Veza Canettis bereits in ihren Erzählungen bekannt sind [...]. Die Canetti verzaubert mit einem feinsinnigen, leicht bösartig Wienerisch unterwanderten Witz, pointenreich und klug, literarisch versiert.[350]

---

347 Franz Haas: Magd und Damenopfer. Erzählungen und Stücke aus dem Nachlass von Veza Canetti. In: Neue Zürcher Zeitung vom 9. 10. 2001; Judith von Sternburg: Ich bin eine Künstlerin. Standhalten: Veza Canettis Erzählband „Der Fund". In: Frankfurter Rundschau vom 8.8.2002; Kristina Pfoser: Veza Canetti. Der Fund. Hörfunkbeitrag des Senders Österreich 1, Ex libris vom 27.1.2002.

348 Marianna D. Birnbaum: Rezension zu Veza Canetti Der Fund: Erzählungen und Stücke. In: World literature today. Spring 2002, S. 178.

349 www.dreimaskenverlag.de, 12.8.2007.

350 Ebd.

Alexander Bartl kritisiert in der *Frankfurter Allgemeinen Zeitung*, *Der Tiger* bleibe mit „schwammigen Höhepunkten und vagen Pointen" weit hinter der Prosa zurück und sei mit „so viel Ernst und Milieukritik durchtränkt, daß der Witz nicht mehr zünden kann".[351] Hans-Peter Kunisch sieht das Stück in seinem Artikel in der *Süddeutschen Zeitung* als „eine Entdeckung", „die man noch heute inszenieren könnte" und lobt insgesamt den ironischen Blick Canettis auf die „Kunst- und Halbweltszene nach dem ersten Weltkrieg".[352] Alexandra Millner formuliert im *Falter* eine eher positive Wertung des Stücks:

> Im geistreichen Wortwechsel werden ideelle und materielle Werte einander gegenübergestellt. Die Gesellschaft wird vorgeführt, ihre Schwächen im leichten Ton preisgegeben, und – ein Lustspiel darf das – am Ende siegt die Moral. Was kann die Kunst für die Gesellschaft leisten? Veza Canetti versucht diese Grundfrage der austromarxistischen Theorie zu beantworten und ermöglicht ihren kompromisslosen Künstlerinnenfiguren eine freie Existenz.[353]

Insgesamt schien in der Diskussion über *Der Fund* eine gewisse Ratlosigkeit gegenüber *Der Tiger* zu herrschen, was womöglich darauf zurückzuführen ist, dass das Stück eine ganz andere Tonart anschlägt als das Romankapitel *Der Tiger* in *Die Gelbe Straße*.

Was für das Theaterstück *Der Oger* in Bezug auf seine Verwobenheit mit anderen Texten festgestellt wurde, gilt in hohem Maße auch für *Der Tiger*. Das Stück erzählt erneut eine Episode aus dem Roman *Die Gelbe Straße* und verändert das Ende entscheidend. Die Lösung des Konflikts, die das Theaterstück vorstellt, ist demnach wieder eine intertextuelle und autointertextuelle unter anderen Lösungsmodellen und entfaltet erst im Vergleich mit und in der Abgrenzung zu ihnen ihre Bedeutung.

5.1 Vom Romankapitel *Der Tiger* zum gleichnamigen Theaterstück

Das Kapitel *Der Tiger* ist das vierte und kürzeste des Romans *Die Gelbe Straße*. Diana Sandoval, eine junge Bildhauerin, erscheint hier als die einzige Frauenfigur des Romans, die das Recht auf Selbstverwirklichung aktiv reklamiert. Finanziell scheitert sie jedoch, da es „eine Gepflogenheit der Berühmtheiten"

---

351 Alexander Bartl: Demut vor dem Leser. Im verborgenen [sic!] gereift: Veza Canettis Erzählungen und Stücke. In: Frankfurter Allgemeine Zeitung vom 29.11.2001.

352 Hans-Peter Kunisch: Ein Tiger im Dreivierteltakt. Von amerikanischen Agenten und Wiener Kaffeehauskönigen: Erzählungen und Stücke aus dem Nachlass von Veza Canetti. In: Süddeutsche Zeitung München vom 11.2.2002. In: Veza Canetti. Hg. von Ingrid Spörk und Alexandra Strohmaier, S. 186-188, hier S. 187.

353 Alexandra Millner: Die Kälte des Krieges. In: Falter (2001), H. 41, S. 17. Abgedruckt in: Veza Canetti. Hg. von Ingrid Spörk und Alexandra Strohmaier, S. 180-182, hier S. 182.

ist, „aufblühende Talente zu übersehen".[354] Zunächst großbürgerlich aufgewachsen, erlebt Diana den durch eine Fehlinvestition des Vaters verursachten gesellschaftlichen Niedergang der Familie. Ihre Mutter versucht die Finanzmisere aufzufangen und leidet unter der eigenen Hilflosigkeit:

> Als der letzte Teppich verschleudert war und die Kost am Tisch schmal wurde, kam sich Frau Sandoval wie eine Diebin vor, weil sie bei Tisch mitaß, und sie sagte sich, die Verwandten hätten doch recht gehabt, in jeder Familie spränge die Frau jetzt helfend ein, und sie grübelte über ihre Kenntnisse nach und fand sie unzulänglich. Um ihre Sorgen zu verbergen, setzte sie sich ans Klavier. Und allmählich sah sie eine Möglichkeit.[355]

Frau Sandoval beginnt, als Kaffeehauspianistin für Herrn Tiger zu arbeiten. Die Familie ihres Mannes wertet dies als Erniedrigung, und in den Kaffeehäusern, in denen sie spielt, begegnet man ihr ohne Respekt und nimmt an, für Geld alles von ihr verlangen zu können.[356]

Mit der Bildhauerei der Tochter und dem Klavierspiel der Mutter werden zwei Kunstauffassungen gegenübergestellt. Für Diana bedeutet Kunst eine innere Notwendigkeit im Sinne einer Berufung. Für ihre Mutter ist das Klavierspiel zunächst Bestandteil der bürgerlichen Mädchenerziehung und entwickelt sich dann im Erwachsenenalter zur Möglichkeit der Zerstreuung. Die Musik ist damit bei Frau Sandoval zunächst ganz auf den häuslichen Bereich festgelegt, ein privater und ein von der Ökonomie abgeschirmter Bereich. Als die Notwendigkeit des Gelderwerbs auch hier eindringt, erlebt sie dies als schmerzlichen Verlust und weiß ihre Integrität nur dadurch zu bewahren, dass sie sich im Cafe Planet in eine andere Situation denkt, in der ihre Musik zur Kunst wird: „[S]ie saß vor dem Flügel, als wäre sie in der Musikhalle."[357]

Das Kapitel *Der Tiger* kreist um das Thema, wie eine Frau, die von der Umwelt als eine sich für Geld erniedrigende Bürgertochter wahrgenommen wird, trotz der erbarmungslosen Bedingungen auf dem Arbeitsmarkt ihre Würde aufrechterhält. Der Gelderwerb, dies zeigt das Kapitel *Der Tiger* pointiert, degradiert Frauen zunächst per se zur Beute von Männern mit „hängende[n] Unterlippe[n]", die einzig auf „Weiberfang"[358] aus sind. Diana, Frau Sandovals Tochter, beobachtet den Umgang des Tigers – dem Paradebeispiel eines ausbeuterischen Arbeitgebers – mit ihrer Mutter und fragt sie, wie sie sich vor dessen Übergriffen schützen wolle. „Indem ich nur die Deutung verstehe, die mir gemäß ist",[359] antwortet Frau Sandoval. Wenn er zu ihr sagt: „Wenn Ihr Mann nicht zuhause wär', ich hätt' Sie heut begleitet", dann antwortet sie schnell:

---

354 Veza Canetti: Die Gelbe Straße, S. 120.
355 Ebd., S. 120f.
356 Ebd., S. 125.
357 Ebd., S. 124.
358 Ebd., S. 126.
359 Ebd., S. 132.

„Aber warum denn nicht, Herr Tiger, mein Mann wird sich sehr freuen",[360] und wenn er zudringlich wird, entzieht sie sich ihm, indem sie vorgibt, ihm solches Verhalten nicht zutrauen zu können.[361]

Frau Sandoval zieht sich in ihrer Abwehr auf jene Position einer bürgerlichen Dame zurück, die ihr durch den Gelderwerb zunächst abgesprochen wurde und garantiert damit ihre Unantastbarkeit. Bemerkenswert ist hierbei, dass der skrupellose Herr Tiger gegenüber einer Dame tatsächlich Benehmen zeigt. Er wird nur dann übergriffig, wenn er Frau Sandoval als Angestellte betrachtet. Der Tiger schwankt ganz offensichtlich zwischen dem Anspruch eines Großbürgers mit dem dazugehörigen Verhaltenskodex Frauen gegenüber und den Möglichkeiten eines Kapitalbesitzers, dem bei der Ausbeutung der Angestellten in jeder Hinsicht keine Grenzen gesetzt sind. Gegenüber den anderen im Roman geschilderten Frauenschicksalen wird damit eine deutliche Grenze markiert: „Ladenmädchen, Dienstmädchen, Kleinbürgerinnen"[362] werden schamlos ausgebeutet, der verarmten Großbürgerin Frau Sandoval hingegen bietet ihre Herkunft einen gewissen Schutz vor sexuellen Übergriffen.

Mit Frau Sandoval ist neben Frau Iger aus dem Kapitel *Der Oger* die zweite großbürgerliche Frauenfigur aus dem Roman *Die Gelbe Straße* vorgestellt, die unter den misogynen Gesellschaftsstrukturen zu leiden hat. In beiden Fällen finden die massiven Übergriffe auf Psyche und Physis der großbürgerlichen Frauen, dem Muster der Unterdrückung der Angestellten folgend, ihren Grund in der Macht finanziell potenter Männer. Im Falle von Frau Iger wird diese zum Spielball ihres Vaters, der die Tochter profitabel verheiraten möchte. Bei Frau Sandoval führt der Mangel an Geld in die unterlegene Position dem reichen Arbeitgeber gegenüber. Durch diese Ausweitung des Blickwinkels auf Frauen des Großbürgertums setzt sich der Roman *Die Gelbe Straße* vom Angestelltenroman der dreißiger Jahre ab, der vorrangig kleinbürgerliche Angestellte in den Mittelpunkt stellte.[363] Eine auffällige Ausnahme bezüglich der Schichtzugehörigkeit der Protagonistin im Angestelltenroman ist jedoch der zeitgenössisch äußerst populäre Unterhaltungsroman *Schicksale hinter Schreibmaschinen* von Christa Anita Brück aus dem Jahr 1930, der eine verarmte Frau aus dem Großbürgertum, in den Voraussetzungen Frau Sandoval aus *Die Gelbe Straße* vergleichbar, auf dem Arbeitsmarkt beobachtet. Auch wenn nicht nachgewiesen werden kann, dass Veza Canetti diesen Roman kannte, ist ein Vergleich der beiden Romane aussagekräftig.

Fräulein Brückner, deren Schicksal hinter der Schreibmaschine im Mittelpunkt des Romans von Christa Anita Brück steht, ist eine verwaiste Offizierstochter, deren Vermögen durch die Inflation verloren ging. Durch die fi-

---

360 Veza Canetti: Die Gelbe Straße, S. 129.
361 Ebd., S. 138.
362 Ebd., S. 23.
363 Marion Heister: „Winzige Katastrophen". Eine Untersuchung zur Schreibweise von Angestelltenromanen. Frankfurt am Main u.a. 1989, S. 64-77.

nanzielle Notlage gezwungen, arbeitet sie als Stenotypistin und erlebt die sexuelle Belästigung einer Angestellten am Arbeitsplatz:

> Vielleicht gibt es Berufe, in denen nicht der erotische Wert einer Frau über ihr Fortkommen entscheidet, wo dieser Punkt überhaupt nicht mitspricht. Irgendwie wird der Weg einer Frau wohl immer, sofern ihre Arbeit dem Manne untersteht, bestimmt sein durch ihr sexuelles Gepräge, gefördert oder erschwert.[364]

Um in diesem Arbeitsumfeld ihre Selbstachtung zu bewahren, setzt Fräulein Brückner jeden neuen Arbeitgeber über ihren gesellschaftlichen Status in Kenntnis,[365] distanziert sich von ihren kleinbürgerlichen Kolleginnen und verkündet, dass sie im Unterschied zu ihnen nicht käuflich sei.[366] Diese Strategie schützt Fräulein Brückner, die latente Bedrohung bleibt jedoch bestehen: Ihr Arbeitgeber „umgiert" sie „wie ein hungriger Wolf"[367] und „an Tagen großer geschäftlicher Ereignisse hetzt er sein Weibeswild mit doppelter Erbarmungslosigkeit".[368] Wie der Tiger und der Oger so erscheint auch hier die männliche Unterdrückerfigur im Gewand des Raubtiers, das Frauen zu Jagdbeute degradiert. Innerhalb dieses Systems, das sich auf Gewalt und Geld aufbaut, gibt es unter den Frauen kaum Solidarität und die bittere Bilanz des Romans lautet: „Verhetzte Tiere sind sie [die Frauen], böse und schlecht geworden."[369] Ähnlich wie *Die Gelbe Straße*, so wird auch in *Schicksale hinter Schreibmaschinen* gezeigt, dass der Staat Frauen keinen Schutz garantieren kann. Das Verhalten, das Herr Tiger und Herr Iger in Canettis Theaterstücken zeigen, wird vom Arbeitgeber, dem Wolf, in *Schicksale hinter Schreibmaschinen* als Leitsatz direkt ausgesprochen:

> „Für mich gibt's kein Gesetz, verstehnse. Gesetz, Polizei, Gericht, solche Begriffe erkenne ich überhaupt nicht an."[370]

Trotz dieser Haltung des Arbeitgebers bleibt Fräulein Brückner unversehrt und flüchtet sich am Ende des Romans in die Natur, wo sie ein „Geruch von Erde, von Frische, von unbändiger Kraft und Fruchtbarkeit durchdringt [...] bis ins innerste Mark".[371] Dieser Schluss konstruiert einen klischeehaften Gegensatz zwischen einer als künstlich klassifizierten Arbeitswelt, in der Frauen zur sexuellen Beute werden, und einer unverfälschten Natur, in der die geschundene

---

364 Christa Anita Brück: Schicksale hinter Schreibmaschinen. Berlin 1930, S. 254.
365 Ebd., jeweils S. 28, 45, 53, 156.
366 Ebd., S. 156.
367 Ebd., S. 187.
368 Ebd., S. 213.
369 Ebd., S. 193.
370 Ebd., S. 176.
371 Ebd., S. 362.

Protagonistin zur ‚Weiblichkeit' zurück findet. Der Roman kritisiert die Zustände auf dem Arbeitsmarkt, in dem ein konservatives und in hohem Maße restriktives Frauenbild idealisiert wird. Die Tochter aus großbürgerlichem Hause begibt sich in die Arbeitswelt des Kleinbürgertums, ohne ihm anzugehören. Diese Konstellation wird genutzt, um den Sittenverfall in der Gesellschaft anzuprangern und das Bild der Frau als Mutter und Naturwesen als Lösungsweg aufzurufen. Die Heldin des Romans bewahrt sich ihre Jungfräulichkeit, die im Roman für Sittlichkeit und Moral steht, und demonstriert ein vermeintlich emanzipatorisches Verhalten, das sich auf ihre Herkunft gründet. Dieser Emanzipationsbegriff ist exklusiv, da er nicht für alle Frauen gelten kann,[372] sondern lediglich eine singuläre Verweigerung schildert, der gesamtgesellschaftlich keinerlei Bedeutung zukommt.

Frau Sandoval in *Die Gelbe Straße* hingegen entzieht sich den Übergriffen ihres Arbeitgebers durch innere Stärke und Berufung auf ein Tugendideal, das der Rechtfertigung einer Klassenzugehörigkeit nur auf den ersten Blick bedarf. Sie reagiert auf die Männerfiguren in Raubtiergestalt, indem sie ihr Verhalten ignoriert. Sie handelt damit nicht nur klug, sondern reagiert auch auf die Klischeehaftigkeit des Mannes als Raubtier, auf den Canettis Roman, verglichen mit *Schicksale hinter Schreibmaschinen*, einen enthüllenden Blick wirft. In *Schicksale hinter Schreibmaschinen* ist die Raubtierhaftigkeit Bestandteil der Geschlechtertypologie, die den Mann als Jäger und die Frau als seine Beute ausweist. In *Die Gelbe Straße* hingegen, dies wurde bereits im Kapitel zu *Der Oger* gezeigt, ist der Mann als Raubtier eine Inszenierung, die entlarvt werden kann. Folgerichtig besteht die Möglichkeit, diese Inszenierungen einer männlichen Dominanz und einer weiblichen Auslieferung zu unterbrechen und die Rollenverteilung als eine gesellschaftlich produzierte und durch die Strukturen perpetuierte zu begreifen. *Schicksale hinter Schreibmaschinen* zeigt zwar kritisch das Verhalten der Männer im Arbeitsalltag und missbilligt es, letztendlich wird jedoch der Schluss gezogen, dass Frauen sich auf ihre Natürlichkeit im Sinne von Mutterschaft und Ehe zurückbesinnen sollten, da nur in dieser Konstellation ein wirklicher Schutz vor sexuellen Übergriffen gegeben sei. Der Roman zeigt sich damit nicht interessiert an einem Beitrag zur Bewusstmachung bestehender gesellschaftlicher Strukturen mit dem Ziel ihrer Veränderung; viel eher werden Frauen gewarnt, sich nicht in die Schlangengrube der Arbeitswelt zu begeben – dass manche Frauen aus finanzieller Not keinen anderen Ausweg sehen, wird allenfalls bedauert.

Die Gelbe Straße zeigt im Unterschied zu *Schicksale hinter Schreibmaschinen* zwei Frauengenerationen und unterstreicht damit die Fortentwicklung

---

372 Siehe hierzu auch: Christina Schuler-Sodhi: Gesellschaftskritische Aspekte und Geschlechterbeziehungen in den Romanen Irmgard Keun: Gilgi – eine von uns (1931), Rudolf Braune: Das Mädchen an der Orga Privat (1930) und Christa Anita Brück: Schicksale hinter Schreibmaschinen (1930). Unveröffentlichte Magisterarbeit. Freie Universität Berlin 2004, S. 60-82.

einer Emanzipation sowohl in der privaten als auch in der öffentlichen Sphäre. Ringt Frau Sandoval noch mit alten Rollenmustern und neuen Gegebenheiten, so geht ihre Tochter Diana andere Wege. In einer Gesellschaft, in der Ökonomie und Patriarchat eine Allianz bilden, entzieht sich Diana dem Zugriff beider und sieht sich nur durch diese doppelte Verweigerung in der Lage, ein selbstbestimmtes Leben zu führen: „Sie war herb und zeigte unbestechliche Ablehnung",[373] lautet die Beschreibung ihres Charakters. Wird an den Dienstmädchen und den Angestellten in *Die Gelbe Straße* gezeigt, wie sich die Abhängigkeit von den Arbeitgebern auf das gesamte Leben ausweitet und es limitiert, wird an Diana vorgeführt, wie eine konsequente Unabhängigkeit persönliche Freiheit und Unantastbarkeit garantiert. Dianas Kunst steht hier für die unabhängigste und individuellste Form der Äußerung, die einen enthüllenden Blick auf die gesellschaftliche Realität wagen kann. Die Muter, Frau Sandoval, bewahrt ihre Selbstachtung, indem sie alle Anzüglichkeiten ignoriert und unerschütterlich an das Gute in ihren Mitmenschen glaubt. Ihre Tochter hingegen wählt den umgekehrten Weg. Sie enthüllt das Fehlverhalten und das Ausleben der Machtverhältnisse und antwortet programmatisch auf die Frage, ob Laster bekämpft werden sollten: „Ich bin dafür, daß man sie verewigt"[374] – aus der Sicht der Bildhauerin in Stein gemeißelt und in Gips gegossen.

Das Theaterstück *Der Tiger* übernimmt die Handlung um Frau Sandoval bisweilen wörtlich, spitzt die Problematik insgesamt jedoch zu. Dass Frau Sandoval Witwe ist, verstärkt ihre schutzlose Situation. Die Episode um Herrn Tiger und Frau Sandoval endet im Roman mit der erfolgreichen Verweigerung der Frau, während das Stück ein auf den ersten Blick versöhnliches Ende nimmt. Verschränkt wird die Handlung des Stückes des Weiteren mit der Geschichte um den Kunsthändler Smith, der Künstlern eine Vermarktung in Amerika verspricht. Durch diesen zweiten Handlungsstrang wird die zentrale Rolle der Kunst in der Geschichte um die Sandovals in der Stückfassung unterstrichen. Im Roman erschien die Bildhauerei als eine zwar finanziell aussichtslose, für Diana jedoch persönlich befriedigende Möglichkeit der Selbstverwirklichung. Im Stück nun wird ihre Kunst direkt zum Spielball finanzieller Interessen. Die folgenden Kapitel gehen darum verstärkt der Frage nach, welche Möglichkeiten der Kunst zugeschrieben werden und wie sich diese im Theaterstück zwar ständig von der Ökonomie bedroht sieht, sich letzten Endes aber doch zu behaupten vermag.

Im Roman steht das Kapitel *Der Tiger* mit seinem Personeninventar isoliert da. Anders als in den anderen Kapiteln, in denen das erwerbstätige oder Erwerbsarbeit suchende Kleinbürgertum im Mittelpunkt steht, widmet sich das Kapitel *Der Tiger* vorrangig den Künstlerfiguren. Auch wenn diese, wie der Dichter Tell oder die Sängerin Pasta, auch in anderen Kapiteln des Romans

---

373 Veza Canetti: Die Gelbe Straße, S. 120.
374 Ebd., S. 130.

kurz erscheinen, bleibt doch eine auffällige Trennung zwischen der Sphäre der Kunst und der Arbeitswelt bestehen. Das Stück *Der Tiger* tritt nun an, diese Kluft zu überwinden und die Figurengruppen in eine Interaktion treten zu lassen, in der weitreichende Fragen zum Verhältnis von Kunst und Gesellschaft zu verhandeln sind. Besonders deutlich wird dies durch die Veränderung der Figur des Herrn Zierhut. Im Roman ist Zierhut Pianist und spielt zusammen mit Frau Sandoval in Kaffeehäusern. In der Stückfassung arbeitet Zierhut als Tigers Angestellter und ist ein Kunstliebhaber, ohne dabei beruflichen Interessen zu folgen. Zierhut bleibt damit wie im Roman enger Vertrauter von Frau Sandoval, gehört aber nun der Gruppe der Erwerbstätigen an. Eine Engführung der im Roman getrennten Gruppen der Künstler und der Erwerbstätigen findet somit bereits durch diese veränderte Figur statt. Die inhaltliche Verschiebung der Handlung wird durch eine große Anzahl intertextueller Verweise ergänzt und das Verhältnis von Kunst und Leben zum zentralen Thema.

5.2 Das Spiel mit Rezipientenerwartungen. *Der Tiger* und seine Verweise auf Oper und Operette

Durch den Titel ist *Der Tiger* als „Ein Lustspiel im Alten Wien" ausgewiesen und unterstützt diese Zuordnung mit vielen Hinweisen auf andere Werke der ‚altwiener Zeit' im Stück selbst: Der Tiger nennt Frau Sandoval eine „lustige Witwe" (DT 85), es erklingen zwei Arien aus *Die Hochzeit des Figaro* (DT 98 und 142) und eine aus *Carmen* (DT 149). Das Grammophon spielt die Ouvertüre der *Rosamunde* (DT 119), es erfolgt die obligatorische Balletteinlage (DT 117f.), und die Wette um die Standhaftigkeit von Frau Sandoval wird als „[d]ie Feuerprobe, die Wasserprobe" (DT 97) charakterisiert, eine Reminiszenz an *Die Zauberflöte*. Die intertextuellen Bezugnahmen akzentuieren einzelne Aspekte der Handlung und spielen mit dem Vorwissen und den Erwartungen der Rezipienten.

In der ersten Szene des zweiten Aktes spielt *Der Tiger* auf die Operette *Die lustige Witwe* an. Der Kaffeehausbesitzer Tiger holt Informationen über Stand und finanzielle Situation von Frau Sandoval bei seinem Angestellten Zierhut ein, der bei den Sandovals als Untermieter eingezogen ist:

ZIERHUT: Der Mann!
TIGER: Ja?
ZIERHUT: Ein Verschwender.
TIGER: Na und?
ZIERHUT: Hat sie entblößt.
TIGER: Das glaub ich.
ZIERHUT: Nackt zurückgelassen.
TIGER: Ist er durchgegangen?
ZIERHUT: Ins kühle Grab.
TIGER: Sie ist Witwe?
ZIERHUT: Seit Jahr und Tag.

TIGER: *belebt sich.* Also eine lustige Witwe.
ZIERHUT: Ohne Lust.
TIGER: Wovon lebt sie?
ZIERHUT: Geschmeide, Silberzeug, Teppiche, Gemälde, Mobilien, alles verloren.
TIGER: Na und?
ZIERHUT: Zimmer vermietet. Der Zins die Einnahmsquelle.
TIGER: Na und?
ZIERHUT: Ihr Klavierspiel, erlernt zum Ergötzen und zur Freude – dient als
Erwerb.
TIGER: Na und? (DT 85)

Die Szene informiert die Zuschauer bzw. Leser, indem sie in äußerst kompri-
mierter Form den Abstieg Frau Sandovals von der reichen Großbürgerin zur
verarmten Witwe beschreibt. Durch Tigers Frage, ob Frau Sandoval eine lustige
Witwe sei, wird das Bild einer vermögenden und einflussreichen Frau wachge-
rufen und mit der Situation Frau Sandovals kontrastiert. In Franz Lehárs Operette *Die lustige Witwe* verursacht die vermögende Witwe Hanna Glawari einige Aufregung in der Pariser Gesandtschaft einer fiktiven bankrotten Balkan-
monarchie. Geld und persönliche Liebe stehen im Widerstreit, erreicht wird jedoch am Ende eine Union in der innigen Umarmung des Liebespaares: Die
Witwe findet zu ihrer Jugendliebe zurück, und ihr Geld verbleibt, ganz dem
Wunsch des Landesvaters entsprechend, im Staat und schiebt damit einen dro-
henden Konkurs auf. In *Der Tiger* entsteht die Handlung nicht wie bei Lehár
durch eine reiche Erbin in einer bankrotten Provinz, sondern umgekehrt durch
die Selbstachtung einer durch Verschulden des verstorbenen Ehemannes verarmten Witwe in einer vom Geld besessenen Welt, die den Wert eines Menschen vorrangig über sein finanzielles Vermögen definiert. Frau Sandoval verweigert sich diesem Muster, indem sie beim Klavierspiel im Kaffeehaus keinen
Teller für Trinkgeld auslegt (DT 86) und indem sie sich der Zuschreibung, von
einer verarmten Witwe sexuelle Gefälligkeiten für Geld erwarten zu können,
konsequent verweigert.

Die Akte, in denen die Geschichte um Frau Sandoval im Mittelpunkt
steht, spielen im Kaffeehaus (2. Akt) und im Lusthaus (4. Akt), demnach beide
an Stätten, an denen Ehebruch und Prostitution in der bürgerlichen Gesellschaft
stereotyp verortet sind. Auch durch diese Spielorte knüpft *Der Tiger* an die
Operette *Die Lustige Witwe* an. Dort zählen das Kaffeehaus „Maxim" und ein
Pavillon zu den Orten bordellähnlicher Betriebsamkeit. Graf Danilo Danilo-
witsch, männliche Hauptfigur und Werber um die lustige Witwe Hanna, be-
sucht regelmäßig das „Maxim":

DANILO: Da geh' ich zu Maxim,
dort bin ich sehr intim,
ich duze alle Damen,
ruf' sie beim Kosenamen. [...]
Dann wird champagnisiert,

auch häufig cancaniert,
und geht's an's Kosen, Küssen
mit allen dieses Süssen, [...]
Dann kann ich leicht vergessen,
das teure Vaterland.[375]

In *Der Tiger* ist es ebenfalls das Kaffeehaus, in dem Herr Tiger sich am liebsten aufhält, denn „da sitzen mehr Frauen" (DT 89). Hier begutachtet er Frau Sandoval und wettet, dass er von ihr für Geld bald „alles sehen werde" (DT 96).

In *Die lustige Witwe* wird Danilos Verhalten damit gerechtfertigt, dass er seine Jugendliebe Hanna einstmals aus Standesgründen – er als wohlhabender Adeliger, sie als damals noch mittelloses Landmädchen – nicht ehelichen konnte und diesen Verlust durch den Besuch bei Prostituierten zu überwinden versuchte. Danilo legt sein Laster ab, um Hanna nun doch zu heiraten. In *Der Tiger* wird das Verhalten des Protagonisten nicht gerechtfertigt und auch keine Eheanbahnung bemüht, um die Fehltritte rückwirkend zu begleichen. Tiger ist bereits verheiratet und stellt der Witwe Sandoval in eindeutiger Weise nach, weil er es sich leisten kann und damit zeigt, dass ein Mann in seiner finanziellen Lage davon ausgehen kann, dass alles käuflich ist – selbst der Körper einer Frau. Die deutliche Akzentverschiebung, die *Der Tiger* gegenüber der Operette *Die lustige Witwe* vornimmt, ist darin zu sehen, dass den dargestellten Machthierarchien die spielerische Leichtigkeit genommen wird; das Verhalten des Protagonisten reduziert sich in *Der Tiger* auf die Befriedigung der eigenen Bedürfnisse, die, anders als bei Danilo in *Die lustige Witwe*, ganz ohne Rechtfertigungen präsentiert werden.

Am Ende des 2. Aktes wird Frau Sandovals Standhaftigkeit zum Gegenstand der bereits angesprochenen Männerwette, deren Ausführung zum bestimmenden Element der folgenden Handlung wird. Tiger wettet, dass Frau Sandoval ihm sexuelle Gefälligkeiten gewähren werde, und Zierhut stellt ihre Tugendhaftigkeit heraus, indem er auf die aus dem Umkreis der Freimaurer bekannte Feuer- und Wasserprobe zurückgreift: „Die Feuerprobe, die Wasserprobe, jede Probe, die diese Frau besteht – läßt sich fixieren, ohne Wette." (DT 97) Im Kontext der anderen intertextuellen Verweise auf Opern und Operetten kann dies als Bezug auf Mozarts *Die Zauberflöte* gelesen werden. Tamino und Pamina unterziehen sich der Feuer- und Wasserprobe, um die göttliche Weihe der Isis zu empfangen und ihre ewige Liebe zu bezeugen.[376] Das edle Liebespaar steht dort im Gegensatz zur sinnlichen Verbindung zwischen Papageno und Papagena und strebt eine reine, verinnerlichte, geradezu heilige Liebesver-

---

375 Franz Lehár: Die lustige Witwe. Operette in drei Akten von Victor Léon und Leo Stein (teilweise nach einer fremden Grundidee). Musik von Franz Lehár. Wien 1959, 1. Akt, Nr. 4, Auftrittslied, S. 32-33.

376 Wolfgang Amadeus Mozart: Die Zauberflöte. KV 620. Eine große Oper in zwei Aufzügen. Libretto von Emanuel Schikaneder. Hg. von Hans-Albrecht Koch. Stuttgart 2003, 2. Aufzug, 28. Auftritt, S. 65-68.

bindung an, eine „Inkarnation des Seelischen, in keinem Moment durch erotisches Getriebensein verunsichert".[377]

In *Die Zauberflöte* ist die Standhaftigkeit der erhabenen Liebe Gegenstand der Prüfung, in *Der Tiger* werden Feuer- und Wasserprobe zur Herausforderung einer wirtschaftlich abhängigen Frau, die sich gegen die rein sexuellen Annäherungen ihres Arbeitgebers zur Wehr zu setzen hat.

Der dritte Akt beginnt erneut mit einem eindeutigen Verweis auf Mozart:

> Pasta *steht in ihrem Salon, einem großen Raum mit Stahlmöbeln, rechts vor dem Grammophon. Das Grammophon spielt Mozart. Pasta singt mit angenehmer Stimme.*

> Die Ihr die Triebe des Herzens kennt
> sagt ist es Liebe das hier so brennt
> sagt ist es L i e b e das hier... (DT 98)

Die Herkunft der Arie aus dem zweiten Akt der Oper *Die Hochzeit des Figaro*[378] wird im Stück selbst nicht nachgewiesen; da diese Arie jedoch zu einer der bekanntesten des Opernrepertoires gerechnet werden kann, ist ein hoher Wiedererkennungswert anzunehmen. Am Ende des letzten Aktes erklingt erneut eine bekannte Arie aus der Oper[379] ohne Quellennachweis im Text:

> ZIERHUT: *legt eine Grammophonplatte ein.* Zur Verschönerung!
> GRAMMOPHON: Nun genug leises Flehn, süßes Kosen
>   Und das Flattern von Rose zu Rosen.
> DIANA *singt mit* Du wirst nicht mehr die Herzen erobern
>   Ein Adonis, ein kleiner Narziß (DT 142)

Die *Hochzeit des Figaro* erklingt damit zweimal in *Der Tiger*, und dies an für die Handlung entscheidenden Stellen. Am Anfang des dritten Aktes, der intensiv auf die Möglichkeiten der Kunst und ihrer Bedrohung durch den Kapitalismus eingeht, singt Pasta „Die Ihr die Triebe des Herzens kennt", die Arie des Verführers Cherubino, in der er sich seiner Liebe zu Susanna bewusst wird. Pasta hingegen schwärmt für den Kunsthändler Smith, so dass die Situationen von Oper und Stück vergleichbar sind. Ähnliches gilt für die Arie „Nun genug leises Flehn" im letzten Akt, in dem sich die Handlung entwirrt und der Kunsthändler seines Ansehens verlustig geht – er wird nun keine ‚Herzen mehr erobern'. In der Oper singt Figaro diese Arie siegessicher Cherubino entgegen, da

---

377 Urs Fässler: Das klingende Welttheater des Eros. W. A. Mozarts *Le nozze di Figaro.* Zürich 2003, S. 12.

378 Wolfgang Amadeus Mozart: Le nozze di Figaro. Die Hochzeit des Figaro. KV 492. Opera buffa in vier Akten. Textbuch Italienisch/Deutsch. Libretto von Lorenzo da Ponte. Übersetzung und Nachwort von Dietrich Klose. Stuttgart 2005, 2. Akt, 2. Szene, Nr. 12 Arietta, S. 62-63.

379 Ebd., 1. Akt, 8. Szene, Nr. 10 Aria, S. 52-53.

er diesen als seinen Nebenbuhler durch geschickte Intrige von seinem Hof entfernen möchte.

Der Bezug von *Der Tiger* auf Mozarts *Die Hochzeit des Figaro* provoziert beim Rezipienten unweigerlich einen Vergleich der Handlungen, die beide einen zunächst überlegenen, skrupellosen Verführer ins Zentrum stellen. Das Libretto zur Oper *Die Hochzeit des Figaro* von Da Ponte verwandelt die französische Satire von Beaumarchais um den Verführer Graf Almaviva, der Kraft seiner überlegenen Position sexuelle Gefälligkeiten von seiner Untergebenen einfordert, in ein bürgerliches Aufklärungsstück,[380] das den Konflikt zwischen dem aufstrebenden Bürgertum und einem restriktiven Adelsstand zum Gegenstand hat. Das politische Potential wurde zeitgenössisch erkannt und geschätzt, denn „kein Libretto der damals bekannten Opern kam der geschichtlichen Wahrheit so nahe und richtete sich in einer derart zwingenden Weise auf die Erfahrung der politischen Gegenwart der Zeitgenossen".[381]

Graf Almavida ist durch seinen Stand überlegen, der Tiger durch sein Geld, so dass der Konflikt der Oper zwischen Feudalherr und Diener/Dienerin im Stück *Der Tiger* zu einer Frage nach der über das Geld definierten Klassenzugehörigkeit wird. Graf Almaviva und Tiger verbindet ein ausgeprägtes Machtstreben und das sexuelle Interesse an einer von ihnen abhängigen Frau. Bemerkenswert ist bei einem Vergleich der beiden Protagonisten, die weder Rücksicht auf ihre Ehefrauen noch auf den Willen ihres Objekts der Begierde nehmen, dass sie beide in letzter Konsequenz auf Wahlfreiheit beharren. Graf Almaviva schafft selbst das Jus primae noctis ab, und Tiger lässt von Frau Sandoval ab, als sie sich verweigert:

> TIGER: Wenn Sie nicht wollen, kann man nichts machen! Ich tu Ihnen nichts!
> [...]
> Fürchten Sie sich nicht, mir ist schon die Lust vergangen. Ich les die Zeitung,
> damit Sie Ruh geben. (DT 131)

Das Verhalten beider Protagonisten ist jedoch trotz ihres Zurücktretens von ausgeprägter Perfidie. Beide setzen in ihrer Verführungstaktik auf ihre privilegierte Situation und versuchen, die Abhängigkeit der Angestellten auszunutzen. Für beide Frauen bedeutet das Zurückweisen des Werbers ein Zurückweisen des Arbeitgebers, was eine Gefährdung der eigenen finanziellen Absicherung mit sich bringt. Der sexuelle Besitzanspruch geht demnach Hand in Hand mit der Macht des Geldes, einem Druckmittel gegen die Frauen, das den Fortbestand der patriarchalischen Gesellschaftsordnung garantiert. Trotz dieser Be-

---

380 Sandra Chiriacescu-Lüling: Herrschaft und Revolte in Figaros Hochzeit. Untersuchung zu szenischen Realisationsmöglichkeiten des sozialkritischen Aspekts in W. A. Mozarts *Die Hochzeit des Figaro*. Erlangen 1991, S. 37.

381 Wolfgang Ruf: Die Rezeption von Mozarts *Le Nozze di Figaro* bei den Zeitgenossen. Wiesbaden 1977, S. 135.

dingungen setzen sich die Frauen erfolgreich zur Wehr. Susanna und Frau Sandoval erscheinen beide als starke Charaktere, die für die eigene Sache einzutreten wissen und ihre sozial unterlegene Situation durch geschicktes Argumentieren wettmachen. Susanna stellt durch ihr Verhalten „das Defizit der Frauenrechte in der Gesellschaft der damaligen Zeit dar",[382] eine Charakterisierung, die auch für Frau Sandoval geltend gemacht werden kann. An dem Umgang mit beiden Frauenfiguren werden Machtstrukturen sichtbar, die unmittelbar auf die zeitgenössische Gesellschaftsordnung verweisen.

Gegen Ende des 3. Akts steht in *Der Tiger* recht unerwartet eine Ballettszene. In der Operette und bisweilen auch in der Oper dienen Tanzeinlagen der Auflockerung des Geschehens. Dieses Muster wird in *Der Tiger* in sein Gegenteil verkehrt, wenn hier eine betagte Tänzerin, „häßlich [...] wie eine tote Blume" (DT 117), zu Mozarts *Türkischem Marsch* vor dem Kunsthändler Smith tanzt – in der verzweifelten Hoffnung, ein Engagement zu erlangen. Der Tanz aus Oper und Operette erscheint in *Der Tiger* als Erniedrigung einer finanziell und künstlerisch ausgebrannten Frau vor einem einflussreichen Mann, so dass die Unterhaltung unmittelbar mit den verheerenden gesellschaftlichen Zuständen konfrontiert wird.

Eine ganz andere Stimmung begleitet die Ouvertüre aus *Rosamunde*, die kurz darauf erklingt. In dem Moment, als sich der Dichter Tell neben die Bildhauerin Diana setzt, sieht die Szenenanweisung folgendes vor: „Pasta trägt das Grammophon ins Nebenzimmer und legt eine Platte ein: die Ouvertüre aus der Oper Rosamunde von Schubert." (DT 119) Im Gegensatz zu den bisherigen Verweisen auf Opern und Operetten wird die Quelle hier vollständig nachgewiesen. Dies mag daran liegen, dass es sich erstmals um rein orchestrale Musik handelt, so dass eine Textpassage nicht einzufügen war. Es bleibt jedoch auffällig, dass die Szenenanweisung nicht nur den Titel angibt, sondern auch auf Komponist und Gattungsbezeichnung aufmerksam macht. Es ist demnach anzunehmen, dass auch diesem Verweis inhaltliches Gewicht zusteht und es um mehr geht, als die Szene mit Musik zu untermalen. Die Musik Schuberts entstand zu Helmina von Chézys Drama *Rosamunde*. Der Text galt als verloren und wurde erst 1996 nach überraschender Entdeckung wieder veröffentlicht.[383] Die Handlung jedoch war zu jeder Zeit zumindest in Grundzügen bekannt, gab es doch Mitschriften der Uraufführung, Kritiken und Zeugnisse von Zeitzeugen.[384] Das Stück *Rosamunde* erzählt die Geschichte um die sich erfüllende Liebe der gleichnamigen Heldin, die nach einigen Intrigen zur Fürstin von Cypern aufsteigt. Wenn nun in *Der Tiger* die Ouvertüre erklingt, also das Vor-

---

382   Sandra Chiriacescu-Lüling: Herrschaft und Revolte in Figaros Hochzeit, S. 27.
383   Vgl. Einleitung. In: Rosamunde. Drama in fünf Akten von Helmina von Chézy. Musik von Franz Schubert. Erstveröffentlichung der überarbeiteten Fassung. Mit einer Einleitung und unbekannten Quellen herausgegeben von Till Gerrit Waidelich. Tutzing 1996, S. 5-79, hier S. 5.
384   Ebd., S. 7.

spiel, das der Handlung vorgelagert ist, dann erscheint sie als Vorbote einer verheißungsvollen Zukunft für die Protagonistin. Sie kann als Zeichen dafür gelesen werden, dass die Verbindung zwischen Diana und Tell glücklich werden wird und womöglich darüber hinaus – orientiert am Aufstieg Rosamundes zur Landesfürstin – dass Dianas bislang missachteter Kunst später Erfolg beschieden sein wird. Durch die Musik bleibt dies jedoch Andeutung, nicht eindeutige Aussage.

Der Tiger endet mit einem ins Deutsche übersetzten Ausschnitt aus der Oper *Carmen*,[385] gesungen von der Sängerin Pasta:

> Mercedes beim Wickeln sprach
> Mir ist zuwider das Laufen
> Möchte einen Esel kaufen
> Reiten bis hierher gemach.
> Carmen wie es schon ihr Brauch
> Fing an mit spöttischen Mienen
> Wozu soll ein Esel dienen
> 's ging mit einem Besen auch...
> *Vorhang* (DT 149)

Das Wickeln der Zigarren, mit dem Mercedes beschäftigt ist, erhält in *Der Tiger* weitere Bedeutungen: Es lässt sich zum einen auf die Verführungsszene aus dem vierten Akt von *Der Tiger* beziehen, als Frau Sandoval es vorzieht, Wolle zu wickeln, statt dem Werben Tigers nachzugeben. Zum anderen ist das Wickeln als Einwickeln oder ‚um die Fingen wickeln' zu verstehen, denn Frau Sandoval versucht Tiger in der Schlussszene von der Wichtigkeit der Kunst und der Pflicht, in sie zu investieren, zu überzeugen.

Der intertextuelle Verweis auf *Carmen* am Ende des Stückes ist humorvoll: *Carmen* ist eine Schmugglergeschichte und *Der Tiger* in gewisser Weise auch. In der Oper ist das Schmuggeln der mögliche Gelderwerb für die die Freiheit liebenden „Zigeunerfiguren", die nicht länger in den ausbeuterischen Fabriken arbeiten wollen. Das Schmuggelgut ist „englische Ware", die nach Sevilla geschleust und illegal verkauft werden soll. In *Der Tiger* werden Pakete transportiert, geordnet und gestapelt, deren Inhalt zunächst verborgen bleibt. Erst am Ende des Stückes löst sich das Rätsel: In den Paketen befinden sich die Kunstwerke mittelloser Wiener Künstler. Sie alle hoffen auf eine Verschiffung ihrer Artefakte nach Amerika durch den Kunsthändler Smith, der verspricht, ihre Kunst dort in gutes Geld umzuwandeln. In ironischer Weise wird hier mit dem ‚Schmuggelgut' der kommerzialisierten Kunst gespielt, das den Dreh- und Angelpunkt des Stückes darstellt.

---

385 Carmen. Opéra comique en quatre actes. Musique de Georges Bizet (1838-1875). Livret de Henry Mailhac et Ludovic Halévy. D'après le roman de Prosper Mérimée. Paris 1997, S. 28.

Der Bezug auf *Carmen* lässt neben der Schmuggelei auch weitere Parallelen aufscheinen, denn der Rezipient setzt das Paar Herr Tiger und Frau Sandoval mit dem Paar Carmen und José unwillkürlich in Beziehung. Das Zitat, das *Der Tiger* beschließt, stammt aus dem ersten Akt der Oper *Carmen* und markiert die Stelle, welche die gesamte folgende Handlung motiviert: Ein Chor von Zigarrenfabrikarbeiterinnen berichtet von einem heftigen Streit zwischen Carmen und Manuelita, der für letztere mit einer zerschnittenen Wange und für Carmen mit der Verhaftung durch José endet. Der Zwist zwischen den Frauen ist das Handlungsmoment, das den Beginn der tödlichen Liebesgeschichte zwischen der treulosen andalusischen Zigeunerin und dem Soldaten, der durch fanatische Liebe zum Mörder wird, markiert.

Das Ende der Oper ist ambivalent. Es zeigt gleichermaßen die Verzweiflung eines unglücklich Liebenden wie auch die tödliche Bestrafung der selbstbestimmten, promiskuitiven weiblichen Sexualität. Carmen kommt dabei in der Aufführungspraxis nicht selten die Rolle eines erotischen Fetischs zu:

> Indeed, the theme of Carmen as a sexually appealing corpse is often celebrated in visual images designed to advertize the opera. The poster for the first production shows José holding the dead Carmen, her head thrown back and her breasts thrust aloft. And the cover of the Solti recording features a close-up of the blood-drained body of Carmen, which spots a lurid knife-wound – painted so as to resemble female genitals. Both of these recall the epigraph to Mérimées novella, whereby woman has two good moments: in bed and in grave. Even if many critics insist it is Carmens energy that appeals to audiences, this tradition of displaying her fetishized cadaver betrays the fact that the promise of her death is a reliable commercial draw.[386]

Vor dem Hintergrund der Oper wirkt das Ende von *Der Tiger* provokant. Es eröffnet gewissermaßen eine Bandbreite möglichen Fortschreitens der Handlung, die von den Extremen der Ergebenheit eines Mannes an die autarke Frau wie auch der Bestrafung der Frau für ihre Stärke reicht. Dass das Ende bewusst offen gehalten wird, zeigt sich daran, dass Tiger und Sandoval die Szene verlassen und sich dem Zuschauerblick entziehen.

Durch den beim Rezipienten provozierten Vergleich zwischen den Paaren Carmen/José und Tiger/Sandoval ergibt sich eine Umakzentuierung bekannter Geschlechterzuschreibungen. Die Oper *Carmen* inszeniert das gängige Bild einer verruchten Schönen, die ihre Jugend, ihre Ungebundenheit und ihren Körper dazu einsetzt, ihre Interessen durchzusetzen. Ihr gegenüber steht der liebende Mann, der angesichts der Abweisung durch die Frau und der damit einhergehenden Verunsicherung seiner männlichen Rolle zum Mörder wird. Die Geschichte um Sandoval und Tiger ist ebenfalls eine um Erotik und Macht, die Attribute sind jedoch anders verteilt. Frau Sandoval ist attraktiv, dies wird durch Tiger mehrfach bestätigt, sie ist jedoch nicht jung und nicht zu Spielen

---

386 Susan McClary: Georges Bizet. Carmen. Cambridge 1992, S. 126.

aufgelegt wie Carmen. Sie zeichnet sich durch Zurückhaltung aus, die jedoch mit einer anderen Eigenschaft gepaart ist: mit dem Wissen um die Zustände. Deutlich wird dies neben ihrem Verhalten durch die dreimalige, im Wortlaut identische Regieanweisung: *„SANDOVAL lächelt rätselhaft"* (DT 82, 95, 136), und zwar immer dann, wenn die Tochter Diana die Mutter schwach, hilflos und in sexuellen Dingen unbedarft wähnt.

Entscheidend ist vor diesem Hintergrund eine Episode, die bereits Teil der Geschichte um Frau Sandoval im Roman *Die Gelbe Straße* ist und die in *Der Tiger* übernommen wurde.[387] Als sich Sandoval und Tiger das erste Mal begegnen, führen sie die folgende Konversation:

> TIGER: *greift in die Tasche, zieht eine Tabakspfeife heraus, der Kopf ist reiche Elfenbeinschnitzerei. Er reicht sie Frau Sandoval hin.*
> SANDOVAL: Eine feine Arbeit.
> TIGER: *verächtlich* Ich rauche keinen Tabak, ich hab sie bei einer Auktion gekauft. *Er steckt die Pfeife rasch wieder ein.*
> SANDOVAL: Als Kind hab ich gern Tabak geschnupft. Meine Brüder haben mich erst gezwungen, und dann hab ich es mir angewöhnt. Auch weiße Mäuschen mußte ich beim Schweif nehmen und in den Mund stecken. Sie kribbelten mir dann im Gesicht herum, es war schrecklich.
> TIGER: In den Mund!? Nicht schlecht.
> SANDOVAL: *zu Zierhut:* Ihnen hab ich es ja schon erzählt.
> ZIERHUT: *nickt feierlich.* (DO 88)

In auffälliger Weise werden hier Symbole der Freudschen Traumanalyse aufgereiht, die allesamt im Kernstück seiner Überlegungen zur Traumdeutung stehen: in der X. Vorlesung mit dem Titel *Die Symbolik im Traum*[388] und im Kapitel *Die Darstellung durch Symbole im Traume – Weitere typische Träume.*[389]

Die Pfeife ist der Freudschen Symbollehre folgend in der Reihe der „in die Länge reichenden Objekte"[390] zu sehen, die mit dem männlichen Geschlecht assoziiert werden und „die Eigenschaft des In-den-Körper-Eindringens" besitzen.[391] Im übertragenen Sinne präsentiert Tiger mit der Pfeife seine Männlichkeit und sieht sich durch Sandovals selbstsichere Reaktion stark verunsichert. Für einen Moment distanziert er sich von seinem eigenen Habitus des sexuell potenten Verführers, wenn er zugibt, die Pfeife gar nicht wirklich zu verwenden („ich rauche keinen Tabak"), sondern lediglich bei einer günstigen Gelegenheit

---

387 Veza Canetti: Die Gelbe Straße, S. 127.
388 Sigmund Freud: X. Vorlesung. Die Symbolik im Traum. In: Ders.: Vorlesungen zur Einführung in die Psychoanalyse. Mit einem biographischen Nachwort von Peter Gay. Frankfurt am Main 1991, S. 142-161.
389 Sigmund Freud: Die Darstellung durch Symbole im Traume – Weitere typische Träume. In: Ders.: Die Traumdeutung. Mit einem Nachwort von Hermann Beland. Frankfurt am Main 1991, S. 351-404.
390 Ebd., S. 355.
391 Sigmund Freud: X. Vorlesung. Die Symbolik im Traum, S. 147.

(„Auktion") ein typisch männliches Utensil erworben zu haben. Bereits hier wird die enge Verknüpfung zwischen der Potenz des Tigers und seinem Geld transparent: Er kauft sich das, was er für seine Außenwirkung benötigt. Frau Sandoval erschüttert diese Inszenierung, in dem sie berichtet, das männliche Verhalten nicht nur durch ihre Brüder zu kennen, sondern gewissermaßen selbst praktizieren zu können (Tabakschnupfen).

Die nun folgende Beschreibung einer Kindheitsszene offenbart unter Anwendung der Freudschen Symbolik eine bittere Aussage. Die Maus steht für das männliche Genital[392] und der Mund für das weibliche,[393] so dass das Berichtete auf einen Missbrauch des Mädchens durch ihre Brüder hinweisen könnte. Die Reaktionen der beiden männlichen Protagonisten auf diese Geschichte sind aufschlussreich. Tiger ist einzig am sexuellen Bild interessiert („In den Mund!? Nicht schlecht"), Zierhut hingegen scheint sich bewusst zu sein, dass er ein intimes und schmerzliches Ereignis aus der Kindheit Frau Sandovals mitgeteilt bekam („nickt feierlich"). Diese Reaktionen können im unmittelbaren Zusammenhang mit der Namensgebung der beiden Figuren gesehen werden: Mit dem Bild wilder Tiere (Tiger) sieht Freud „sinnlich erregte Menschen, des weiteren böse Triebe, Leidenschaften"[394] symbolisiert, und mit dem Hut das männliche Genital.[395] Wenn der integere und ehrenhafte Gegenspieler des Tigers den Namen Zierhut trägt, so liegt es nahe, darin den Hinweis auf eine gezügelte Männlichkeit zu sehen, die von der rücksichtslosen Triebbefriedigung Abstand nimmt.

Die Szene zeigt, dass wie in *Der Oger* auch in *Der Tiger* der Psychoanalyse eine wichtige Rolle zukommt, die jedoch in einer ganz anderen Funktion für den Text erscheint. In *Der Oger* wurde die politisierte Psychoanalyse Reichs zum Hilfsmittel für die Befreiung der unterdrückten Protagonistin. In *Der Tiger* nun erscheinen Freudsche Traumsymbole, die den zunächst leichten, spielerischen und intertextuell aufgeladenen Verführungsszenen allen operettenhaften Glanz nehmen und sie mit dem konfrontieren, was sie auch sind: Szenen des sexuellen Missbrauchs. Deutlich wird diese Textstrategie in der Verführungsszene im Lusthaus. Auf der Handlungsebene versucht Tiger mit allen Mitteln, sich Frau Sandoval gefügig zu machen, und setzt dabei auf ihre Unterlegenheit als seine Angestellte wie auch auf ihre Situation des Ausgeliefertseins als vermeintlich rechtlose Witwe und naive Frau. Durch das erneute Abrufen Freudscher Symbole wird jedoch suggeriert, dass Frau Sandoval sich der Situation bewusst ist. Die Szene spielt in einem Zimmer (nach Freud Symbol für die

392 Sigmund Freud: Die Darstellung durch Symbole im Traume – Weitere typische Träume, S. 359.
393 Ebd., S. 361.
394 Sigmund Freud: X. Vorlesung. Die Symbolik im Traum, S. 150.
395 Vgl. das Unterkapitel: Der Hut als Symbol des Mannes (des männlichen Genitals). In: Sigmund Freud: Die Darstellung durch Symbole im Traume – Weitere typische Träume, S. 362-363.

Frau[396]), dem ein Balkon angeschlossen ist (Symbol für die sekundären Geschlechtsmerkmale der Frau[397]), von dem aus man einen „schöne[n] Blick über die Wipfel der Bäume" (DT 126), demnach über eine Waldlandschaft hat (Symbol für die primären Geschlechtsmerkmale der Frau[398]). Tiger geht auf die letztgenannte Konnotation ein, wenn er mit dem Satz „Alte Bäume sind besser als junge" (DT 126) Frau Sandoval den Vorzug vor ihrer Tochter gibt. Im Zimmer steht ein gedeckter Tisch (DT 125) und „Tische, gedeckte Tische [...] sind gleichfalls Frauen".[399] Frau Sandoval bewegt sich selbstsicher in dieser Umgebung, fordert Tiger auf, den Balkon zu betreten und die Landschaft zu bewundern (DT 126). Die Szene stellt die Verfügbarkeit ihres Körpers in den Mittelpunkt, zeigt aber im Symbolhaften, dass Frau Sandoval zu jeder Zeit in der sicheren Position derjenigen ist, die alles zu entschlüsseln weiß.

Am Ende zeigt sie souverän die Grenze auf, bis zu der sie die Annäherung des Tigers zuzulassen bereit ist. Ihre Verweigerung stößt bei Tiger auf heftiges Unverständnis: „Sie verkaufen sich doch auch, wenn Sie in Nachtkaffees spielen." (DT 132) Frau Sandovals dezidierte Antwort lautet: „Da verkaufe ich meine Arbeit. Aber kein Gefühl." (DT 132) Der Verweis auf die Symbolik nach Freud markiert den großen Unterschied gegenüber gängigen Geschlechterverhältnissen, die *Der Tiger* intertextuell durch den Bezug auf *Die lustige Witwe*, auf *Die Hochzeit des Figaro* und auf *Carmen* aufruft. Unter der spielerischen Oberfläche galanter Verführungsszenen, die in den Dialog mit bekanntem Opern- und Operettenrepertoire treten, liegt in *Der Tiger* ein Subtext, der mit Hilfe von Symbolen benennt, was in der Rezeption oft zugunsten des Unterhaltungswertes verdrängt und damit stillschweigend gebilligt wird: die Herabsetzung der Frau zum Sexualobjekt. *Der Tiger* tritt jedoch keinesfalls an, Oper und Operette per se zu kritisieren und als beschönigende Unterhaltung zu entlarven. Viel eher scheint *Der Tiger* dazu anzuhalten, das Widerstandspotential in den Prätexten, an die direkt angeknüpft wird, wahrzunehmen und hinter die Fassade der vermeintlich leichten Unterhaltung vorzudringen.

Rein quantitativ überwiegen die intertextuellen Verweise auf Mozart, was als Verortung von *Der Tiger* in eine bestimmte Geisteshaltung gewertet werden kann, die den Mozartschen Werken zugesprochen wird:

Mit einem gewissen Neid schaute der Künstler des 19. Jahrhunderts auf die „paradiesische" Musik der Wiener Klassik und deutete insbesondere Mozarts Werk als Ausdruck „genialer Naivität", die nur punktuell durch Disharmonie und Zweifel gebrochen ist. [...] Tatsächlich verlockt die ästhetische Schönheit

---

396 Sigmund Freud: Die Darstellung durch Symbole im Traume – Weitere typische Träume, S. 355.
397 Sigmund Freud: X. Vorlesungen. Die Symbolik im Traum, S. 151.
398 Sigmund Freud: Die Darstellung durch Symbole im Traume – Weitere typische Träume S. 358 und Ders: X. Vorlesungen. Die Symbolik im Traum, S. 149.
399 Sigmund Freud: Die Darstellung durch Symbole im Traume – Weitere typische Träume, S. 357.

dieser Musik den Hörer zu unreflektiertem Genuss, macht in glauben, hier genüge Schönheit sich selber. Dass im 18. Jahrhundert das „delectare", das Erfreuen, noch als Grundpfeiler der Vermittlung selbst abgründigster Botschaften galt, ist kaum mehr bekannt. Mozart war sich darüber im Klaren. […] Auf den „Brettern, die die Welt bedeuten", lässt er vorführen, was Leben heißt, welche menschlichen Unzulänglichkeiten, welche zerstörerischen Elemente die Vision gefährden und womit korrigierend eingewirkt werden kann. Mozarts Meisteropern sind allesamt Darstellung von einem visionären Traum und dessen Bedrohung.[400]

Wenn *Der Tiger* an Mozarts Haltung der Kunst gegenüber anknüpft, dann können daraus zwei Gründe, ein äußerer und ein innerer, abgeleitet werden. Zum einen liegt es nahe, im Verweis auf Mozart das Thema der Zensur aufscheinen zu sehen, dem Mozart im Wien des 18. Jahrhunderts ausgesetzt war. *Der Tiger* spielt auch an einer Stelle inhaltlich auf die Zensur an, wenn Frau Sandoval sagt: „Ich fürchte nämlich, es könnten irgendwelche verbotenen Bücher oder Schriften sein. Das kommt jetzt häufig vor". (DT 75) Der Bezug auf Mozart kann demnach als Aufforderung verstanden werden, zwischen den Zeilen zu lesen, da die Kritik an der Gesellschaft nur verdeckt geübt wird. Der zweite, gewissermaßen innere Grund für einen Bezug auf die Werke Mozarts kann den Möglichkeiten des „delectare" zugeschrieben werden, wie sie im obigen Zitat Mozart betreffend formuliert wurden.

In der Absicht, durch das leicht scheinende Spiel Kritik zu üben, distanziert sich *Der Tiger* sowohl von sozialdemokratischen Sprechchorwerken, wie auch vom politisch agitierenden Kabarett und zeigt Übereinstimmungen mit dem Denken von Karl Kraus, der ebenfalls in der vermeintlich leichten Muse die Möglichkeiten für Gesellschaftskritik sah. Für Kraus bedeutete Operette: „den Krampf des Lebens zu lösen, dem Verstand Erholung zu schaffen und die gedankliche Tätigkeit entspannend wieder anzuregen".[401] In dieser „verantwortungslosen Heiterkeit" lasse sich dann das „Bild unserer realen Verkehrtheiten" erahnen.[402] In seinen Vorlesungen, in denen Kraus Operetten zu Gehör brachte, fügte er selbst Zeitstrophen ein, durch die er den gesellschaftskritischen Gehalt der Operette unterstrich und unmittelbar auf die zeitgenössischen Gegebenheiten zuspitzte. *Der Tiger* dreht das Kraussche Verfahren gewissermaßen um: Kraus fügte eigene Textpassagen in Operettenlibretti ein, während Canetti Opern- und Operettenzitate in das eigene Stück, das selbst einen hohen Unterhaltungswert besitzt, integriert. Damit geschieht eine bemerkenswerte Verschiebung. *Der Tiger* nutzt die Möglichkeiten eines mit Leichtigkeit getarnten kritischen Blicks von Oper und Operette, ohne selbst dieser Gattung anzugehö-

---

400   Urs Fässler: Das klingende Welttheater des Eros, S. 10.
401   Karl Kraus: Grimassen über Kultur und Bühne. In: Ders.: Grimassen. Unter Mitarbeit von Kurt Krolop und Roland Links hg. von Dietrich Simon. München 1971, S. 203-216, hier S. 208.
402   Ebd.

ren. Dies ermöglicht gewissermaßen eine intellektuelle Potenzierung, da der Rezipient sich durch die intertextuellen Verweise ständig bewusst ist, dass es sich um eine Inszenierung handelt, die ihre Struktur offen legt. Ein Versinken des Rezipienten im leichten Spiel, wie dies die Operette und die Opern Mozarts gewollt oder ungewollt zumindest zulassen, wird damit erschwert und eine Auseinandersetzung mit dem Dargestellten, nicht zuletzt unter Zuhilfenahme Freudscher Symbolik, offensiv provoziert.

5.3 Freie Kunst und Macht des Geldes. *Der Tiger* im Dialog mit Schillers *Über die ästhetische Erziehung des Menschen*

Die intertextuellen Verweise von *Der Tiger* auf Opern und Operetten in der Absicht, zeitgenössische Gesellschaftsmuster transparent zu machen, geht von der Annahme einer Wirksamkeit der Kunst aus. Diese Dimension des Stückes wird noch deutlicher, wenn in den Blick genommen wird, dass die Handlung Künstler in den Mittelpunkt stellt und die Rolle der Kunst in der Gesellschaft damit nicht nur zwischen Stück und Zuschauer, sondern auch im Stück selbst verhandelt. In diesem Zusammenhang sind die Figuren Frau Sandoval und ihre Tochter Diana besonders aussagekräftig.

Diana arbeitet als Bildhauerin aus einer inneren Notwendigkeit heraus und wird mit einer Gesellschaft konfrontiert, die in der Kunst entweder naturalistische Abbildung oder leichte Unterhaltung sieht. Dieses gesellschaftliche Kunstverständnis ist unmittelbar mit der Ökonomie verknüpft und wird in *Der Tiger* an mehreren Einzelbeispielen vorgeführt. Gleich im ersten Auftritt von Diana wird der Kunstmarkt thematisiert, der von einer strikten Realismusforderung bestimmt ist. Eine Schauspielerin findet auf ihrem von Diana gezeichnetem Porträt die Nase zu breit, die Stirn zu schmal und „das Doppelkinn hat sie wegradiert." (DT 76) Auf Dianas empörten Ausruf „Ich bin kein Silhouettenschnitzer, Madame" beginnt die Schauspielerin „mit dem Metermaß zu messen" und nachzuweisen, „daß die Maße nicht stimmen" (DT 76). Diana antwortet, ohne dass die Schauspielerin die Ironie verstehen würde: „Sie brauchen eine Totenmaske, Madame" (DT 76). Auch die zweite Auftragsarbeit, eine Venus für einen Firmenchef, scheitert, da Dianas Vorstellungen mit denen des Auftraggebers und besonders denen seiner Ehefrau nicht übereinstimmen (DT 77).

Dianas Schwierigkeiten beim Verkauf ihrer Kunst werden verursacht durch den Widerstreit zwischen einer freien Kunst und der Auftragsarbeit, zwischen individuellem Ausdruck und abbildendem Kunsthandwerk, zwischen der künstlerischen Vision und den Ansprüchen des zahlenden Kunden. Kunstgeschichtlich wird in der Abwendung von der Auftragsarbeit der Beginn der freien Kunst verortet,[403] was damit einhergeht, dass „Kunst nicht mehr als inte-

---

403 Martin Damus: Die Geschichte bürgerlicher Kunst oder die Geschichte ihrer Befreiung als die Geschichte ihrer Entfremdung. In: Ders.: Funktionen der Bildenden Kunst im Spätkapitalismus. Braunschweig 1973, S. 144-185.

graler Bestandteil der Gesamtkultur, sondern als isolierter und isolierbarer Bereich erscheint".[404] Im Gegensatz zur diskriminierten autonomen Kunst steht die Unterhaltung in der im Stück *Der Tiger* geschilderten Gesellschaft hoch im Kurs. Der Film dient in diesem Zusammenhang unter den Künstlerfiguren als Beispiel für dieses leichte Entertainment. Bei den Drehbüchern kann jeder mitreden, es gibt keine Milieuschilderungen, keine Psychologie und keine Belehrung. (DT 98ff.) Bereits im Roman *Die Gelbe Straße* zeigten die wohlhabenden Figuren Begeisterung für den Film. Die Ladenbesitzerin Runkel wird für ihre Kinoleidenschaft beschimpft: „jeden Abend läßt du dich ins Kino fahren, da wird nicht gespart, du Dreckfresserin"[405] und der Hausbesitzer Vkl geht entweder in den Prater oder ins Kino. Angelika Schedel führt aus, dass der Kinobesuch dem Praterbesuch ebenbürtig ist, denn „wir dürfen dieselben negativen Tendenzen, die mit dem Kabinett-Besuch verbunden sind, auch mit dem Kino in Verbindung bringen. Beides sind Orte der optischen Sensationen, an denen die Wiederholung des Immergleichen ihre perfekte Darstellungsform gefunden hat."[406]

Diana hingegen möchte als freie Künstlerin Laster verewigen (DT 94). Sie erfüllt weder das Gebot der Wirklichkeitskopie noch das der Unterhaltung. Das Stück prangert durch die Figur der Diana die gängige Meinung an, dass sich der Künstler in der Gesellschaft entweder den Geboten des Marktes anzupassen oder den „Weg" „über das Schlafzimmer des Direktors" (DT 116; auch 77) zu wählen habe. Diana verweigert sich dieser vermeintlichen Zwangsläufigkeit und in doppeltem Sinne der Kommerzialisierung: Sie kann weder sich selbst noch ihre Kunst verkaufen. Auf Seiten Dianas stehen sich Gesellschaft und Kunst unvereinbar gegenüber, wobei die Gesellschaft meint, auf ihre Kunst verzichten zu können, während umgekehrt die im Sinne Dianas ‚wirkliche' Kunst in hohem Maße auf die Gesellschaft zielt. Hier nun setzt die Figur der Frau Sandoval an und fungiert als eine Ergänzung der Kunstauffassung ihrer Tochter. Besonders deutlich wird die nahezu komplementäre Verwobenheit der gesellschaftlichen Aufgaben von Mutter und Tochter in einer Unterhaltung zwischen ihnen:

DIANA: Du siehst nur dich in den anderen wieder.
SANDOVAL: Das ist mein Halt.
DIANA: Ich sehe die anderen in mir. Das ist meine Qual, Mutter.
SANDOVAL: Das ist deine K u n s t, Dian. [sic!] (DT 95)

Diese Unterhaltung kann als Anspielung auf den 24. Brief aus Friedrich Schillers *Über die ästhetische Erziehung des Menschen* gelesen werden. Schiller

---

404 Martin Damus: Die Geschichte bürgerlicher Kunst oder die Geschichte ihrer Befreiung als die Geschichte ihrer Entfremdung, S. 148.
405 Veza Canetti: Die Gelbe Straße, S. 16.
406 Angelika Schedel: Sozialismus und Psychoanalyse, S. 119.

unterscheidet darin „drei verschiedene Momente oder Stufen der Entwicklung", die „sowohl der einzelne Mensch als auch die ganze Gattung notwendig und in einer bestimmten Ordnung durchlaufen müssen, wenn sie den ganzen Kreis ihrer Bestimmung erfüllen sollen. [...] Der Mensch in seinem *physischen* Zustand erleidet bloß die Macht der Natur; er entledigt sich dieser Macht in dem *ästhetischen* Zustand, und er beherrscht sie in dem *moralischen*."[407] Der erste, physische Zustand, den Schiller umreißt, gleicht der Gesellschaft, die Canetti im Stück zeigt und deren herausragender Vertreter die Figur des Tigers ist:

> Was ist der Mensch, ehe die Schönheit die freie Lust ihm entlockt, und die ruhige Form das wilde Leben besänftigt? Ewig einförmig in seinen Zwecken, ewig wechselnd in seinen Urteilen, selbstsüchtig ohne Er Selbst zu sein, ungebunden ohne frei zu sein, Sklave ohne einer Regel zu dienen. In dieser Epoche ist ihm die Welt bloß Schicksal, noch nicht Gegenstand, alles hat nur Existenz für ihn, insofern es ihm Existenz verschafft, was ihm weder gibt noch nimmt, ist ihm gar nicht vorhanden. [...] Umsonst läßt die Natur ihre reiche Mannigfaltigkeit an seinen Sinnen vorübergehen; er sieht in ihrer herrlichen Fülle nichts, als seine Beute, in ihrer Macht und Größe nichts als seinen Feind. Entweder er stürzt auf die Gegenstände, und will sie in sich reißen in der Begierde; oder die Gegenstände dringen zerstörend auf ihn ein, und er stößt sie von sich, in der Verabscheuung. In beiden Fällen ist sein Verhältnis zur Sinnenwelt unmittelbare *Berührung,* und ewig von ihrem Andrang geängstigt, rastlos von dem gebieterischen Bedürfnis gequält, findet er nirgends Ruhe als in der Ermattung, und nirgends Grenzen als in der erschöpften Begier. [...] Mit *seiner* Menschenwürde unbekannt, ist er weit entfernt sie in anderen zu ehren, und der eigenen wilden Gier sich bewußt, fürchtet er sie in jedem Geschöpf, das ihm ähnlich sieht. *Nie erblickt er andere in sich, nur sich in andern* [Hervorhebung N.L.], und die Gesellschaft, anstatt ihn zur Gattung auszudehnen, schließt ihn nur enger und enger in sein Individuum ein.[408]

Wenn nun Frau Sandoval meint, sich in den anderen zu sehen, so bringt Canetti sie damit in eine Verbindung mit dem Menschen in seiner *physischen* Stufe. Diana hingegen sieht die anderen in sich, das ist ihre Kunst und der Künstler ist es, der nach Schiller mit der Aufgabe eines Erziehers der Menschheit betraut ist. Franziska Schößler interpretiert, dass Diana mit dieser Haltung, die anderen in sich zu sehen, eine „Zersplitterung des Ich"[409] riskiere. Die Schilderung Dianas als ganz in sich ruhende, integere Figur scheint dem jedoch zu widersprechen. Dianas Kunst strebt statt in die Zersplitterung viel eher nach einer Wahrheit, die sich gerade unabhängig von der Abbildung entfaltet.

---

407 Friedrich Schiller: Über die ästhetische Erziehung des Menschen in einer Reihe von Briefen. In: Ders.: Werke und Briefe in zwölf Bdn. Bd. 8: Theoretische Schriften. Hg. von Rolf-Peter Janz unter Mitarbeit von Hans Richard Brittnacher, Gerd Kleiner und Fabian Störmer. Frankfurt am Main 1992, S. 556-676, hier 24. Brief, S. 648.

408 Friedrich Schiller: 24. Brief, S. 649f.

409 Franziska Schößler: Masse, Musik und Narzissmus, S. 86.

Der zitierte Disput zwischen Diana und der Sängerin um den Wirklichkeitsge-
halt des Porträts und auch der zweite Streitfall zwischen Diana mit einem Kunden über die badende Venus scheint nicht willkürlich gewählt, sondern ebenfalls auf Schiller zurückzuweisen, ist doch die Bildhauerei als Kunstform und
die Venus als Artefakt in Schillers Briefen mehrfach Beispiel für die ideale
Kunst der Antike.[410] Schiller legt einiges Gewicht auf die Schilderung des
„gegenwärtigen Zeitalters", das über eine deutliche „Handelsmetaphorik"[411]
Gestalt annimmt und in dem sich der Mensch nicht mehr als Ganzes begreifen
kann:

> [D]er Genuß wurde von der Arbeit, das Mittel vom Zweck, die Anstrengung
> von der Belohnung geschieden. Ewig nur an ein einzelnes kleines Bruchstück
> des Ganzen gefesselt, bildet sich der Mensch selbst nur als Bruchstück aus,
> ewig nur das eintönige Geräusch des Rades, das er umtreibt, im Ohre, ent-
> wickelt er nie die Harmonie seines Wesens, und anstatt die Menschheit in seiner
> Natur auszuprägen, wird er bloß zu einem Abdruck seines Geschäfts, seiner
> Wissenschaft.[412]

Es liegt nahe, diese Passage als eine frühe Darstellung der Entfremdung zu lesen.[413] Der Tiger schließt hier an und kreist nun explizit um den Widerstreit
zwischen umfassender Kunst und fragmentarisierender Ökonomie. Auf Seiten
von Diana ist dies ein fixiertes Verhältnis, das keine Veränderung erwarten
lässt. Ihre Kunst muss sich vom Kommerz distanzieren und bleibt damit zunächst peripher. Frau Sandoval hingegen versucht aktiv einen Zusammen-
schluss der beiden Bereiche und sieht ihre Aufgabe in der Dienstbarmachung
des Geldes für die Kunst.

Die Frage, die im gesamten Stück mitschwingt, ist, warum der Mensch
Kunst kaufen solle – zumal eine Kunst, die weder Abbildung der Wirklichkeit
noch Unterhaltung ist. „Geld oder Kunst, das ist die Frage!" (DT 148) ist gewissermaßen die Quintessenz der Auseinandersetzung. Frau Sandovals Antwort
ist eindeutig, als Tiger sich gegen die Kunst und für das Geld ausspricht:

> SANDOVAL: Wenn alle so dächten wie Sie, würde es sich nicht erweisen,
> daß Gott den Menschen nach seinem Ebenbild erschaffen hat.
> TIGER: Wieso.

---

410 Friedrich Schiller: 6. Brief, S. 570, 15. Brief, S. 609f. und S. 613.
411 Rose Riecke-Niklewski: Die Metaphorik des Schönen. Eine kritische Lektüre der Ver-
     söhnung in Schillers „Über die ästhetische Erziehung des Menschen in einer Reihe von
     Briefen". Tübingen 1986, S. 122.
412 Friedrich Schiller: 6. Brief, S. 572f.
413 Kommentar zu Über die ästhetische Erziehung des Menschen in einer Reihe von Brie-
     fen: Aspekte der Deutung. In: Friedrich Schiller: Werke und Briefe in zwölf Bdn. Bd.
     8: Theoretische Schriften. Hg. von Rolf-Peter Janz unter Mitarbeit von Hans Richard
     Brittnacher, Gerd Kleiner und Fabian Störmer. Frankfurt am Main 1992, S. 1386-1392,
     hier S. 1387.

SANDOVAL: Der Künstler ist zu leise, um gehört zu werden, wenn er sich gegen das Häßliche auflehnt. Und darum versteckt er sich in eine andere Form, um sich zu erklären. Erklären muß er sich aber, denn sonst würde ihn der furchtbare Druck in den Wahnsinn treiben. Können Sie mich verstehen?
TIGER: Ich verstehe nicht, wozu die andern die Sachen kaufen sollen.
SANDOVAL: [...] Auch den anderen Menschen genügt ihr dumpfes Empfinden nicht mehr. Sie wollen mehr werden. Die Menschen brauchen den Künstler.
TIGER: Geld brauchen sie, damit sie sich anessen können.
SANDOVAL: Würde brauchen sie. Wie soll sie der Künstler ihnen geben, wenn man ihn jetzt aussterben läßt.
TIGER: Von mir aus braucht er nicht zu sterben.
SANDOVAL: Doch, Herr Kafetier, gerade Sie sind so einer. Sie wollen doch, daß meine Tochter Büffetdame wird. (DT 133)

Mit ihren Argumenten positioniert sich Frau Sandoval in der Debatte um den Sinn von Kunst. Zunächst beruft sie sich auf die biblische Schöpfungsgeschichte, wenn sie den Menschen als das Ebenbild Gottes versteht[414] und bindet dies an das Vermögen des Menschen, Kunst zu schaffen und es damit in gewissem Sinne Gott gleichzutun. Mit der Bezugnahme auf Gott beruft sie sich auf die einzige Macht, die sich außerhalb des ökonomischen Systems befindet und sich jenseits der Käuflichkeit bewegt. Die Verknüpfung der Kunst mit der Würde des Menschen verweist unmittelbar auf Schillers Briefe:

> Die Menschheit hat ihre Würde verloren, aber die Kunst hat sie gerettet und aufbewahrt in bedeutenden Steinen; die Wahrheit lebt in der Täuschung fort, und aus dem Nachbilde wird das Urbild wieder hergestellt werden. So wie die edle Kunst die edle Natur *überlebte*, so schreitet sie derselben auch in der Begeisterung, bildend und erweckend, voran.[415]

Die ästhetische Erziehung ist nach Schiller die Einübung einer moralischen Einstellung durch die Betrachtung der Kunst und befähigt dazu, die Würde jedes Menschen zu akzeptieren. Tigers ständiges Fehlverhalten kann hier gegenübergestellt werden. Es gipfelt in seinem Ausspruch: „Im Kopf hab ich kein Gefühl." (DT 86) Diese Negation scheint wiederum auf die Position in Schillers Briefen zurückzuweisen, wenn es dort heißt: „der Weg zu dem Kopf durch das Herz muß geöffnet werden."[416]

Wie aber ist dieses Herz zu öffnen? Frau Sandoval versucht es mit Argumentieren, und zwar auf dem Gebiet, das dem Tiger vertraut ist, auf dem der Ökonomie. Dabei ist das geforderte ‚Kaufen' doppelt interpretierbar. Zum einen, gewissermaßen in der Sprache des Tigers, bezeichnet es einen Geldtransfer, und der Warencharakter, den die Kunst damit erhält, erscheint als das klei-

---

414 Vgl. 1. Mose, 27.
415 Friedrich Schiller: 9. Brief, S. 584.
416 Friedrich Schiller: 8. Brief, S. 582.

nere Übel gegenüber einer ‚kunstfreien' Gesellschaft. Im Sinne der Ideen zur gesellschaftlichen Aufgabe von Kunst, die Frau Sandoval vertritt, ist ‚Kaufen' auch als Wertschätzung, Anerkennung und der Sache einen Wert geben zu lesen:

> SANDOVAL: Er [Tiger] wird sich überzeugen, daß Kunst eine gute Anlage ist. Er wird selbst einiges kaufen. Das ist jetzt das Neueste, schöne Bilder in feinen Kaffees. (DT 149)

Frau Sandovals Argumente orientieren sich an Schillers Satz: „Mit einem Wort: es gibt keinen andern Weg, den sinnlichen Menschen vernünftig zu machen, als daß man denselben vorher ästhetisch macht."[417] *Der Tiger* inszeniert über die beiden Frauenfiguren die Forderung nach einer Veränderung der Gesellschaft durch die Kunst, was parallel zu Schillers Briefen gelesen werden kann. Die entscheidende Umwertung, die *Der Tiger* gegenüber dem Vergleichstext unternimmt, liegt darin, eine Frau als Kunstschaffende ins Zentrum zu stellen, der das Potential zur Veränderung der Gesellschaft durch Kunst zugeschrieben wird. Der Name der Künstlerin – Diana – ist dabei bedeutend: Diana/Artemis ist die Zwillingsschwester des Künstler-Gottes Apollo. Schillers Idee einer idealistischen, am antiken Ideal orientierten Kunst wird hinsichtlich ihrer Wirkung auf die Gesellschaft bei Canetti bejaht und auf Seiten der Produktion zugunsten der kreativen Frau erweitert. Eine vergleichbare Öffnung erfolgt auch in Bezug auf das Kunstwerk selbst. Was Dianas Kunst in der Stückhandlung verrichten soll, versucht auch das Stück *Der Tiger*: die Verbesserung der Gesellschaft. Dabei strebt das Stück keinem Kunstideal wiedergefundener Totalität nach, sondern öffnet sich durch die intertextuellen Versatzstücke dem Fragmentalen, dem Modernen. Trotz dieser vielen Stimmen, die damit in *Der Tiger* zu Wort kommen, scheint Canetti von einer richtungweisenden Wirksamkeit des „Scheins" überzeugt, die sich von Schiller herschreibt:

> Dem selbstständigen Schein nachzustreben erfordert mehr Abstraktionsvermögen, mehr Freiheit des Herzens, mehr Energie des Willens, als der Mensch nötig hat, um sich auf die Realität einzuschränken, und er muß diese schon hinter sich haben, wenn er bei jenem anlangen will. Wie übel würde er sich also raten, wenn er den Weg zum Ideale einschlagen wollte, um sich den Weg zur Wirklichkeit und Wahrheit zu ersparen![418]

Was Schiller hier theoretisch darlegt, zeigt sich in der Schlussszene von *Der Tiger* auf der Bühne. Der Zuschauer sieht, wie Tiger zum Kauf von Kunst überredet wird, was nur dann glaubhaft sein kann, wenn sich der Zuschauer von den Gegebenheiten der Realität distanziert und sich dem Schein öffnet, dem ersten Schritt zu einer umfassenden Veränderung.

---

417 Friedrich Schiller: 23. Brief, S. 643.
418 Friedrich Schiller: 27. Brief, S. 667.

5.4 „Wenn wir Künstler nicht Haltung haben, wer sollte es sonst?" Die autointertextuelle Dichterfigur Knut Tell

> DIANA: Meine Mutter sagt immer, den härtesten Stein hab ich noch nicht bearbeitet. Der bin ich selbst. Aber ich m a g nicht in mich hineinhauen. Und ich mag mich nicht ducken.
> TELL: Wenn wir Künstler nicht Haltung haben, wer sollte es sonst? (DT 124)

Diana, dies wird im gesamten Stück deutlich, duckt sich nicht und stellt sich dem Konflikt mit der kunstignoranten Gesellschaft. Der Dichter Knut Tell hingegen wirkt wankelmütig, seinen Worten folgen keine Taten und seine Kunst bleibt vage. Seine Äußerungen kennzeichnet ein gebildeter Wortwitz, der sich von Dianas Aufrichtigkeit auffällig abhebt:

> TELL: *zeigt auf die abgehende Pasta.* Die umgekehrte Penelope.
> DIANA: Penelope?
> TELL: Penelope.
> DIANA: Ich verstehe nicht recht.
> TELL: Penelope schwieg und wob.
> DIANA: Und Pasta?
> TELL: Redet und zertrennt.
> DIANA: Sie redet. Aber sie zertrennt?
> TELL: Jeden Gedanken, den man anspinnt.
> DIANA: Sie redet wirklich etwas viel. Wenn sie es nicht so gut meinte, wäre sie beinahe taktlos.
> TELL: Sie sind die umgekehrte Pasta.
> DIANA: Also die Penelope.
> TELL: Nein, aber Sie drücken sich etwas zu höflich aus. Sagen Sie doch gleich, sie ist die farnesische Kuh.
> DIANA: Warum gerade die farnesische?
> TELL: Weil sie ewig willig die vollen Euter darbietet.
> DIANA: Das ist schön von der Kuh.
> TELL: Aber Pastas Milch ist ranzig.
> DIANA: Das ist aber scharf! Dabei bin ich froh, daß Sie gekommen sind! Sie sind sehr hereinstürmend und befreiend! Es war eine etwas schwüle Atmosphäre, wenigstens für mich.
> TELL: Mich freut, daß sich die Gegensätze anziehen.
> DIANA: Gegensätze?
> TELL: Sie sind schweigsam, ich schwatzhaft, Sie sind zart, ich derb, Sie sind schön, ich …
> DIANA: Häßlich, – groß – klein – schmutzig – rein, wie ist das mit gescheit?
> TELL: Bei gescheit geht es nicht. *Beide lachen.* (DT 120)

An diesem Dialog lassen sich weitreichende Charakteristika der Figuren ablesen. Tell scheint von bipolaren Geschlechterstereotypen auszugehen, die Dianas Frage gewissermaßen am Verstand scheitern lässt. ‚Gescheit' findet keine Opposition, die den Kategorien männlich oder weiblich zuzuordnen wären und bringt das überkommene ‚Muster der Gegensätze, die sich anziehen' zum Erliegen. Das Attribut ‚gescheit' ist der zentrale Punkt der Unterhaltung. Tell versucht klug zu erscheinen und verweist auf Penelope und die farnesische Kuh. Beide Verweise sind jedoch ungenau. Im Falle von Penelope beharrt er darauf, dass diese schweige und webe, Pasta jedoch rede und zertrenne. Tatsächlich ist Penelope jedoch nicht mit dem Attribut des Schweigens belegt. Um sich der Freier bis zur Wiederkehr ihres für tot geglaubten Gatten Odysseus zu erwehren, gibt Penelope vor, ein Leichentuch zu weben, bis zu dessen Fertigstellung sie ledig bleiben müsse. Nachts trennt sie den gewebten Stoff heimlich wieder auf:

> Wartet! Drängt nicht zur Ehe! Ich möchte ein Tuch erst vollenden –
> Nutzlos, fürcht' ich, müßte das Garn sonst verderben – […]
> So nun wob sie am großen Webstuhl alle die Tage.
> Nachts aber nahm sie sich Fackeln und trennte und trennte. So blieb sie
> Drei volle Jahre verborgen und hielt die Achaier beim Glauben.
> Schließlich nahte das vierte Jahr, und die Jahreszeiten
> Kreisten; da redete endlich eines der wissenden Weiber,
> Und wir entdeckten sie wirklich beim Trennen des glänzenden Tuches.[419]

Penelope ist demnach mit dem Zertrennen gleichermaßen assoziiert wie mit dem Weben, so dass der von Tell konstruierte Gegensatz zu Pasta nicht überzeugt und der Verdacht nahe liegt, dass er Penelope mit Philomela verwechselt. Diese schweigt, da sie vom Ehemann ihrer Schwester Progne vergewaltigt und ihr die Zunge herausgeschnitten wurde.[420] Um das schreckliche Verbrechen bei ihrer Schwester anklagen zu können, webt sie es in ein Tuch:

> Nichts vermag zu verraten der Mund, der verstummte. Doch regsam
> Ist bei Gekränkten der Geist, und erfinderisch wird man im Unglück.
> An barbarischem Webstuhl befestigt die Schlaue den Zettel,
> Purpurne Zeichen verwebt sie hinein in die Fäden, die weißen,
> So das Verbrechen enthüllend, und gibt einer Magd, was sie wirkte,
> Deutet ihr an, es zur Herrin zu tragen. Und sie, wie geheißen,
> Bringt es zu Progne; doch was es enthält, sie kann es nicht wissen.[421]

Auch der Verweis auf die farnesische Kuh erscheint unstimmig und beruht auf einer Verwechslung. In der Sammlung Farnese der gleichnamigen Familie, die antike Kunstschätze in ihrem Palazzo Farnese in Rom zusammentrug, befindet

---

419 Homer: Odyssee und Homerische Hymnen. Übersetzt von Anton Weiher. Mit einer Einführung in die Odyssee von Alfred Heubeck. Mit einer Einführung in die Homerischen Hymnen von Wolfgang Rösler. Hg. von Manfred Fuhrmann. München 1990, Zweiter Gesang, Verse 97-109, S. 68.

420 Publius Ovidius Naso: Metamorphosen. Epos in 15. Büchern. Übersetzt und hg. von Hermann Breitenbach. Mit einer Einleitung von L. P. Wilkonson. Stuttgert 1995, 6. Buch, Verse 524-563.

421 Ebd., Verse 574-580.

sich nicht die farnesische Kuh, sondern der farnesische Stier.[422] Diese fast vier Meter hohe Marmorskulptur stellt die Schleifung der Dirke durch einen wilden Stier dar und geht auf den Mythos zurück, den Euripides in seiner um 410 v. Chr. uraufgeführten Tragödie *Antiope* gestaltete.[423] Eine Kuh befindet sich nicht in der Sammlung, und auch auf dem Sockel des farnesischen Stiers, auf dem verschiedene Tierdarstellungen zu sehen sind, findet sich keine Kuh. Die Kuh, die, wie Knut Tell es ausdrückt, „ewig willig die vollen Euter darbietet" (DT 120), scheint viel eher die Ur-Kuh Audhumla zu sein, von der die *Edda* berichtet, dass sie neben dem Riesen Ymir das erste Wesen auf Erden war: „Vier Milchströme rannen aus ihren Zitzen, und sie ernährte Ymir."[424]

Knut Tell wird in der zitierten Szene als bürgerlicher Dichter vorgeführt, der mit Bildung blendet. Sein Wissen entlarvt sich als Inszenierung ohne Hintergrund, er erzählt wahllos. Auf diese Eigenschaft weist auch sein Name hin – to tell: erzählen. Bemerkenswert ist jedoch, dass Tells falsche Verweise im Stück selbst nicht aufgedeckt werden. Diana fragt zwar kritisch nach, Tells Erklärungen bleiben letztendlich jedoch unkommentiert stehen. Es ist anzunehmen, dass mit der Figur des Dichters Tell ein Exempel statuiert wird, das bei drei unterschiedlichen Rezipientengruppen unterschiedliche Reaktionen hervorruft. Für die Gruppe, die mit der farnesischen Kuh und der Figur Penelope keinerlei Assoziationen verbindet, bleiben die Verweise inhaltsleer, und für jene, die den Irrtum bemerken, entlarvt sich Tell als Schwätzer. Die dritte Gruppe jedoch, die sich von Tells vermeintlichem Wissen blenden lässt, ist das eigentliche Zielpublikum einer Dichtung, die die Figur Knut Tell verkörpert. Besonders deutlich wird dies, wenn man die anderen beiden Texte Canettis heranzieht, in denen ebenfalls der Dichter Knut Tell in Erscheinung tritt: Der Roman *Die Gelbe Straße* und die Kurzgeschichte *Der Fund*. In beiden Texten übernimmt Tell die Rolle des bürgerlichen Wortkünstlers, der gesellschaftliche Verantwortung nicht übernehmen will.

In *Die Gelbe Straße* lebt Tell mit seinen Büchern, die „Wände waren bis zur Decke mit Büchern verstellt".[425] Die Wände sind „verstellt", wie auch sein Blick auf die Gesellschaft verstellt ist, denn er lebt mit seinen Büchern in einer Isolation, die es ihm unmöglich macht, mit Menschen in Kontakt zu treten, da für sie im übertragenen Sinne kein Platz ist: „Tisch, Divan, Sessel, jede Fläche war mit Büchern überhäuft."[426] In Tells „Kopf drängte sich eine dumpfe,

---

422 Bernhard Andreae: Der Farnesische Stier. Schicksale eines Meisterwerkes der pergamenischen Bildhauer Apollonios und Tauriskos von Tralleis. Freiburg im Breisgau 1996, S. 16.

423 Christian Kunze: Der Farnesische Stier und die Dirkegruppe des Apollonios und Tauriskos. Berlin und New York 1998, S. 31.

424 Snorri Sturluson: Gylfaginning. Texte, Übersetzung, Kommentar von Gottfried Lorenz. Darmstadt 1984, S. 136.

425 Veza Canetti: Die Gelbe Staße, S. 25.

426 Ebd., S. 25.

schwere Masse zusammen, wie bei der Erschaffung der Welt",[427] und er trägt diesen Kopf „so hoch", „als pflegte er über die Dächer der Häuser zu schaun".[428] Sein Blick ist also derart nach oben gerichtet, dass ihm das menschliche Elend in den Häusern und auf den Straßen verborgen bleibt und sein bisweilen aufflammendes soziales Engagement in duckmäuserische Bequemlichkeit mündet. Als eines Tages ein Bananendieb in Tells Wohnung ein Versteck vor der Polizei sucht, ist Tell begeistert und rät ihm, doch lieber Juwelen zu stehlen:

> „Da können Sie dann reisen!" [...]
> „Ja, Sie können reisen. Sie können nach Bali fahren. Ich borge Ihnen ein Buch über Bali. Und sie können sich eine Bibliothek kaufen, eine viel größere, zehnmal mehr Bücher."[429]

Deutlich wird hier, wie sehr Tell in seiner Welt der Bücher gefangen ist und wie er die Wirklichkeit nur über die Vermittlung der Schrift wahrzunehmen vermag. Bali als Reiseziel, das ihm durch ein Buch vertraut ist, scheint nicht zufällig gewählt. Preece sieht darin eine intertextuelle Reaktion auf Elias Canettis *Die Blendung*, „a humorous reference to Kein's academic specialism in Oriental languages and his defining possession, which is his library of twenty-five thousand volumes".[430]

Es bietet sich aber noch eine andere Erklärung an: Ende der zwanziger, Anfang der dreißiger Jahre erfreute sich der Text- und Bildband *Insel Bali*[431] von Gregor Krause großer Beliebtheit. Bali wird als befreites Paradies gezeigt, das in scharfem Kontrast zu den gesellschaftlichen Zwängen der westlichen Lebensorganisation steht. Die Balinesen werden dabei zum einen bewundert, zum anderen aber durch den Blick auf das Fremde, der nicht zuletzt eine voyeuristische Inszenierung des weiblichen Körpers unternimmt, herabgestuft.[432] Tell zeigt sich durch seine Balibegeisterung jener Geisteshaltung zugehörig, die das Fremde als exotische Stimulanz betrachtet, ohne sich ihm wirklich zu öffnen, und somit in der Ignoranz verharrt. Im Vergleich mit dem Buch über Bali ist Tell selbst noch weiter von der Lebenswirklichkeit entfernt. Zeigt ein Buch eine den eigenen Ansprüchen geschuldete Darstellung, die mit den tatsächlichen Lebensbedingungen auf Bali nicht in eins fallen muss, so ist Tell nur noch Konsument dieser Übermittlung. Dass das Interesse an anderen Menschen, seien sie im fernen Bali oder unmittelbar um ihn herum, für Tell nur dann von Bedeu-

427 Veza Canetti: Die Gelbe Staße, S. 26.
428 Ebd., S. 31.
429 Ebd., S. 25f.
430 Julian Preece: The Rediscovered Writings of Veza Canetti, S. 119.
431 Gregor Krause: Insel Bali. Hagen 1922.
432 Rainer Stamm: Die alte [sic!] Bali-Fotos des Gregor Krause. Vermeintlich „objektive" Bilder im Spannungsfeld zwischen Ethnofotografie und Voyeurismus. www.presse. uni-wuppertal.de/archiv/output/okt98/bali.html, 12.6.2007.

tung ist, wenn es durch die Schrift vermittelt oder umgekehrt in Literatur zu überführen ist, wird deutlich.

Auch die Kurzgeschichte *Der Fund* stellt den Dichter Knut Tell in den Mittelpunkt und berichtet von der Weltfremdheit seines Schreibens, das menschliche Beziehungen lediglich als Inspirationsquelle für die Literatur missbraucht: Aus einer finanziellen Notlage heraus beginnt Knut Tell im Fundbüro zu arbeiten, da ihn seine Freundin davon überzeugen konnte, dass das Fundamt eine Fundgrube für dichterische Ideen sei.[433] In einer Handtasche findet er den Brief einer unglücklichen Proletarierin, sucht sie auf und lässt sich ihre von Ungerechtigkeiten der Klassenhierarchien bestimmte Geschichte erzählen. Außer einer „Romantisierung des Unglücks"[434] geschieht jedoch nichts. Tells Beschäftigung mit den Themen des alltäglichen Lebens bleiben nichts als „Seifenblasen", die er in die „Luft geworfen hatte".[435]

Dem antriebsarmen und den gesellschaftlichen Ungerechtigkeiten gegenüber ignoranten Dichter Tell aus *Die Gelbe Straße* und *Der Fund* steht in der Kurzgeschichte *Der Dichter* die Entwicklung des Proletariers Gustel zum Schriftsteller gegenüber. Angelika Schedel vertritt in ihrer Interpretation dieser Kurzgeschichte die These, dass zwischen dem heranwachsenden Proletarier Gustel und dem imaginären „uns", den Bürgern, ein ähnlicher Unterschied besteht wie in Rilkes Gegenüberstellung von Tier und Mensch in der achten Elegie.[436] Plausibel belegt sie dies mit der in der Kurzgeschichte geschilderten unterschiedlichen Wahrnehmung der Welt durch die Kleinkinder. Das bürgerliche Kind macht dabei andere Erfahrungen – „Unsere früheste Erinnerung ist eine Decke von grünen Blättern, die sich uns fest auf die Augen legt, uns, die wir im Kinderwagen durch Parks und Alleen geführt werden"[437] – als das proletarische Kind: „Die frühesten Eindrücke Gustels waren senkrechte. Er wurde von seiner Mutter auf dem Arm getragen."[438]

Gustel erlebt den Gegensatz zu den bürgerlichen Kindern, wird von ihnen ausgegrenzt und findet nur bei seinem Lehrer Anerkennung. Später wird Gustel selbst Lehrer und „gewann die Knaben durch den fanatischen Eifer, mit dem er Gerechtigkeit übte".[439] In seiner pädagogischen Tätigkeit liegt der Beginn seiner Dichtung, denn er versteht es, „bewegte Schilderungen" zu schreiben, „und es stellte sich heraus, daß ein Dichter in ihm steckte. Sofort wurde er aufgefordert, seine Lebensgeschichte niederzuschreiben."[440] Damit sind die zwei wich-

433 Veza Canetti: Der Fund. In: Dies: Der Fund. Erzählungen und Stücke. München und Wien 2001, S. 11-17, hier S. 11.

434 Eva M. Meidl: Veza Canettis Sozialkritik in der revolutionären Nachkriegszeit, S. 63.

435 Veza Canetti: Der Fund, S. 17.

436 Vgl. Angelika Schedel: Sozialismus und Psychoanalyse, S. 73-74.

437 Veza Canetti: Der Dichter. In: Dies.: Der Fund. Erzählungen und Stücke. München und Wien 2001, S. 18-22, hier S. 18.

438 Ebd.

439 Ebd., S. 21.

440 Ebd., S. 21.

tigen Quellen für sein Schreiben genannt, die ihn in auffälliger Weise vom bürgerlichen Dichter Knut Tell unterscheiden: Gustel ist Pädagoge, was sein Interesse an der Gesellschaft und seine Verantwortung der folgenden Generation gegenüber belegt, und er schreibt seine Biografie, knüpft mit der Kunst unmittelbar und mit dem Anspruch der Authentizität an das Leben an. Darüber hinaus reagiert er mit seinem Schreiben auf seine eigene Lesesozialisation, die Identität stiftend wirkte: „Als er lesen konnte, schien ihm, als wäre er jetzt erst zur Welt gekommen. Alles vorher war dumpf."[441] Zu Beginn der Kurzgeschichte wird Gustel von seiner Mutter getragen. Diese „Verheißung" erfüllt sich jedoch "anders als die christliche Ikonographie es erwarten ließe. Die metaphysische hat sich in eine ganz und gar irdisch-leibliche Erlösungsvorstellung verwandelt."[442] Diese Erlösung geschieht über die Schrift und das Lesen, denn Gustel lebt finanziell abgesichert und erfüllt von seiner Literatur, während alle seine bürgerlichen Klassenkameraden scheitern.[443]

Marianne Kröger untersucht die Verbindung der Kurzgeschichte *Der Dichter* zu Elias Canettis *Die Blendung* und betont, dass die Ausgrenzung des kreativen Denkers in beiden Texten zunächst vergleichbar ist. In Bezug auf Peter Kien aus *Die Blendung* formuliert sie, dass sich in dieser Figur

> symbolisch bereits der geschichtliche Untergang des traditionellen bürgerlichen Intellektuellen konzentriert, dessen übersteigerte Eigenheiten gar nicht einmal im Vordergrund zu stehen brauchen, da dessen Gelehrsamkeit und dessen Bearbeitung und Vermittlung geistesgeschichtlicher Tradition inmitten einer vollständig kommerzialisierten, technisierten und auf immer neue, flüchtige Sensation konditionierten Welt nicht nur überhaupt keine Anerkennung mehr, sondern so viel Indifferenz, Ablehnung und Hass erfährt, dass seine gesamte Existenz daran zerbricht.[444]

In *Der Dichter* erfährt der Protagonist zunächst eine vergleichbare Ausgrenzung, wird dann jedoch gefördert und kann seine Kunst in den Dienst der Gesellschaft stellen. Veza Canettis Kurzgeschichte kann demnach als eine Reaktion auf *Die Blendung* gelesen werden, die ebenfalls, aber nun ins Positive gewendet, zeigt, welchen Einfluss das Umfeld auf die Entwicklung des Individuums hat.[445]

Dieser Befund lässt sich ebenfalls auf das Verhältnis von Knut Tell und Peter Kien übertragen, die sich in ihrer Weltfremdheit und der Flucht in die Bücher zunächst auffallend gleichen. Peter Kien verbrennt am Ende des Romans in seiner Bibliothek:

---

441 Veza Canetti: Der Dichter, S. 20.
442 Angelika Schedel: Sozialismus und Psychoanalyse, S. 82.
443 Veza Canetti: Der Dichter, S. 22.
444 Marianne Kröger: Themenaffinitäten zwischen Veza und Elias Canetti, S. 291f.
445 Ebd., S. 291f.

Er stellt die Leiter in die Mitte des Zimmers, wo sie früher stand. Er steigt auf die sechste Stufe, bewacht das Feuer und wartet. Als ihn die Flammen endlich erreichen, lacht er so laut, wie er in seinem ganzen Leben nie gelacht hat.[446]

Knut Tell hingegen verliebt sich in Diana und scheint auf Gegenliebe zu stoßen. Er trifft mit Diana eine Künstlerin, die seine Weltfremdheit mit sozialem Engagement konfrontiert. Der Resignation des Peter Kien steht damit bei Knut Tell ein Interesse an der Umwelt entgegen, das dem Bücherfreund einen Weg aus der intellektuellen Isolation weist.

Die Konstellation von Diana und Tell erinnert an Veza Canettis Kurzgeschichte *Die Flucht vor der Erde*, in der die Liebesgeschichte zwischen einem Akademiker und einer Künstlerin geschildert wird. Der Akademiker fühlt sich zunächst von der ganz eigenen Unbekümmertheit der Künstlerin angezogen, heiratet sie und konfrontiert sie mehr und mehr mit seinen selbstreflexiven Grübeleien. Durch seinen Einfluss verliert sie, was er ursprünglich an ihr bewunderte, und ihre Liebe scheitert. Der Titel der Kurzgeschichte verweist auf die Weltflucht des Akademikers, der durch seine Selbstbezogenheit nicht nur seine Frau von der Wirklichkeit entfremdet, sondern am Ende für sich nur eine Lösung sieht: Er möchte sich selbst mit einer Rakete ins Weltall schießen und damit eine endgültige und in seiner Arroganz den Menschen gegenüber nicht mehr zu steigernde Trennung von allem Irdischen erreichen. Dass diese pathologische Weltfremdheit in der Wissenschaftlichkeit des Akademikers wurzelt, ist offensichtlich – nicht zuletzt dadurch, dass sein Raumfahrtprojekt von Experten gelobt wird. [447]

Obwohl die Voraussetzungen in der Paarbeziehung zwischen Diana und Tell vergleichbar sind, zeichnet sich eine Vereinnahmung der Künstlerin durch den Akademiker nicht ab. Es bleibt zu fragen, ob dies nicht wiederum auf Schillers *Über die ästhetische Erziehung des Menschen* zurückzuführen ist und die Verbindung von Diana und Tell erst vor diesem Hintergrund Kontur gewinnt. Diana kommt im Stück die Rolle der autonomen Künstlerin zu, die jene Artefakte schafft, deren Betrachtung eine ästhetische Erziehung ermöglicht und damit einen Gegenpol zur rein physischen Sphäre des Tigers setzt. Dem Schillerschen Modell zufolge sind damit die Plätze des Wilden (Tiger) und des autonomen Künstlers (Diana) besetzt. Tell nun bietet durch sein Verhalten eine Verbindung mit dem bei Schiller verhandelten Barbaren an, der dem Wilden oppositionell zugeordnet ist: Beim Wilden herrschen die „Gefühle über seine Grundsätze" und er „verachtet die Kunst". Der Barbar hingegen zerstört seine Gefühle durch Grundsätze und „verspottet und entehrt die Natur".[448] Schiller führt aus:

---

446 Elias Canetti: Die Blendung, S. 510.
447 Veza Canetti: Die Flucht vor der Erde. In: Der Fund. Erzählungen und Stücke. München und Wien 2001, S. 38-47, hier S. 47.
448 Friedrich Schiller: 4. Brief, S. 567.

In den niedern und zahlreichern Klassen stellen sich uns rohe gesetzlose Triebe dar, die sich nach aufgelöstem Band der bürgerlichen Ordnung entfesseln, und mit unlenksamer Wut zu ihrer tierischen Befriedigung eilen. [...] Auf der anderen Seite geben uns die zivilisierten Klassen den noch widrigern Anblick der Schlaffheit und einer Depravation des Charakters, die desto mehr empört, weil die Kultur selbst ihre Quelle ist. Ich erinnere mich nicht mehr, welcher alte oder neue Philosoph die Bemerkung machte, daß das edlere in seiner Zerstörung das abscheulichere sei, aber man wird sie auch im moralischen wahr finden. Aus dem NaturSohne wird, wenn er ausschweift, ein Rasender; aus dem Zögling der Kunst ein Nichtswürdiger. Die Aufklärung des Verstandes, deren sich die verfeinerten Stände nicht ganz mit Unrecht rühmen, zeigt im Ganzen so wenig einen veredelnden Einfluß auf die Gesinnungen, daß sie vielmehr die Verderbnis durch Maximen befestigt.[449]

Dabei üben Tiger und Tell genau die Berufe aus, die Schiller im Kontext der Kritik an der zeitgenössischen Gesellschaft aufführt:

[D]er abstrakte Denker hat daher oft ein *kaltes* Herz, weil er die Eindrücke zergliedert, die doch nur als ein Ganzes die Seele rühren; der Geschäftsmann hat gar oft ein *enges* Herz, weil seine Einbildungskraft, in den einförmigen Kreis seines Berufes eingeschlossen, sich zu fremder Vorstellungsart nicht erweitern kann.[450]

Um den Menschen in der Gesellschaft zu veredeln, bietet sich laut Schiller nur die ästhetische Erziehung an, die mit der „Schönheit" als eine „zweite Schöpferin"[451] des Menschen erscheint. Die Literatur als zweite Geburt wird, darauf wurde bereits verwiesen, in Canettis Kurzgeschichte *Der Dichter* aufgerufen und lässt Gustel zu sich selbst finden. Tell steht ein solches Erweckungserlebnis noch bevor und es scheint überzeugend, Diana als Botin dieser Veränderung zu betrachten, ist sie es doch, die ihn im doppelten Sinne – physisch und künstlerisch – mit der Schönheit konfrontiert. Diana, der Vertreterin einer neuen Frauengeneration, kommt damit die beispielhafte Aufgabe zu, den ‚Barbaren' Tell zu verändern, analog zu den Bemühungen ihrer Mutter um den ‚Wilden' Tiger. Das Stück lässt dieses Unterfangen nicht aussichtslos erscheinen und so kann vermutet werden, dass Tell sich vom gesellschaftsfernen Erzählen ‚to tell' der anderen Wortbedeutung seines Namens zuwenden könnte: Wilhelm Tell, dem freiheitsliebenden Kämpfer gegen die Tyrannenmacht. Der intertextuelle Bezug auf Schillers Briefe lässt Schillers *Wilhelm Tell* zumindest als Assoziation plausibel erscheinen.

Natürlich kann man wie schon *Der Oger* auch *Der Tiger* eine gewisse Simplizität im Ausgang der Handlung vorwerfen, die sich bei letzterem in einer klischeehaften Differenz von Kunst und Kommerz zeigt. Auch hier lässt sich

---

449   Friedrich Schiller: 5. Brief, S. 568f.
450   Friedrich Schiller: 6. Brief, S. 575.
451   Friedrich Schiller: 21. Brief, S. 637.

argumentieren, dass das Risiko der Naivität bewusst eingegangen wird, um ein tatsächliches gesellschaftliches Problem, das auch der Austromarxismus thematisierte, überdeutlich ins Zentrum zu stellen. Vielleicht ist es die Ernsthaftigkeit der Thematik, die es schwer macht, die eindeutigen Zuschreibungen des Stückes an Figuren und gesellschaftliche Gruppierungen positiv zu bewerten. Es darf dabei jedoch nicht übersehen werden, dass das Stück von der Autorin explizit als Lustspiel ausgewiesen ist. Diese Gattung arbeitet von je her mit dem Mittel der Überzeichnung, der vereinfachenden Typisierung und nicht zuletzt mit dem Happyend. Dass gerade durch diese Textmerkmale der Unterschied zu einer defizitären Wirklichkeit sichtbar werden kann, ist die Hoffnung vieler Lustspiele und kann auch für *Der Tiger* gelten.

6 Schlussbetrachtung

Die frühen Stücke von Fleißer und Canetti zeichnen sich durch einen intensiven Dialog mit anderen Texten aus und spielen mit den Gegensätzen zwischen Bestehendem und Neuem, Tradition und Innovation, Anlehnung und Distanz, denen die Kapitel dieser Arbeit nachgegangen sind.

Fleißer bringt ihr Stück *Fegefeuer in Ingolstadt* durch die intertextuellen Bezüge in ein Verhältnis mit der literarischen Avantgarde, zeitgenössisch vertreten durch Brecht und Bronnen. Im Zentrum stehen dabei das Geschlechterverhältnis sowie der Verlust der Sprache als tragfähiges Kommunikationsmittel. Fleißer setzt in ihrem Stück andere Akzente als Bronnen in *Die Exzesse* und Brecht in *Baal, Im Dickicht* und in *Trommeln in der Nacht.* Im Dialog mit der Sprachphilosophie von Mauthner wird hier der Sprachlosigkeit, die in den frühen Stücken Brechts in der Körperlichkeit und in *Die Exzesse* von Bronnen in einer romantisierten Liebe endet, ein produktives Modell entgegengestellt, das eine Verschiebung vom Sinneseindruck des Sehens hin zu dem des Hörens andenkt. Das bürgerliche Trauerspiel *Maria Magdalene* dient dabei zum einen als Gegenpol zu einer bei Brecht und Bronnen vorgefundenen Verabschiedung gesellschaftlicher Verhaltensnormen, zum anderen als Folie einer Welt des normierenden Sehens, von der sich die Hoffnung Roelles auf das Hören am Ende des Stücks positiv absetzt.

Pioniere in Ingolstadt ist durch die intertextuellen Verweise als Fleißers Auseinandersetzung mit den Stücken *Mann ist Mann* und *Trommeln in der Nacht* von Brecht gelesen worden. Die zwischenmenschlichen Beziehungen werden zum eigentlichen ‚Stoff' des Stückes, eine Schwerpunktsetzung, die auch in Fleißers theoretischen Äußerungen „Neue Stoffe für das Drama?" favorisiert wird. Die Figurenkonstellationen im Stück setzen sich über die intertextuellen Verweise in Form des korrespondierenden Schlusses und der Autoszene von der Darstellung zwischenmenschlicher Beziehungen in den Stücken Brechts ab und problematisieren pointiert den Zwiespalt zwischen überkommenen Vorstellungen der Liebe und den Möglichkeiten gefühlsfreier Triebbefriedigung.

Der Oger von Canetti zeigt durch die Figur des jungen Doktors einen Ausweg aus den ungleichen Rollenzuschreibungen an Mann und Frau mit Hilfe der Psychoanalyse auf. Der Charakterkopf Herrn Igers, des Ogers, rückt dabei thematisch in die Nähe des ‚Bleikopfs' aus Tiecks *Die sieben Weiber des Blaubart* und zeigt die Konstruktion eines Männlichkeitsideals. Auf Seiten der Protagonistin Draga steht dem ein Zwiegespräch mit Goethes Singspiel *Lila* gegenüber, das die ‚Heilung' der Gesellschaft wie *Der Oger* selbst unmittelbar an die Gesundung einer psychisch erkrankten Frau bindet und damit das Individuelle als Aktualisierung des Universellen betont.

Durch vermehrte Bezüge auf Oper und Operette vermag es *Der Tiger,* gängige Muster vom Umgang zwischen den Geschlechtern zum einen sichtbar werden zu lassen, und zum anderen mit Hilfe der Prätexte und von Symbolen der Freudschen Traumdeutung zu unterlaufen. Die Anlehnung an Schillers *Über die ästhetische Erziehung des Menschen* unterstreicht die Notwendigkeit der Kunst als Voraussetzung gesellschaftlicher Umgestaltung. Anders als in *Der Oger* liegt die Hoffnung in *Der Tiger* damit nicht auf der konkreten sozial-politischen Veränderung, sondern auf der Arbeit von Künstlern, die das Bewusstsein dafür schaffen, dass von Menschen gesetzte Strukturen zu durchbrechen sind.

Diese von den Textbeziehungen ausgehende Interpretation der Theaterstücke von Fleißer und Canetti distanziert sich von einer bei der Literatur von Frauen so häufig aufgerufenen Relation von Leben und Werk, da gerade nicht die Verarbeitung der Biografie interessiert, sondern die Analyse der bewussten Platzierung der Texte in einen spezifischen innerliterarischen Kontext. Die Textbezüge zwischen den Stücken der Autorinnen und den Prätexten sind vor diesem Hintergrund auch im Hinblick auf das Verhältnis schreibender Frauen zu bestehender Literatur aufschlussreich. 1928, zeitlich zwischen den vier für diese Arbeit ausgewählten Stücken, beschäftigte sich Virginia Woolf in ihrem Essay *Ein eigenes Zimmer* mit der Situation schreibender Frauen[452] und stellte fest, dass sich diese nicht auf die Werke von Autoren berufen könnten, da sie in einer weiblichen Genealogie verankert seien.[453] Als Ausweg bliebe Autorinnen nur, sich die Form individuell ‚zurechtzuklopfen'.[454] Rund vierzig Jahre nach Woolf widmet sich Harold Bloom in seiner Untersuchung *Einflußangst* ebenfalls dem Verhältnis von Autor und literarischem Erbe.[455] Wie Woolf misst auch er der Intertextualität zentrale Bedeutung bei, beklagt jedoch nicht wie sie für Autorinnen das Fehlen, sondern gerade im Gegenteil für Autoren eine Übermacht an Vorläufertexten. Nur der „starke Autor"[456] könne hier bestehen, müsse in einen erbitterten Wettstreit eintreten, andere Texte in den eigenen aufnehmen, absichtlich „Fehlverstehen" und als „Material" verwenden, um sich durch diese kreative Einverleibung vom erdrückenden literarischen Erbe zu befreien.[457]

Bemerkenswert ist, dass Woolf und Bloom beide, trotz der geradezu gegensätzlichen Ausgangslage bezüglich der literarischen Tradition, das eigentliche Problem des Schreibprozesses in einer räumlichen Kategorie fassen. Woolf beklagt das Fehlen eines eigenen Zimmers für die Frau, und dies sowohl

---

452 Virginia Woolf: Ein eigenes Zimmer. Deutsch von Heidi Zerning In: Dies.: Ein Eigenes Zimmer, Drei Guineen, Zwei Essays. Hg. von Klaus Reichert. Frankfurt am Main 2001, S. 7-125.
453 Ebd., S. 78.
454 Ebd., S. 79.
455 Harold Bloom: Einflußangst. Eine Theorie der Dichtung. Aus dem amerikanischen Englisch von Angelika Schweikhart. Basel und Frankfurt am Main 1995.
456 Ebd., S. 9.
457 Ebd., S. 21.

in materieller als auch in ideeller Hinsicht.[458] Bloom beschreibt, wie Schriftsteller sich einen Raum innerhalb der Literatur erkämpfen müssen, denn diese erscheint ihm als Zusammenkunft der Erfolgreichen, in der ein „schwacher Autor" keinen Standort beanspruchen kann.

Die frühen Theaterstücke von Fleißer und Canetti scheinen auf den ersten Blick eine Übermacht der bestehenden Literatur zu unterstreichen. Sie beziehen sich in ihren intertextuellen Verweisen vorrangig auf Werke von Dichtern, die nach Bloom als „starke Autoren" zu klassifizieren sind. In der Analyse der Theaterstücke konnte jedoch gezeigt werden, dass die intertextuellen Bezüge zum einen solche Texte von Schriftstellern aufrufen, die selbst in einem Spannungsverhältnis zu bestehenden Gesellschaftsstrukturen stehen und an die kritisch und mit neuer Akzentuierung angeknüpft werden kann. Darüber hinaus beziehen sich *Fegefeuer in Ingolstadt*, *Der Oger* und *Der Tiger* autointertextuell auf einen jeweiligen Prosatext. Diese eigenen Texte, die dann zum Theaterstück umgeschrieben wurden, stehen als Prätexte, intertextuell betrachtet, auf derselben Stufe wie die der anderen Autoren. Bestehende Literatur wird damit einmal mehr und im doppelten Sinn für die eigene Textproduktion geöffnet: für den eigenen Posttext und für andere eigene Texte, die den Status eines Prätextes zwischen den Werken kanonisierter Autoren einnehmen.

Bei aller Unterschiedlichkeit positionieren Canetti und Fleißer ihre Stücke durch ein vergleichbares Schreibverfahren: Die Prätexte sind eigene, frühere Texte, wie auch individuell ausgewählte Werke anderer Autoren, zu denen sie sich in ein freies Verhältnis setzen. Die fremden Prätexte werden nicht zum eigenen, sondern bleiben immer das andere, das markiert ist und die Rolle eines Dialogpartners übernimmt. Die Stücke konstituieren sich weder durch Überwindung, noch durch Umformung, sondern durch Auseinandersetzung mit dem Prätext, der einen der Interpretation geöffneten, neuen Denkraum entstehen lässt: Texte im Dialog.

---

458   Vgl. Virginia Woolf: Ein eigenes Zimmer, S. 55f.

Literaturverzeichnis

Verzeichnis der verwendeten Abkürzungen

FI   Fegefeuer in Ingolstadt
PI   Pioniere in Ingolstadt
DO Der Oger
DT Der Tiger

Marieluise Fleißer: Fegefeuer in Ingolstadt. In: Zeit und Theater. Bd. 2: Von der Republik zur Diktatur 1925-1933. Hg. von Günther Rühle. Berlin 1972, S.105-153.
Marieluise Fleißer: Pioniere in Ingolstadt. Typoskript. Marieluise-Fleißer-Archiv Ingolstadt, Signatur VI 2a.
Veza Canetti: Der Oger. Ein Stück. Frankfurt am Main 1993.
Veza Canetti: Der Tiger. Ein Lustspiel im Alten Wien. In: Dies.: Der Fund. Erzählungen und Stücke. München und Wien 2001, S. 72-149.

Quellen

Adler, Max: Die Aufgaben der marxistischen Arbeiterbildung. In: Bildungsarbeit. Blätter für sozialistisches Bildungswesen vom 1. Januar 1927, S. 1-3.
Bach, David Joseph: Eine Erinnerung. Auch unsere Kunststelle ist ein Kind der Revolution. In: Kunst und Volk. Mitteilungen des Vereins Sozialdemokratische Kunststelle IV, 3. November 1929, S. 97-98.
Brecht Bertolt: Baal. (1922) In: Ders.: Werke. Große kommentierte Berliner und Frankfurter Ausgabe. Hg. von Werner Hecht, Jan Knopf, Werner Mittenzwei und Klaus-Detlef Müller. Bd. 1: Stücke I. Bearbeitet von Hermann Kähler. Frankfurt am Main 1992, S. 83-137.
Brecht, Bertolt: Bei Durchsicht meiner ersten Stücke. In: Ders.: Werke. Große kommentierte Berliner und Frankfurter Ausgabe. Hg. von Werner Hecht, Jan Knopf, Werner Mittenzwei und Klaus-Detlef Müller. Bd. 23: Schriften III. Bearbeitet von Barbara Wallenburg unter Mitarbeit von Marianne Conrad, Sigmar Gerund, Werner Hecht und Benno Slupianek. Frankfurt am Main 1993, S. 239-245.
Brecht, Bertolt: Der Materialwert. In: Ders.: Werke.Große kommentierte Berliner und Frankfurter Ausgabe. Hg. von Werner Hecht, Jan Knopf, Werner Mittenzwei und Klaus-Detlef Müller. Bd. 21: Schriften I. Bearbeitet von Werner Hecht. Frankfurt am Main 1992, S. 288-289.
Brecht, Bertolt: Im Dickicht. In: Ders.: Werke. Große kommentierte Berliner und Frankfurter Ausgabe. Hg. von Werner Hecht, Jan Knopf, Werner Mit-

tenzwei und Klaus-Detlef Müller. Bd.1: Stücke I. Bearbeitet von Hermann Kähler. Frankfurt am Main 1992, S. 343-435.

Brecht, Bertolt: Mann ist Mann. Die Verwandlung des Packers Galy Gay in den Militärbaracken von Kilkoa im Jahre neunzehnhundertfünfundzwanzig. Lustspiel. (Fassung 1926). In: Ders.: Werke. Große kommentierte Berliner und Frankfurter Ausgabe. Hg. von Werner Hecht, Jan Knopf, Werner Mittenzwei und Klaus-Detlef Müller. Bd. 2: Stücke II. Bearbeitet von Jürgen Schebera. Frankfurt am Main 1988, S. 93-168.

Brecht, Bertolt: Trommeln in der Nacht. (Augsburger Fassung) In: Brechts Trommeln in der Nacht. Hg. von Wolfgang M. Schwiedrzik. Frankfurt am Main 1990, S. 9-74.

Brecht, Bertolt: Über Stoffe und Form. In: Ders.: Werke. Große kommentierte Berliner und Frankfurter Ausgabe. Hg. von Werner Hecht, Jan Knopf, Werner Mittenzwei und Klaus-Detlef Müller. Bd. 21: Schriften I. Bearbeitet von Werner Hecht. Frankfurt am Main 1992, S. 302-304.

Bronnen, Arnolt: Die Exzesse. In: Ders.: Stücke. Mit einem Nachwort von Hans Mayer. Kronberg 1977.

Brück, Christa Anita: Schicksale hinter Schreibmaschinen. Berlin 1930.

Canetti, Elias: Die Blendung. Frankfurt am Main 1998.

Canetti, Elias: Die Fackel im Ohr. Lebensgeschichte 1921-1931. München und Wien 1980.

Canetti, Veza: Der Dichter. In: Dies.: Der Fund. Erzählungen und Stücke. München und Wien 2001, S. 18-22.

Canetti, Veza: Der Fund. In: Dies: Der Fund. Erzählungen und Stücke. München und Wien 2001, S. 11-17.

Canetti, Veza: Der Sieger. In: Dies.: Geduld bringt Rosen. Frankfurt am Main 1994, S. 45-56.

Canetti, Veza: Die Flucht vor der Erde. In: Dies.: Der Fund. Erzählungen und Stücke. München und Wien 2001, S. 38-47.

Canetti, Veza: Die Gelbe Straße. München und Wien 1990.

Canetti, Veza: Die Schildkröten. München und Wien 1999.

Canetti, Vaza: Geduld bringt Rosen. In: Dies.: Geduld bringt Rosen. Erzählungen. Frankfurt am Main 1994, S. 5-44.

Carmen. Opéra comique en quatre actes. Musique de Georges Bizet (1838-1875). Livret de Henry Mailhac et Ludovic Halévy. D'après le roman de Prosper Mérimée. Paris 1997.

Chézy, Helmina von: Rosamunde. Drama in fünf Akten. Musik von Franz Schubert. Erstveröffentlichung der überarbeiteten Fassung. Mit einer Einleitung und unbekannten Quellen herausgegeben von Till Gerrit Waidelich. Tutzing 1996.

Dreissig neue Erzähler des neuen Deutschland. Junge deutsche Prosa. Hg. und mit einer Einleitung von Wieland Herzfelde. Berlin 1932.

Feuchtwanger, Lion: Bertolt Brecht. Dargestellt für Engländer (1928). In: Ders.: Ein Buch für meine Freunde. Frankfurt am Main 1984, S. 541-546.

Feuchtwanger, Lion: Erfolg. Drei Jahre Geschichte einer Provinz. Roman (1929). Mit Kommentaren von Theo Rasehorn und Ernst Ribbat. Baden Baden 2002.

Feuchtwanger, Lion: Friede. Ein burleskes Spiel. Nach den „Acharnern" und der „Eirene" des Aristophanes. München 1918.

Fleißer, Marieluise: Abenteuer aus dem Englischen Garten. In: Dies.: Gesammelte Werke. Bd. 3: Gesammelte Erzählungen. Hg. von Günther Rühle. Frankfurt am Main 1972, S. 43-64.

Fleißer, Marieluise: Der Apfel. In: Dies.: Gesammelte Werke. Bd. 3: Gesammelte Erzählungen. Hg. von Günther Rühle. Frankfurt am Main 1972, S. 18-24.

Fleißer, Marieluise: Ein Mißverständnis. (Im Programmheft zur Aufführung der Schaubühne am Halleschen Ufer Berlin, Februar 1966). In: Dies.: Gesammelte Werke. Bd.1: Dramen. Hg. von Günther Rühle. Frankfurt am Main 1994, S. 453-454.

Fleißer, Marieluise: Ein Pfund Orangen. In: Dies.: Gesammelte Werke. Bd. 3: Gesammelte Erzählungen. Hg. von Günther Rühle. Frankfurt am Main 1972, S. 65-75.

Fleißer, Marieluise: Moritat vom Institutsfräulein. In: Dies.: Gesammelte Werke. Bd. 3: Gesammelte Erzählungen. Hg. von Günther Rühle. Frankfurt am Main 1972, S. 32-42.

Fleißer, Marieluise: Stunde der Magd. In: Dies.: Gesammelte Werke. Bd. 3: Gesammelte Erzählungen. Hg. von Günther Rühle. Frankfurt am Main 1972, S. 25-31.

Fleißer, Marieluise: Der Venusberg. In: Dies.: Gesammelte Werke. Bd. 3: Gesammelte Erzählungen. Hg. von Günther Rühle. Frankfurt am Main 1972, S. 251-257.

Fleißer, Marieluise: Die Ziege. In: Dies.: Gesammelte Werke. Bd. 3: Gesammelte Erzählungen. Hg. von Günther Rühle. Frankfurt am Main 1972, S. 76-81.

Fleißer, Marieluise: Dreimal „Fegefeuer". In: Dies.: Gesammelte Werke. Bd. 4: Aus dem Nachlaß. Hg. von Günther Rühle in Zusammenarbeit mit Eva Pfister. Frankfurt am Main 1989, S. 518-520.

Fleißer, Marieluise: Fegefeuer in Ingolstadt. In: Dies.: Gesammelte Werke. Bd.1: Dramen. Hg. von Günther Rühle. Frankfurt am Main 1972, S. 61-125.

Fleißer, Marieluise: Findelkind und Rebell. Über Jean Genet. In: Dies.: Gesammelte Werke. Bd. 2: Erzählende Prosa. Hg. von Günther Rühle. Frankfurt am Main 1972, S. 324-336.

Fleißer, Marieluise: Hölderlin in einer Berliner Kneipe. In: Dies.: Gesammelte Werke. Bd. 3: Erzählungen. Hg. von Günther Rühle. Frankfurt am Main 1972, S. 82-85.

Fleißer, Marieluise: Ich ahnte den Sprengstoff nicht. In: Dies.: Gesammelte Werke. Bd. 4: Aus dem Nachlaß. Hg. von Günther Rühle in Zusammenarbeit mit Eva Pfister. Frankfurt am Main 1989, S. 491-503.

Fleißer, Marieluise: Meine Biographie. In: Dies.: Gesammelte Werke. Bd. 4: Aus dem Nachlaß. Hg. von Günther Rühle in Zusammenarbeit mit Eva Pfister. Frankfurt am Main 1989, S. 523-546.

Fleißer, Marieluise: Meine Zwillingsschwester Olga. In: Das Tagebuch, Nr. 4. Hg. von Stefan Grossmann. Berlin 1923, S. 300-304.

Fleißer, Marieluise: Neue Stoffe für das Drama? In: Dies.: Gesammelte Werke. Bd. 4: Aus dem Nachlaß. Hg. von Günther Rühle in Zusammenarbeit mit Eva Pfister. Frankfurt am Main 1989, S. 421.

Fleißer, Marieluise: Schlagschatten Kleist. In: Dies.: Gesammelte Werke. Bd. 3: Erzählungen. Hg. von Günther Rühle. Frankfurt am Main 1972, S. 95-116.

Freud, Sigmund: Die Traumdeutung. Mit einem Nachwort von Hermann Beland. Frankfurt am Main 1991.

Freud, Sigmund: Vorlesungen zur Einführung in die Psychoanalyse. Mit einem biographischen Nachwort von Peter Gay. Frankfurt am Main 1991.

Goethe, Johann Wolfgang: Faust. In: Ders.: Sämtliche Werke, Briefe, Tagebücher und Gespräche. 40 Bde. I. Abteilung, Bd. 7/1: Faust. Hg. von Albrecht Schöne. Frankfurt am Main 1999.

Goethe, Johann Wolfgang: Lila. Ein Festspiel mit Gesang und Tanz (Dritte Fasssung). In: Ders.: Sämtliche Werke, Briefe, Tagebücher und Gespräche. 40 Bde. I. Abteilung, Bd. 5: Dramen 1776-1790. Unter Mitarbeit von Peter Huber hg. von Dieter Borchmeyer. Frankfurt am Main 1988, S. 835-869.

Goethe, Johann Wolfgang: Lila. In: Ders.: Goethes Schriften. Bd. 6. Leipzig bey Georg Joachim Göschen 1790.

Green, Graham: Die Kraft und die Herrlichkeit. Roman. Aus dem Englischen von Veza Magd und Bernhard Zebrowski. Berlin 1947.

Hauptmann, Elisabeth: Er soll dein Herr sein. In: Julia ohne Romeo. Geschichten, Stücke, Aufsätze, Erinnerungen. Berlin und Weimar 1977, S. 27-34.

Hauptmann, Elisabeth: Über Bertolt Brecht. In: Julia ohne Romeo. Geschichten, Stücke, Aufsätze, Erinnerungen. Berlin und Weimar 1977, S. 173-174.

Hebbel, Friedrich: Maria Magdalene. Ein bürgerliches Trauerspiel in drei Akten. In: Ders.: Werke. Bd. 1. Hg. von Gerhard Fricke, Werner Keller und Karl Pörnbacher. München 1963, S. 301-382.

Homer: Odyssee und Homerische Hymnen. Übersetzt von Anton Weiher. Mit einer Einführung in die Odyssee von Alfred Heubeck. Mit einer Einführung in die Homerischen Hymnen von Wolfgang Rösler. Hg. von Manfred Fuhrmann. München 1990.

Kleist, Heinrich von: Penthesilea. In: Ders.: Sämtliche Werke und Briefe. Bd. 1: Dramen. Hg. von Helmut Sembdner. München 1987, S. 321-428.

Kleist, Heinrich von: Michael Kohlhaas. (Aus einer alten Chronik). In: Ders.: Sämtliche Werke und Briefe. Bd. 2: Erzählungen und Anekdoten. Hg. von Helmut Sembdner. München 1987, S. 9-103.

Kraus, Karl: Grimassen über Kultur und Bühne. In: Ders.: Grimassen. Unter Mitarbeit von Kurt Krolop und Roland Links herausgegeben von Dietrich Simon. München 1971, S. 203-216.

Krause, Gregor: Insel Bali. Hagen 1922.

Kutscher, Artur: Der Theaterprofessor. Ein Leben für die Wissenschaft vom Theater. München 1960.

Lehár, Franz: Die lustige Witwe. Operette in drei Akten von Victor Léon und Leo Stein (teilweise nach einer fremden Grundidee). Musik von Franz Lehár. Wien 1959.

Lenz, Jakob Michael Reinhold: Die Soldaten. Eine Komödie. In: Ders.: Werke. Dramen, Prosa, Gedichte. Hg. von Karen Lauer. Mit einem Nachwort von Gerhard Sauder. München und Wien 1992, S. 183-239.

Lessing, Gotthold Ephraim: Miss Sara Sampson. Ein Trauerspiel in fünf Akten. In: Ders.: Werke. Bd. 2: Trauerspiele, Nathan, Dramatische Fragmente. In Zusammenarbeit mit Karl Eibl, Helmut Göbel, Karl S. Guthke, Gerd Hillen, Albert von Schirnding und Jörg Schönert. Hg. von Herbert G. Göpfert. München 1971, S. 9-100.

Mauthner, Fritz: Beiträge zu einer Kritik der Sprache. Bd II,1: Zur Sprache und zur Psychologie. In: Ders.: Das philosophische Werk. Nach den Ausgaben letzter Hand hg. von Ludger Lütkehaus. Wien, Köln und Weimar 1999.

Mauthner, Fritz: Die Sprache. Frankfurt am Main 1906.

Mozart, Wolfgang Amadeus: Die Zauberflöte. KV 620. Eine große Oper in zwei Aufzügen. Libretto von Emanuel Schikaneder. Hg. von Hans-Albrecht Koch. Stuttgart 2003.

Mozart, Wolfgang Amadeus: Le nozze di Figaro. Die Hochzeit des Figaro. KV 492. Opera buffa in vier Akten. Textbuch Italienisch/Deutsch. Libretto von Lorenzo da Ponte. Übersetzung und Nachwort von Dietrich Klose. Stuttgart 2005.

Publius Ovidius Naso: Metamorphosen. Epos in 15. Büchern. Übersetzt und hg. von Hermann Breitenbach. Mit einer Einleitung von L. P. Wilkinson. Stuttgart 1995.

Schiller, Friedrich: Über die ästhetische Erziehung des Menschen in einer Reihe von Briefen. In: Ders.: Werke und Briefe in zwölf Bdn. Bd. 8: Theoretische Schriften. Hg. von Rolf-Peter Janz unter Mitarbeit von Hans Richard Brittnacher, Gerd Kleiner und Fabian Störmer. Frankfurt am Main 1992, S. 556-676.

Stirner, Max: Der Einzige und sein Eigentum. Mit einem Nachwort hg. von Ahlrich Meyer. Stuttgart 1981.

Sturluson, Snorri: Gylfaginning. Texte, Übersetzung, Kommentar von Gottfried Lorenz. Darmstadt 1984.

Tersteegen, Gerhard: Ich bete an die Macht der Liebe. In: Wandert und singet. Hamburg 1920.

Tieck, Ludwig: Die sieben Weiber des Blaubart. In: Ders.: Ludwig Tieck's Schriften. Bd. 9. Berlin 1828, S. 83-242.

Woolf, Virginia: Ein eigenes Zimmer. Deutsch von Heidi Zerning. In: Dies.: Ein eigenes Zimmer, Drei Guineen, Zwei Essays. Hg. von Klaus Reichert. Frankfurt am Main 2001, S. 7-125.

Rezensionen, Interviews und Briefe

Adler, H.G.: Brief an Veza Canetti vom 5.6.1950. In: Veza Canetti. Hg. von Ingrid Spörk und Alexandra Strohmaier. Graz und Wien 2005, S. 211-215.

Bartl, Alexander: Demut vor dem Leser. Im verborgenen [sic!] gereift: Veza Canettis Erzählungen und Stücke. In: Frankfurter Allgemeine Zeitung vom 29.11.2001. In: Veza Canetti. Hg. von Ingrid Spörk und Alexandra Strohmaier. Graz und Wien 2005, S. 183-186.

Birnbaum, Marianna D.: Rezension zu Veza Canetti Der Fund: Erzählungen und Stücke. In: World literature today. Spring 2002, S. 178.

Brief an Günther Rühle. Abgedruckt im Kommentar zu Fegefeuer in Ingolstadt. In: Zeit und Theater. Bd. 2: Von der Republik zur Diktatur 1925-1933. Hg. von Günther Rühle. Berlin 1972, S. 777-780.

Brief von Lion Feuchtwanger an Marieluise Fleißer vom 8. 4. 1926. Brief im Nachlass: Marieluise-Fleißer-Archiv Ingolstadt, Signatur III, 1926, 2 N.N,1.

Brief von Moriz Seeler an Marieluise Fleißer vom 31.3.1926. In: Materialien zum Leben und Schreiben der Marieluise Fleißer. Hg. von Günther Rühle. Frankfurt am Main 1973, S. 27-29.

Brief von Moriz Seeler an Marieluise Fleißer vom 5.4.1926. In: Materialien zum Leben und Schreiben der Marieluise Fleißer. Hg. von Günther Rühle. Frankfurt am Main 1973, S. 31-33.

Brief von Moriz Seeler an Marieluise Fleißer vom 8.4.1926. In: Materialien zum Leben und Schreiben der Marieluise Fleißer. Hg. von Günther Rühle. Frankfurt am Main 1973, S. 30-31.

Canetti, Veza und Elias: Briefe an Georges. Hg. von Karen Lauer und Kristian Wachinger. München und Wien 2006.

Engelmayer, Elfriede: „Denn der Mensch schreitet aufrecht, die erhabenen Zeichen der Seele ins Gesicht gebrannt." Zu Veza Canettis *Die Gelbe Staße*. In: Mit der Ziehharmonika 11,2, September 1994, S. 28.

Fechter, Paul: Marieluise Fleißer: Fegefeuer in Ingolstadt. In: Deutsche Allgemeine Zeitung, 27.4.1926. In: Materialien zum Leben und Schreiben der

Marieluise Fleißer. Hg. von Günther Rühle. Frankfurt am Main 1973, S. 42-45.

Haas, Franz: Magd und Damenopfer. Erzählungen und Stücke aus dem Nachlass von Veza Canetti. In: Neue Zürcher Zeitung vom 9.10.2001.

Hassende Hüllen: Uraufführung von Veza Canettis Stück Der Oger. Ohne Verfasserangabe. In: Neue Züricher Zeitung vom 2.6.1992, S. 18.

Hochhuth, Rolf: Zürich: Uraufführung von V. Canettis „Oger". Nur ein bißchen tot. In: Die Welt, Nr. 130, 5.6.1992, S. 20.

Ihering, Herbert: Fegefeuer in Ingolstadt. In: Berliner Börsen-Courier, 26.4. 1926. In: Materialien zum Leben und Schreiben der Marieluise Fleißer. Hg. von Günther Rühle. Frankfurt am Main 1973, S. 40-42.

Ihering, Herbert: Uraufführung in Dresden. In: Berliner Börsen-Courier vom 27.3.1928. In: Materialien zum Leben und Schreiben der Marieluise Fleißer. Hg. von Günther Rühle. Frankfurt am Main 1973, S. 52-54.

Jacobs, Monty: Marieluise Fleißers Fegefeuer in Ingolstadt. In: Vossische Zeitung, Berlin, 26.4.1926. In: Materialien zum Leben und Schreiben der Marieluise Fleißer. Hg. von Günther Rühle. Frankfurt am Main 1973, S. 47-50.

Kerr, Alfred: Marieluise Fleißer: Fegefeuer in Ingolstadt. In: Berliner Tageblatt, 26.4.1926. In: Materialien zum Leben und Schreiben der Marieluise Fleißer. Hg. von Günther Rühle. Frankfurt am Main 1973, S. 36-39.

Kunisch, Hans-Peter: Ein Tiger im Dreivierteltakt. Von amerikanischen Agenten und Wiener Kaffeehauskönigen: Erzählungen und Stücke aus dem Nachlass von Veza Canetti. In: Süddeutsche Zeitung München vom 11.2.2002. In: Veza Canetti. Hg. von Ingrid Spörk und Alexandra Strohmaier. Graz und Wien 2005, S. 186-188.

Mack, Gerhard: Phantasieloses Unglück. Werner Düggelin bringt in Zürich Veza Canettis „Der Oger" zur Uraufführung. In: die tageszeitung Nr. 3723, vom 5.6.1992, S. 15.

Millner, Alexandra: Die Kälte des Krieges. In: Falter (2001), H. 41, S. 17. Abgedruckt in: Veza Canetti. Hg. von Ingrid Spörk und Alexandra Strohmaier. Graz und Wien 2005, S. 180-182.

Moser, Gerhard: Milieustudien. In: Der Standard vom 19.4.1991. In: Veza Canetti. Hg. von Ingrid Spörk und Alexandra Strohmaier. Graz und Wien 2005, S. 161-162.

Pinthus, Kurt: Fegefeuer in Ingolstadt. In: 8 Uhr Abendblatt, Berlin, 26.4.1926. In: Materialien zum Leben und Schreiben der Marieluise Fleißer. Hg. von Günther Rühle. Frankfurt am Main 1973, S. 45-47.

Pfoser, Kristina: Veza Canetti. Der Fund. Hörfunkbeitrag des Senders Österreich 1, Ex libris vom 27.1.2002.

Russo, Wilhelm: Pioniere in Ingolstadt. In: Dresdener Neueste Nachrichten, 27.3.1928. In: Materialien zum Leben und Schreiben der Marieluise Fleißer. Hg. von Günther Rühle. Frankfurt am Main 1973, S. 57-59.

S. K.: Pioniere in Ingolstadt. In: Der Volksstaat vom 27.3.1928. In: Materialien zum Leben und Schreiben der Marieluise Fleißer. Hg. von Günther Rühle. Frankfurt am Main 1973, S. 54-56.

Sternburg, Judith von: Ich bin eine Künstlerin. Standhalten: Veza Canettis Erzählband „Der Fund". In: Frankfurter Rundschau vom 8.8.2002.

Ueding, Cornelie: Abgefeimte Krämerseele. Uraufführung nach 60 Jahren: „Der Oger" von Veza Canetti. In: Rheinischer Merkur, Nr. 23 vom 5.6.1992, S. 22.

www.dreimaskenverlag.de (12.8. 2007).

Zerkaulen, Heinrich: Pioniere in Ingolstadt. In: Fränkischer Kurier. O.D. In: Materialien zum Leben und Schreiben der Marieluise Fleißer. Hg. von Günther Rühle. Frankfurt am Main 1973, S. 56-57.

Forschung

Aczel, Richard: Intertextualität und Intertextualitätstheorien. In: Metzler-Lexikon Literatur- und Kulturtheorie. Hg. von Ansgar Nünning. Stuttgart und Weimar 2001, S. 287-289.

Andreae, Bernhard: Der Farnesische Stier. Schicksale eines Meisterwerkes der pergamenischen Bildhauer Apollonios und Tauriskos von Tralleis. Freiburg im Breisgau 1996.

Aust, Hugo; Haida, Peter und Hein, Jürgen: Volksstück. Vom Hanswurstspiel zum sozialen Dama der Gegenwart. München 1989.

Bannasch, Bettina: Zittern als eine Bewegung des Widerstands. Veza Canettis frühe Erzählungen „Geduld bringt Rosen" und der Roman „Die Gelbe Straße". In: Text+Kritik 156: Veza Canetti, 2002, S. 30-47.

Beicken, Peter: Weiblicher Pionier. Marieluise Fleißer – oder zur Situation schreibender Frauen in der Weimarer Zeit. In: Die Horen 132, H. 4, 1983, S. 45-61.

Bielefeld, Claus-Ulrich: Das aufgebrauchte Chaos. Brechts frühe Stücke. Berlin 1975.

Bloom, Harold: Einflußangst. Eine Theorie der Dichtung. Aus dem amerikanischen Englisch von Angelika Schweikhart. Basel und Frankfurt am Main 1995.

Brueckel, Ina: Ich ahnte den Sprengstoff nicht. Leben und Schreiben der Marieluise Fleißer. Freiburg 1996.

Brüns, Elke: aussenstehend, ungelenk, kopfüber weiblich: psychosexuelle Autorpositionen bei Marlen Haushofer, Marieluise Fleißer und Ingeborg Bachmann. Stuttgart u.a. 1998.

Brüns, Elke: Keine Bürgerin der Spiegelstadt? Marieluise Fleißer: Autobiographismus als Rezeptionsstrategie. In: Geschriebenes Leben. Autobiographik von Frauen. Hg. von Michaela Holdenried. Berlin 1995, S. 324-338.

Buck, Theo: „Dem Kleinbürger aufs Maul geschaut." In: Text+Kritik 64: Marieluise Fleißer, 1979, S. 35-53.

Bühler-Dietrich, Annette: Auf dem Weg zum Theater: Else Lasker-Schüler, Marieluise Fleißer, Nelly Sachs, Gerlind Reinshagen, Elfriede Jelinek. Würzburg 2003.

Canetti, Elias: Nachwort. In: Veza Canetti. Der Oger. Ein Stück. Frankfurt am Main 1993, S. 99-100.

Canetti, Elias: Vorwort. In: Veza Canetti: Die Gelbe Straße. München und Wien 1990, S. 5-9.

Chiriacescu-Lüling, Sandra: Herrschaft und Revolte in Figaros Hochzeit. Untersuchung zu szenischen Realisationsmöglichkeiten des sozialkritischen Aspekts in W. A. Mozarts Die Hochzeit des Figaro. Erlangen 1991.

Czurda, Elfriede: Veza Canetti – Zwischen Dichtung und Wahrheit. In: Manuskripte 32, H. 117, 1992, S. 114-120.

Damus, Martin: Die Geschichte bürgerlicher Kunst oder die Geschichte ihrer Befreiung als die Geschichte ihrer Entfremdung. In: Ders.: Funktionen der Bildenden Kunst im Spätkapitalismus. Braunschweig 1973, S. 144-185.

Die Expressionismusdebatte. Materialien zu einer marxistischen Realismuskonzeption. Hg. von Hans-Jürgen Schmitt. Frankfurt am Main 1973.

Diener, Gottfried: Goethes Lila. Heilung des „Wahnsinns" durch „Psychische Kur". Vergleichende Interpretationen der drei Fassungen. Mit ungedruckten Texten und Noten und einem Anhang über psychische Kuren in der Goethe-Zeit und das Psychodrama. Frankfurt am Main 1971.

Doll, Jürgen: Theater im roten Wien. Vom sozialdemokratischen Agitprop zum dialektischen Theater Jura Soyfers. Wien u.a. 1997.

Doll, Jürgen: Volkstheater gegen rechts. Zur Erneuerung des Alt-Wiener Volksstücks durch das Politische Kabarett (1926 bis 1933). In: Verspielte Zeit. Österreichisches Theater der dreißiger Jahre. Hg. von Hilde Haider-Pregler und Beate Reiterer. Wien 1997, S. 215-232.

Döpper-Henrich, Angelika: Entfremdung in den dramatischen Schriften Marieluise Fleißers. Frankfurt am Main 1996.

Eco, Umberto: Borges und meine Angst vor dem Einfluß. In: Die Bücher und das Paradies. Über Literatur. München und Wien 2003, S. 127-145.

Engelmayer, Elfriede: „Denn der Mensch schreitet aufrecht, die erhabenen Zeichen der Seele ins Gesicht gebrannt." Zu Veza Canettis „Die Gelbe Staße". In: Mit der Ziehharmonika 11,2, September 1994, S. 28.

Erb, Andreas: Die Zurichtung des Körpers in der Großstadt Wien. Veza Canettis Roman Die Gelbe Straße. In: Der Deutschunterricht 5, 1995, S. 55-64.

Fässler, Urs: Das klingende Welttheater des Eros. W. A. Mozarts Le nozze di Figaro. Zürich 2003.

Feilchenfeld, Konrad: Bertolt Brecht: Trommeln in der Nacht. Materialien, Abbildungen, Kommentar. München und Wien 1976.

Finnan, Carmel: Eine Untersuchung des Schreibverfahrens Marieluise Fleißers anhand ihrer Prosatexte. Frankfurt am Main u.a. 2003.

Fleig, Anne: Marieluise Fleißer. Fegefeuer in Ingolstadt (1926). In: Meisterwerke. Deutschsprachige Autorinnen im 20. Jahrhundert. Hg. von Claudia Benthien und Inge Stephan. Köln u.a. 2005, S. 110-132.

Frank, Gaby: Veza Canetti. In: Leider hab ich's Fliegen ganz verlernt. Portraits von Künstlerinnen und Schriftstellerinnen der Neuen Sachlichkeit. Hg. von Britta Jürgs. Berlin 2000, S. 262-279.

Frenzel, Elisabeth: Stoffe der Weltliteratur. Ein Lexikon dichtungsgeschichtlicher Längsschnitte. Stuttgart 1976.

Führich, Angelika: Aufbrüche des Weiblichen im Drama der Weimarer Republik. Brecht – Fleißer – Horváth – Gmeyner. Heidelberg 1992.

Gamper, Herbert: Kleinmenschliche Raubtierschaft. Zu: Fegefeuer in Ingolstadt. Programmheft des Zürcher Theaters am Neumarkt, Februar 1972. In: Materialien zum Leben und Schreiben der Marieluise Fleißer. Hg. von Günther Rühle. Frankfurt am Main 1973, S. 386-402.

Genette, Gérard: Palimpseste. Die Literatur auf zweiter Stufe. Frankfurt am Main 1993.

Göbel, Helmut: Elias Canetti. Reinbek bei Hamburg 2005.

Göbel, Helmut: Nachwort. In: Veza Canetti: Die Gelbe Straße. München und Wien 1990, S. 169-181.

Göbel, Helmut: Zur Wiederentdeckung Veza Canettis als Schriftstellerin. Einige persönliche Anmerkungen. In: Text+Kritik 156: Veza Canetti, 2002, S. 3-10.

Göttel, Sabine: Natürlich sind es Bruchstücke: Zum Verhältnis von Biographie und literarischer Produktion bei Marieluise Fleißer. St. Ingbert 1997.

Grathoff, Dirk: Michael Kohlhaas. In: Ders.: Kleist: Geschichte, Politik, Sprache. Wiesbaden 2000, S. 57-74.

Greiner, Bernhard: Kleists Dramen und Erzählungen. Experimente zum „Fall" der Kunst. Tübingen und Basel 2000.

Handwörterbuch des deutschen Aberglaubens. Hg. von Hanns Bächtold-Stäubli. Bd. 3. Berlin und Leipzig 1930/31.

Hanuschek, Sven: Elias Canetti. Biographie. München und Wien 2005.

Häntzschel, Hiltrud: „Diese Frau ist ein Besitz." Marieluise Fleißer aus Ingolstadt zum 100. Geburtstag. Marbacher Magazin 96/2001.

Häntzschel, Hiltrud: Marieluise Fleißers Lebenserzählung. Dokumente und Fiktionen. In: Schriftenreihe der Marieluise Fleißer Gesellschaft e.V., H. 4, Ingolstadt 2002, S. 5-23.

Häntzschel, Hiltrud: Marieluise Fleißer. Eine Biographie. Frankfurt am Main und Leipzig 2007

Heister, Marion: „Winzige Katastrophen". Eine Untersuchung zur Schreibweise von Angestelltenromanen. Frankfurt am Main u.a. 1989.

Henke, Silvia: Augen, Blick und Pose. Fleißers Beitrag zum Geheimnis der „Augenkraft". In: Reflexive Naivität: Zum Werk Marieluise Fleißers. Hg. von Maria E. Müller und Ulrike Vedder. Berlin 2000, S. 106-125.

Henke, Silvia: Fehl am Platz. Studien zu einem kleinen Drama im Werk von Alfred Jarry, Else Lasker-Schüler, Marieluise Fleißer und Djuna Barnes. Würzburg 1997.

Hoffmeister, Donna L.: The Theater of Confinement: Language and Survival in the Milieu Plays of Marieluise Fleißer and Franz Xaver Kroetz. Columbia 1983.

Holthuis, Susanne: Intertextualität. Aspekte einer rezeptionsorientierten Konzeption. Tübingen 1993.

Horstmann-Nash, Ursula: Language and Power: The Discursive Constitution of Subjectivity in Marieluise Fleißer's Pioniere in Ingolstadt. In: New German Review 9, 1993, S. 4-16.

Jones, Calvin N.: Negation and Utopia: The German Volksstück from Raimund to Kroetz. New York u.a. 1993.

Karasek, Hellmuth: Die Erneuerung des Volkstücks. Auf den Spuren Marieluise Fleißers und Ödön von Horváths. In: Positionen des Dramas. Analysen und Theorien zur deutschen Gegenwartsliteratur. Hg. von Heinz Ludwig Arnold und Theo Buck. München 1977, S. 137-169.

Kässens, Wend; Töteberg, Michael: „...fast schon ein Auftrag von Brecht." Marieluise Fleißers Drama Pioniere in Ingolstadt. Brechtjahrbuch 1976, S. 101-117.

Kaufmann, Hans: Drama der Revolution und des Individuums. Brechts „Trommeln in der Nacht". In: Brechts Trommeln in der Nacht. Hg. von Wolfgang M. Schwiedrzik. Frankfurt am Main 1990, S. 367-385.

Klier, Walter: Einmal Orkus und retour. Über Hans Lebert, Albert Dracht, Veza Canetti, Alfred Bittner. In: Merkur 47, H. 2, 1993, S. 154-160.

Knepler, Georg: Karl Kraus liest Offenbach. Erinnerungen, Kommentare, Dokumentationen. Berlin 1984.

Knopf, Jan: Brecht-Handbuch. Theater. Eine Ästhetik der Widersprüche. Stuttgart 1980.

Kommentar zu Über die ästhetische Erziehung des Menschen in einer Reihe von Briefen: Aspekte der Deutung. In: Friedrich Schiller: Werke und Briefe in zwölf Bdn. Bd. 8: Theoretische Schriften. Hg. von Rolf-Peter Janz unter Mitarbeit von Hans Richard Brittnacher, Gerd Kleiner und Fabian Störmer. Frankfurt am Main 1992, S. 1386-1392.

Kommentar zu Lila. In: Johann Wolfgang Goethe: Sämtliche Werke nach Epochen seines Schaffens. Münchner Ausgabe. Hg. von Karl Richter in Zusammenarbeit mit Herbert G. Göpfert, Norbert Miller und Gerhard Sauder. Bd. 2,1: Erstes Weimarer Jahrzehnt 1775-1786. Hg. von Hartmut Reinhardt. München 1987, S. 614-624.

Kommentar zu Lila. In: Johann Wolfgang Goethe: Sämtliche Werke, Briefe, Tagebücher und Gespräche. 40 Bde. I. Abteilung, Bd. 5: Goethes Dramen 1776-1790. Unter Mitarbeit von Peter Huber hg. von Dieter Borchmeyer. Frankfurt am Main 1988, S. 928-947.

Kord, Susanne: Fading Out: Invisible Women in Marieluise Fleißer's Early Dramas. In: Women in German Yearbook 5, 1989, S. 57-72.

Košenina, Alexander: Veza Canetti. Die Gelbe Straße (1932-1933/1990). In: Meisterwerke. Deutschsprachige Autorinnen im 20. Jahrhundert. Hg. von Claudia Benthien und Inge Stephan. Köln, Weimar, Wien 2005, S. 52-71.

Kreidt, Dietrich: Gesellschaftskritik auf dem Theater. In: Literatur der Weimarer Republik. 1918-1933. Hg. von Bernhard Weyergraf. München und Wien 1995, S. 232-265.

Kröger, Marianne: Themenaffinitäten zwischen Veza und Elias Canetti in den 30er Jahren und im Exil – eine Spurensuche in den Romanen Die Schildkröten von Veza Canetti und Die Blendung von Elias Canetti. In: Das literarische Paar. Intertextualität der Geschlechterdiskurse. Hg. von Gislinde Seybert. Bielefeld 2003, S. 279-308.

Kunze, Christian: Der Farnesische Stier und die Dirkegruppe des Apollonios und Tauriskos. Berlin und New York 1998.

Lee, Jeong-Jun: Tradition und Konfrontation. Die Zusammenarbeit von Marieluise Fleißer und Bertolt Brecht. München 1992.

Lethen, Helmut: Neue Sachlichkeit. Studien zur Literatur des „Weissen Sozialismus". Stuttgart 1975.

Lexikon der Heiligen. Hg. von Erhard Gorys. München 2004.

Ley, Ralph: Beyond 1984. Provocation and Prognosis in Marieluise Fleißer's Play Purgatory in Ingolstadt. In: Modern Drama, Vol. XXXI, Nr. 1, 1988, S. 340-351.

Lorenz, Dagmar C. G.: The Issue of Male Violence in Dramatic Works of Two Austrian Republics: Veza Canetti and Felix Mitterer. In: Postwar Austrian Theater. Text and Performance. Edited and with an Introduction by Linda C. Demerit and Margarete Lamb-Faffelberger. Riverside 2002, S. 213-235.

Lorenz, Dagmar C. G.: Women's Concerns – Women's Popular Drama? Veza Canetti and Marieluise Fleißer. In: Modern Austrian Literature 26, H. 3/4, 1993, S. 115-128.

Lutz, Günther: Marieluise Fleißer: Verdichtetes Leben. O.O. 1989.

Materialien zum Leben und Schreiben der Marieluise Fleißer. Hg. von Günther Rühle. Frankfurt am Main 1973.

Matt, Peter von: Verkommene Söhne, mißratene Töchter: Familiendesaster in der Literatur. Darmstadt 1995.

Mayer, Hans: Bertolt Brecht und die Tradition. Pfullingen 1961.

Mayer, Hans: Nachwort. In: Arnolt Bronnen: Stücke. Kronberg 1977, S. 307-322.

McClary, Susan: Georges Bizet. Carmen. Cambridge 1992.

McGowan, Moray: Kette und Schuß. Zur Dramatik der Marieluise Fleißer. In: Text+Kritik 64: Marieluise Fleißer, 1979, S. 11-34.

McGowan, Moray: Marieluise Fleißer. München 1987.

Meidl, Eva: Die gelbe [sic!] Straße, Parallelstraße zur „Ehrlichstraße"? – Außenseiter in Veza Canettis Roman Die gelbe [sic!] Straße und Elias Canettis Roman Die Blendung. In: Modern Austrian Literature 28, Nr. 2, 1995, S. 31-51.

Meidl, Eva M.: Veza Canettis Sozialkritik in der revolutionären Nachkriegszeit. Sozialkritische, feministische und postkoloniale Aspekte in ihrem Werk. Frankfurt am Main 1998.

Mitgutsch, Anna: Veza Canetti. In: Literatur und Kritik 34, H. 335/336, 1999, S. 99-109.

Mittenzwei, Werner: Brechts Verhältnis zur Tradition. Berlin 1972.

Mommsen, Katharina: Goethe und 1001 Nacht. Berlin 1960.

Müller, Gerd: Das Volksstück von Raimund bis Kroetz. Die Gattung in Einzelanalysen. München 1979.

Niven, William John: The Reception of Friedrich Hebbel in Germany in the Era of National Socialism. Stuttgart 1984.

Panagl, Oswald: Blaubart. Eine unendliche Geschichte im Spannungsfeld von mystischen Archetypen und seelischen Projektionen. In: Studia Niemcoznawcze/Studien zur Deutschkunde. Hg. von Lech Kolago. Warszawa 2002, S. 57-69.

Petzoldt, Ruth: „Blaubart" – vom Motivkomplex zur Daseinsmetapher. In: Akten des X. Internationalen Germanistenkongresses in Wien 2000. „Zeitenwende – die Germanistik auf dem Weg vom 20. ins 21. Jahr-hundert. Hg. von Peter Wiesinger unter Mitarbeit von Hans Derkits. Bern u.a. 2003, S. 307-315.

Pfister, Manfred: Konzepte der Intertextualität. In: Intertextualität. Formen, Funktionen, anglistische Fallstudien. Hg. von Ulrich Broich und Manfred Pfister. Tübingen 1985, S. 1-30.

Pfoser, Alfred: Austromarxistische Literaturtheorie. In: Österreichische Literatur der dreißiger Jahre. Ideologische Verhältnisse, Institutionelle Voraussetzungen, Fallstudien. Hg. von Klaus Amann und Albert Berger. Wien u.a. 1985, S. 42-59.

Plett, Heinrich Franz: Intertextualities. In: Intertextuality. Hg. von dems. Berlin und New York 1991.

Preece, Julian: The Rediscovered Writings of Veza Canetti. Out of the Shadows of a Husband. Rochester, New York 2007.

Reflexive Naivität: Zum Werk Marieluise Fleißers. Hg. von Maria E. Müller und Ulrike Vedder. Berlin 2000.

Reuchlein, Georg: Die Heilung des Wahnsinns bei Goethe: Orest, Lila, Der Harfner und Sperata. Zum Verhältnis von Literatur, Seelenkunde und Moral im späten 18. Jahrhundert. Frankfurt am Main 1983.

Ribbat, Ernst: In jenen Zeiten. In: Lion Feuchtwanger: Erfolg. Drei Jahre Geschichte einer Provinz. Roman (1929). Mit Kommentaren von Theo Rasehorn und Ernst Ribbat. Baden Baden 2002, S. 667-678.

Riecke-Niklewski, Rose: Die Metaphorik des Schönen. Eine kritische Lektüre der Versöhnung in Schillers „Über die ästhetische Erziehung des Menschen in einer Reihe von Briefen". Tübingen 1986.

Robertson, Ritchie: Häusliche Gewalt in der Wiener Moderne. Zu Veza Canettis Erzählung „Der Oger". In: Text und Kritik 156: Veza Canetti, 2002, S. 48-64.

Römhild, Dorothee: „Gesichter von Schweinen und Raben". Beobachtungen zum Tiermotiv bei Marieluise Fleißer. In: Reflexive Naivität: Zum Werk Marieluise Fleißers. Hg. von Maria E. Müller und Ulrike Vedder. Berlin 2000, S. 90-105.

Roumois-Hasler, Ursula: Dramatischer Dialog und Alltagsdialog im wissenschaftlichen Vergleich. Die Struktur der dialogischen Rede bei den Dramatikerinnen Marieluise Fleißer („Fegefeuer in Ingolstadt") und Else Lasker-Schüler („Die Wupper"). Frankfurt am Main 1982.

Ruf, Wolfgang: Die Rezeption von Mozarts Le Nozze di Figaro bei den Zeitgenossen. Wiesbaden 1977.

Rühle, Günther; Pfister, Eva: Anmerkungen. Neue Stoffe für das Drama? In: Marieluise Fleißer: Gesammelte Werke. Bd. 4: Aus dem Nachlaß. Hg. von Günther Rühle in Zusammenarbeit mit Eva Pfister. Frankfurt am Main 1989, S. 612-613.

Rühle, Günther: Anmerkungen. Pioniere in Ingolstadt. In: Marieluise Fleißer: Gesammelte Werke. Bd. 1: Dramen. Hg. von Günther Rühle. Frankfurt am Main 1972, S. 441-448.

Rühle, Günther: Vorwort. In: Marieluise Fleißer: Gesammelte Werke. Bd. 1: Dramen. Hg. von Günther Rühle. Frankfurt am Main 1972, S. 7-60.

Runge, Anita: >Leben<->Werk<–Profession. Zum Umgang mit biographischen Dokumenten bei Schriftstellerinnen. In: Querelles. Jahrbuch für Frauenforschung 2001. Bd. 6: Biographisches Erzählen. Hg. von Irmela von der Lühe und Anita Runge. Stuttgart und Weimar 2001, S. 70-84.

Runge, Anita: Marieluise Fleißer: *Biographie* – Konstruktionen an der Schnittstelle zwischen „Leben" und „Werk". In: Die biographische Illusion im 20. Jahrhundert. (Auto-) Biographien unter Legitimierungszwang. Hg. von Izabela Sellmer. Frankfurt am Main u.a. 2003, S. 179-196.

Runge, Anita: Marieluise Fleißer auf dem „Ersten Deutschen Schriftstellerkongreß" in Berlin (4. bis 8. Okt. 1947): Brief an Herbert Ihering vom 15. Oktober 1947. In: Querelles. Jahrbuch für Frauenforschung 2001. Bd. 6:

Biographisches Erzählen. Hg. von Irmela von der Lühe und Anita Runge. Stuttgart und Weimar 2001, S. 161- 165.

Sauer, Jutta: „Etwas zwischen Männern und Frauen". Die Sehnsucht der Marieluise Fleißer. Köln 1991.

Schedel, Angelika: „Bitte das über seine Frau nicht auslassen". Briefe an Erich Fried, eine „gefälschte" Autorschaft und Frauen im Hintergrund – ein Beitrag zu Veza Canettis Jahren im Londoner Exil. In: Text+Kritik 156: Veza Canetti, 2002, S. 82-94.

Schedel, Angelika: „Buch ist von mir keines erschienen…" Veza Canetti verliert ihr Werk und hilft einem Dichter zu überleben. In: Veza Canetti. Hg. von Ingrid Spörk und Alexandra Strohmaier. Graz und Wien 2005, S. 191-210.

Schedel, Angelika: Bibliographie zu Veza Canetti. In: Text+Kritik 156: Veza Canetti, 2002, S. 105-106.

Schedel, Angelika: Sozialismus und Psychoanalyse. Quellen von Veza Canettis literarischen Utopien. Würzburg 2002.

Schedel, Angelika: Versuch einer biographischen Rekonstruktion. In: Dies: Sozialismus und Psychoanalyse. Quellen von Veza Canettis literarischen Utopien. Würzburg 2002, S. 127-202.

Scheit, Gerhard: Am Beispiel Brecht und Bronnen: Krise und Kritik des Modernen Dramas. Wien, Köln und Graz 1988.

Schings, Hans-Jürgen: Melancholie und Aufklärung. Stuttgart 1977.

Schmitz, Thomas: Das Volksstück. Stuttgart 1990.

Scholz, Hannelore: „Von der sozialen ‚Ordnung' zerbrochener Existenzen": Veza Calderon-Canettis Literaturkonzept und der Austromarxismus. In: „Der weibliche multikulturelle Blick". Ergebnisse eines Symposiums. Hg. von Hannelore Scholz und Brita Baume. Berlin 1994, S. 52-71.

Schößler, Franziska: Masse, Musik und Narzissmus. Zu den Dramen von Elias und Veza Canetti. In: Text+Kritik: Elias Canetti. Heft 28, Neufassung (2005), S. 76-91.

Schuler-Sodhi, Christina: Gesellschaftskritische Aspekte und Geschlechterbeziehungen in den Romanen Irmgard Keun: Gilgi – eine von uns (1931), Rudolf Braune: Das Mädchen an der Orga Privat (1930) und Christa Anita Brück: Schicksale hinter Schreibmaschinen (1930). Unveröffentlichte Magisterarbeit. Freie Universität Berlin 2004.

Schulz, Genia: Fußwaschung und Weihwedel. Fleißers sprachlicher Körper. In: Reflexive Naivität: Zum Werk Marieluise Fleißers. Hg. von Maria E. Müller und Ulrike Vedder. Berlin 2000, S. 78-89.

Schwiedrzik, Wolfgang Matthias: „Grünes Haus" oder „Piccadilly-Bar"? Zu den wieder aufgefundenen frühen Fassungen von Bertolt Brechts „Trommeln in der Nacht". In: Der junge Brecht. Aspekte seines Denkens und Schaffens. Hg. von Helmut Gier und Jürgen Hillesheim. Würzburg 1996, S. 126-143.

Spörk, Ingrid: „Ich sammelte Ketten, Ich bekam Ketten. Sie sind mir geblieben…" Zu Liebe und Ehe im Werk Veza Canettis. In: Veza Canetti. Hg. von Ingrid Spörk und Alexandra Strohmaier. Graz und Wien 2005, S. 91-120.

Stamm, Rainer: Die alte [sic!] Bali-Fotos des Gregor Krause. Vermeintlich „objektive" Bilder im Spannungsfeld zwischen Ethnofotographie und Voyerismus. www.presse.uni-uppertal.de/archiv/output/okt98/bali.html (12.6.2007).

Stephan, Inge: Zwischen Provinz und Metropole. Zur Avantgarde-Kritik von Marieluise Fleißer. In: Literatur im historischen Prozess. Hg. von Inge Stephan und Sigrid Weigel. Hamburg 1987, S. 112-132.

Stern, Guy: Brechts Trommeln in der Nacht als literarische Satire. In: Brechts Trommeln in der Nacht. Hg. von Wolfgang M. Schwiedrzik. Frankfurt am Main 1990, S. 386-408.

Stieg, Gerald: Kain und Eva. Eine Replik auf Anna Mitgutsch. In: Literatur und Kritik 34, H. 339/340, 1999, S. 36-40.

Stritzke, Barbara: Marieluise Fleißers „Pioniere in Ingolstadt". Frankfurt am Main 1982.

Süßmann, Johannes: „Wie Kinderzeichnungen"? Zum literarischen Verfahren in Marieluise Fleißers erster Erzählung. In: Avantgarde: Revue international et interdisciplinaire des arts et littératures du Xxe siècle 4, 1990, S. 59-69.

Szczepaniak, Monika: Blaubarts Geheimnis. Zu literarischen Blaubart-Bildern aus der Sicht der Männlichkeitsforschung. In: Zeitschrift für Germanistik. Neue Folge XII-1/2002, S. 345-351.

Szczepaniak, Monika: Von Blaubärten und Blaustrümpfen. Zum Geschlechterkampf in Grimms Märchen des Blaubart-Typus. In: Studia Niemcoznawcze/Studien zur Deutschkunde. Hg. von Lech Kolago. Warszawa 2003, S. 353-383.

Tax, Sissi: marieluise fleißer. schreiben, überleben. ein biographischer versuch. Berlin 1984.

Thieriot, Gérard: Marieluise Fleißer – eine deutsche Passsion. In: Schriftenreihe der Marieluise Fleißer Gesellschaft e.V., H. 1, Ingolstadt 1997, S. 5-15.

Thieriot, Gérard: Marieluise Fleißer (1901-1974) et le theatre populaire critique en Allemagne. Bern u.a. 1999.

Thomalla, Ariane: Die Femme fragile. Düsseldorf 1972.

Töteberg, Michael: Abhängigkeit und Förderung. Marieluise Fleißers Beziehungen zu Bertolt Brecht. In: Text+Kritik 64: Marieluise Fleißer, 1979, S. 74-87.

Töteberg, Michael: Die Urfassung von Marieluise Fleißers ‚Pioniere in Ingolstadt'. In: Maske und Kothurn 23, 1977, S. 119-121.

Veza Canetti. Hg. von Ingrid Spörk und Alexandra Strohmaier. Graz und Wien 2005.

Veza Canetti. Lebenschronik. In: Veza Canetti: Die Schildkröten. München und Wien 1999, S. 281-288.

Völker, Klaus: Bertolt Brecht. Eine Biographie. München und Wien 1976.

Völker, Klaus: Brecht-Kommentar. Zum dramatischen Werk. München 1983.

Waidelich, Till Gerrit: Einleitung. In: Rosamunde. Drama in fünf Akten von Helmina von Chézy. Musik von Franz Schubert. Erstveröffentlichung der überarbeiteten Fassung. Mit einer Einleitung und unbekannten Quellen hg. von dems. Tutzing 1996, S. 5-79.

Walach, Dagmar: Marieluise Fleißer: Fegefeuer in Ingolstadt. Großes Menschentheater in der Provinz. In: Interpretationen. Dramen des 20. Jahrhunderts. Bd. 1. Stuttgart 1996, S. 327-344.

Waterstraat, Anne: Ein System und keine Gnade: Zum Zusammenhang von Gottesbild, Sündenverständnis und Geschlechterverhältnis in ausgewählten Texten Marieluise Fleißers. Frankfurt am Main u.a. 2000.

Werner, Birte: Marieluise Fleißers erstes Studienjahr an der Ludwig-Maximilians-Universität in München. In: Querelles. Jahrbuch für Frauenforschung 2001. Bd. 6: Biographisches Erzählen. Hg. von Irmela von der Lühe und Anita Runge. Stuttgart und Weimar 2001, S. 153-160.

Werner, Birte: „Wer Ohren hat zu lesen, der fühle!" Eine Untersuchung zu Marieluise Fleißers „Fegefeuer In Ingolstadt". Unveröffentlichte Magisterarbeit. Universität Göttingen 1999.

Dank

Für die Begleitung der Arbeit vom Exposee bis zur Verteidigung am 13. Juni 2006 an der Freien Universität Berlin gilt mein besonderer Dank Prof. Dr. Irmela von der Lühe. Prof. Dr. Anke Bennholdt-Thomsen danke ich für die Übernahme der Zweitbegutachtung.

Unterstützt wurde ich vom Doktorandenkolloquium von Prof. Dr. Irmela von der Lühe sowie von meiner Arbeitsgruppe mit Dr. Catharina Oerke, Dr. Margret Karsch und Gerrit Hoche. Danken möchte ich Dr. Regina Nörtemann für ihren immer sachkundigen Rat und dafür, dass ich in einem ihrer Seminare erstmals die Texte von Veza Cenetti entdeckten konnte.

Dem Evangelischen Studienwerk danke ich für das Doktorandenstipendium und für die vielen schönen Stunden in Villigst.

Sarah Radtke danke ich für die abschließende Korrektur und Daniel Wichmann für die Hilfe bei der Einrichtung des Manuskripts für den Druck.

Nicholas Herrmann, Costa Lorenz, Aïda Lorenz, Philipp Lorenz und Franziska Krämer danke ich dafür, dass ich mich immer auf sie verlassen kann.

Peter Lang · Internationaler Verlag der Wissenschaften

Ferdinand Piedmont

Aktuelles Theater mit Schiller

Aufsätze zur Schiller-Rezeption des Theaters im 20. Jahrhundert

Frankfurt am Main, Berlin, Bern, Bruxelles, New York, Oxford, Wien, 2005.
168 S. zahlr. Abb.
ISBN 978-3-631-53034-4 · br. € 34.–*

Wie wurde Schiller im zwanzigsten Jahrhundert auf dem deutschen Theater gespielt? Wie weit haben die politischen Ereignisse und der gesellschaftliche Wandel in Deutschland die Schilleraufführungen des Theaters beeinflusst? Die hier versammelten Aufsätze verfolgen diese Fragen an ausgewählten Inszenierungen folgender fünf Dramen: *Die Räuber, Kabale und Liebe, Don Carlos, Wallenstein* und *Wilhelm Tell*. Dabei wird der Wandel von einer werkorientierten zu einer zeitbetonten Inszenierungsmethode und von der Forderung „Schiller spielen!" zum Motto „Mit Schiller spielen" deutlich. Auch wird jeweils aufgezeigt, wie die unterschiedlichen Gesellschaftssysteme in Ost und West in den Inszenierungen ihren Niederschlag gefunden haben. Das Buch wendet sich an Theater- und Literaturwissenschaftler, aber auch an Theaterfreunde, die die Entwicklung der Klassikerdarstellung auf der Bühne mit Interesse verfolgen.

Aus dem Inhalt: Die Räuber – zeitbezogen: Wenn es rumort in Deutschland · *Kabale und Liebe:* Vom bürgerlichen Trauerspiel zur traurigen Love Story · *Don Carlos* in Ost und West. Vom politischen Statement zu mentalen Zustandsbildern · *Wallensteins* „schwankendes Charakterbild": Vom heroischen Gedankenspieler zum scheiternden Condottiere · *Wilhelm Tell* an Brennpunkten deutscher Zeitgeschichte im 20. Jahrhundert

Frankfurt am Main · Berlin · Bern · Bruxelles · New York · Oxford · Wien
Auslieferung: Verlag Peter Lang AG
Moosstr. 1, CH-2542 Pieterlen
Telefax 0041 (0)32/376 17 27

*inklusive der in Deutschland gültigen Mehrwertsteuer
Preisänderungen vorbehalten
Homepage http://www.peterlang.de

Berliner Beiträge zur Literatur- und Kulturgeschichte

Herausgegeben von Irmela von der Lühe und Gail K. Hart

Band 1 Magdalena Tarnawska: *...und Medea war eine Ärztin*. Constructions of Femininity in Public Debates about Medical Education for Women in Germany and Austria between 1870 and 1910. 2007.

Band 2 Silke Kubik: *Die europäische Ordnung stirbt...* – Religion und Geschichtskonstruktion im Angesicht der Katastrophe. Eine vergleichende Untersuchung der Romane *Die Schlafwandler* von Hermann Broch und *Das unauslöschliche Siegel* von Elisabeth Langgässer. 2008.

Band 3 Natalie Lorenz: Texte im Dialog. Die frühen Theaterstücke von Marieluise Fleißer und Veza Canetti. 2008.

www.peterlang.de